普通の人々の戦い

AIが奪う労働・人道資本主義・
ユニバーサルベーシックインカムの未来へ

アンドリュー・ヤン

早川健治＝訳

那須里山舎

ベンチャー・フォー・アメリカの構築に
長年携わってきてくれたすべての人たちに捧ぐ。
人を信じることの大切さを
あなたたちは教えてくれた。

目次

凡例

一、本書は、THE WAR ON NORMAL PEOPLE The Truth About America's Disappearing Jobs and Why Universal Basic Income Is Our Future の全訳であるが、底本としてペーパーバック版（2019年4月発行）を用いた。

一、本文中の米ドル数字部分は、一ドル＝100円換算で計算した数字をカッコ内に示してある。

一、本文中のユニバーサル・ベーシック・インカムには、各単語を強調するために・を挿入してある。

一、原注はローマ数字、訳注は▼をつけたアラビア数字で、それぞれ行間に示してある。

一、原注の詳細は文末に、訳注の詳細は本文奇数ページに、それぞれ組み込んだ。

一、原注引用文献で邦訳のあるものは、本文中の訳注内に示してある。

一、索引は、原著の詳細な索引を元にして修正を施して作成した。

「私たちは今、人類史上最大の危険に直面しています。
……人工知能の台頭によって、中産階級の雇用は根こそぎ破壊され、あとには、他の人の入念な世話や指導をしたり、高い創作性を伴ったりする仕事だけが残るでしょう」

――スティーヴン・ホーキング

「人間も動物である。百万人もの動物の管理など、考えただけで頭が痛くなる」

――郭台銘《かくたいめい》（フォックスコン社創立者）

はじめに 大いなる解職 ▼1

Introduction The Great Displacement

私は今、テクノ・バブルの中からこれを書いている。あなたの仕事が我々の標的となっているということを、前もって知らせておきたいからである。

最近、旧友2名とマンハッタンで飲みに行く機会があった。そのうちの1人は、ニューヨークの某ソフトウェア会社の取締役である。同社は、コールセンターで働く人たちを、人工知能ソフトウェアと入れ替えている。こうした事業は雇用の喪失につながってしまうのではないかと彼女に問いかけてみると、彼女は淡々とこう答えた。「そうね、大多数の労働者を不要化する技術を毎日改良しているわけだから。私たちのそういう努力が成功をおさめるのも時間の問題ね。もちろん、労働者側にも大規模なスキルアップが求められているわけだけど、実際にそんなことができるのはほんの一握りの人間だけ。〈失われた労働世代〉の形成を防ぐのは、ほぼ不可能でしょう」。そう現状評価する彼女の声は、全く揺らぎのない確信に満ちていた。私たちはもっと明るい話題に移ることにした。

後日、ボストンに拠点を置くベンチャー資本家の友人と会った。彼は、多くの仕事の抹消につながるようなソフトウェア会社やロボット技術会社に投資をすることに「若干のためらい」を感じていた。「優れた投資先であるということを否めないけどね」と付言した上で、彼は、現在のスタートアップ企業の約70%が、経済の他の領域において雇用の喪失を招くものであると推計した。

サンフランシスコで、大手テクノロジー会社の某業務部長と朝食を共にする機会があった。そのとき、彼は私にこう言った。「ついこの間、新しい工場の設立の手助けをしてきたけど、数年前の工場と比べて労働者数を70％も削減できたし、残った労働者も、コンピューターを駆使する高度技術者ばかりさ。これから先、普通の人々にどんな道が残されているのか、僕にはちょっと想像がつかないな」。

普通の人々――。アメリカ人の70％は、自分のことを中産階級の一員とみなしている。[i] 恐らくあなたもまた、そのような自己イメージを抱いているのではないだろうか。今、アメリカでは国内屈指の知能をもつ人たちが、海外の労働者、あなたと同性能のより安価な労働者、あるいは最近流行の機械やソフトウェア、ロボット等によって、あなたをどう置き換えようかと知恵を絞っているのである。悪意があるわけではない。市場では、効率性を追求するビジネスリーダーたちが報われるのだから。そもそも、効率性は普通の人々の味方ではない。最も費用対効果の高い仕事法の味方なのである。

自動化（オートメーション）と雇用喪失の波は、もはやディストピア的な未来像などではなく、

▼1：displacementには「生きる場所を失う」「感情が大きく揺らぐ」といった含みもある。本書の重要なキーワードである。

着実に現実のものとなってきている。様々な数字を追っていくと、そこには今まで私たちが目を背けてきた物語が浮かび上がってくる。働き盛りの年代層に属している人たちが右肩上がりで労働力人口からドロップアウトしており、永久失業者の数も増え続けている。自動化の加速は、もはや私たちの社会のあり方や暮らしへの脅威となるところまできている。

専門家や研究者は、人工知能、ロボット技術、ソフトウェア、そして自動化の開発によって、いまだかつてない規模の雇用破壊が来ることを予想している。２０１６年12月、オバマ政権は、時給20ドル（２０００円）以下の雇用のなんと83％が自動化や置き換えの対象となるだろう[ii]と予測した報告書を発表した[2]。また、自動運転車の到来によって、アメリカでは、自動車、バス、そしてトラックの運転手２２０万人～３１０万人が職を失う見込みである。

前段落の最後の一行をもう一度読んでいただきたい。そう、車の運転で食べているアメリカ人２００万人～３００万人が、この先10年から15年の間に職を失う見込みが濃厚なのである。トラックの運転手は、全米29州において最も一般的な職業である[iii]。自動運転車は、最もわかりやすい雇用破壊テクノロジーの一つだが、似たような技術革新によって、レジ係やファーストフード店員、顧客サービス担当者や管理職員だけでなく、資産マネージャーや弁護士、保険代理人といったホワイトカラー職までもが、ものの数年で不要となるのである。突然解雇された数百万人もの人たちにとって、新しい仕事をみつけるのは至難の業であり、中でもスキルレベルの低い人たちは一層苦しむことになるだろう。

自動化の波は、2000年以降、すでに400万件[3]以上の製造業部門雇用をアメリカから奪い去っている。[iv] 新しい仕事に就く代わりに、多くの人たちは労働力人口から脱落し、二度と復帰できなかった。アメリカの労働力人口比率は現在たったの62・9％[v]だが、これは他の先進国経済のほぼすべてを下回る数値であり、エルサルバドルやウクライナと同等である。[4] もちろん、高齢化がその一因であり、そこからまた様々な問題が生じていることも否めないが、主な原因は、労働の自動化と労働需要の低下なのである。

労働力人口比率の1％の低下は、アメリカの労働者約250万人のドロップアウトに相当する。アメリカの生産年齢人口のうち、労働力人口に含まれていない人たちの数は、9500万人とい

▼2：replacement　主に、より安価な労働との置き換えを意味する。

▼3：雇用数の単位は、慣例では「人」となっている。しかし、これは雇用の数え方としては、誤解を招くものである。雇用（jobs）とは、あくまで「仕事の数」であり、実際に雇われている人の数ではない。そのため、本書では雇用の単位を「件」で統一した。

▼4：labor force participation rate　労働力人口比率、国の15歳以上の人口に対して労働力人口が占める割合。ちなみに、日本の労働者人口比率はアメリカのそれよりもなお低く、2018年には61・5％を記録したが、これも2012年の59・1％より着々と上昇を続けた末の数値なので、一時的なものではない。

労働力人口比率（1950年～2017年）

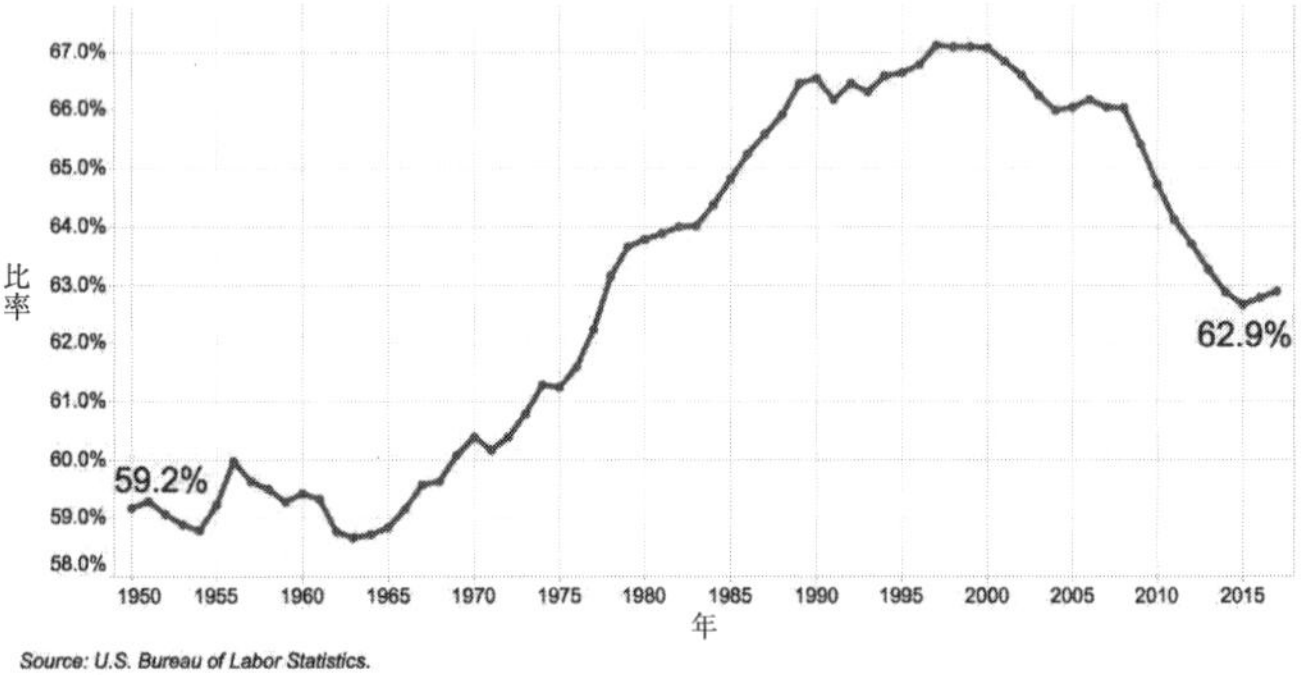

出典：アメリカ合衆国労働統計局

う記録的な高さにまで上がっている。金融危機からの復興を経て10年、いまだに9500万人もの生産年齢アメリカ人が労働力人口に加わっていない[vi]——私はこの現象を「大いなる解職」と呼ぶようになった。

　流動性や成長性の喪失は、政治的敵愾《がい》心や社会的病理の温床である。失業率や不完全雇用率の上昇は、薬物乱用や家庭内暴力、児童虐待やうつ病を含む多くの社会問題につながる。今では、アメリカの赤ん坊の40%が既婚世帯以外のところで生まれているが[vii]、これは労働者階級の成人の間での婚姻率の落ち込みが原因である。また、薬物の過剰服用や自殺は、交通事故よりも大きな主要死因となっている[viii]。さらに、アメリカの世帯の半数以上は、すでに何らかの形で政府から現▼5金給付を受けている[ix]。地域によっては、生産年齢の成人の20%が障害者手当を受け取っており、特に気分障▼6害を報告する人たちの数が増えている[x]。つまり、職に出会うことができないアメリカ人は、代わりに絶望に出会っているのである。あなたがもし地域社会[7]や暮らし[8]を大切にしたいと感じているならば、それは周りの人が職に就けているかどうかを気にかけることと同じなのである。

これこそ、私たちの時代における最重要の経済社会問題である。私たちの経済は、学歴の低い

▼5：working-age adults　「生産年齢」という訳語には若干の違和感があるが、公式の用語なのでこれで統一していく。本来、working-ageとは「働くことができる年齢」という意味なので、「就労可能年齢」のような訳の方が適切だろう。

▼6：mood disorder　感情障害とも呼ばれる。医学用語である。「ある程度の期間にわたって持続する気分（感情）の変調により、苦痛を感じたり、日常生活に著しい支障をきたしたりする状態のことをいう。うつ病と双極性障害など広範囲な精神的疾病がこの名称にあてはまる」（ウィキペディアより）。

▼7：communities　コミュニティー。ご近所さんとの関係や、公民館などでの集いなど、小規模で活発な社会を表す。

▼8：our way of life　直訳すると、「私たちの生き方」となるが、これは個人の生き方というよりもむしろ、世代を通じて培ってきた共通の「暮らし」のことを指す。例えば、朝は近所のこどもたちを学校に送り出し、昼は地元の工場や農場、市役所などで地域に貢献し、夕方は家族とともに時間を過ごし、ハレの日にはお祭りなどの行事をお隣さんたちと一緒に作って祝う、といったものである。

人たちが仕事をみつけて自立していくのが日に日に困難になっていくような形で発展している。まもなく、同じ困難はホワイトカラー層にも打撃を与えるだろう。いってみれば、1度ずつ着々と熱くなっていく沸騰鍋[9]のようなものであり、私たちはその中で泳ぐカエルなのである。

「Venture for America」（ベンチャー・フォー・アメリカ、以下ＶＦＡ）の創設者として、私はこの6年間、全国の市町村における数百のスタートアップ企業と共に二人三脚を続けてきた。そこには、デトロイト、ニューオーリンズ、シンシナティ、プロビデンス、クリーブランド、ボルチモア、フィラデルフィア、セントルイス、バーミンガム、コロンバス、ピッツバーグ、サンアントニオ、シャーロット、マイアミ、ナッシュビル、アトランタ、そしてデンバーといった地域が含まれる。その多くは19世紀や20世紀に工業の中心地として栄えていたが、20世紀が終わりに近づくにつれて、過疎や経済変革といった事態に直面することとなった。ＶＦＡでは、こうした市町村のスタートアップ企業で働くために、野心あふれる若手起業家を養成し、雇用創出につなげている。たしかに、私たちの努力は大きな成功を収めた。しかし、こうして創出される雇用は、極端に特化したものとなりがちである。私の経験上、企業は可能な限り優秀な人たちを厳選して雇う。スタートアップにおいては特にそれが顕著である。起業家は、新しい会社を立ち上げて成長させようとしているので、落ち込んで休職中の人たちを雇うことはほとんどない。初期段階の会社をなんとか成功させるために、適切な資質を兼ね備えた最優秀の人材を雇うものなのである。スタートアップ企業で仕事をするためには、大学学位が必須となる。それだけですでに労働者の68%が取り残されることになる。また、経済の中の効率の悪い部分を排除している会社もたくさんある。つまり、新たな労働者を自社で雇いつつ、同時に別の場所で雇用喪失を引き起こしているのである。

ベン・ホロウィッツ[10]の著作『ハード・シングス』[11]の中には、ある会社の代表取締役が参謀2名と会議をするシーンがある。そのうちの一人に向けて、代表取締役は「いいか、この商談を成功

▼9：boiling pot　メルティング・ポットをもじったフレーズ。様々な民族や人種、文化が共存し互いに影響し合うアメリカ社会を称える目的で普及した言葉である。ヤンのフレーズには、経済社会問題の深刻化に伴って、人種差別等の問題もまた深刻化している現状への参照が含まれている。

▼10：Benjamin Abraham Horowitz（1966－）アメリカのビジネスマン、投資家、ブロガー、および作家。

▼11：『The Hard Things about Hard Things』の邦訳。（滑川海彦・高橋信夫訳、日経BP2015年）。原題をもっと直接的に翻訳するとしたら、「厳しい現実についての厳しい現実」といったところか。起業家の苦悩をつづった一冊。

させるために、お前は出来る限りのことをするんだぞ」と言う。その後、もう1人に向けて、彼は「こいつが一から十まで首尾よくことを進めても、結局これは失敗に終わるだろう。お前にはその後片付けを任せたぞ」と言うのである。これこそ、アメリカ経済の現状ではないか。前代未聞の革新が現在進行形で行われているが、まさにそれによって、全国の人たちの生活や地域社会が大きな打撃を受けており、特に適応能力の低い人たちが最もひどく苦しめられている。

大いなる解職が招く最悪の結果をなんとか和らげるために、私たちはあらゆる手段を尽くさなければならない。また、企業や政府、そして非営利団体にとっても、当分の間はこれが最重要課題となるべきである。教育、職業訓練、就職支援、職業研修、移住支援、起業、そして免税や減税に、私たちはさらなる投資を行い、労働者の新規雇用や雇用維持が魅力的な選択肢となるようあらゆる援助をすべきである。その上で、さらに一歩進んで、こうした努力をしてもなお数百万人もの人たちが置き去りにされることは避けられないという現状を、しっかり直視しなければならない。

アメリカでは、何事も市場に任せればうまくいくという風潮が強い。しかし、ここで論じている問題は、市場が解決してくれるどころか、むしろ市場によって一層悪化するものなのである。そもそも、市場はコスト削減を要求する。つまり、ある業務を遂行する上で最も安価な方法をみつけるよう圧力をかけてくるのである。失業したトラックの運転手やレジ係を助ける動機は、市場には存在しない。Uber 社は、可能な限り早く、運転手たちを解雇したいと考えている。同社は、別に人を雇うことを使命としているわけではない。お客を可能な限り効率よく移動するのが使命なのである。自動化やテクノロジーが進歩するにつれて、市場はこの先も数百万人の人たちを労働力人口からふるい落とし続けるだろう。数千万人ものアメリカ人が無職となってもなお社会が機能し繁栄するためには、仕事と生計の関係を改めて考え直す必要がある。その上でさらに、仕事がもたらす心理的・社会的な効用を他の方法で調達していく必要がある。

廃ビルと廃人がはびこる失業地帯のまん延を防ぐために、社会を現実的に変革していけるような主体は、実のところ一つしか存在しない——連邦政府である。もちろん、社会の衰退との闘いの最前線には非営利団体が立つことになるが、その活動のほとんどは、化膿した傷口にバンソウコウを貼るようなものにすぎない。では州政府はどうかといえば、収支の均衡を図る必要性と資源の量の限界によって手足を縛られてしまっているのが現実である。

公の場で声をあげることはほとんどなくても、テクノロジストたちの多くは反動を恐れている。シリコンバレーで働く私の友人たちは、なんとかポジティブでいようと頑張りつつも、最悪の事態に備えて掩蔽壕《えんぺいごう》（バンカー）や避難用ハッチをしっかりと購入している。とりわけ楽観的な友人たちでさえ解決の道が険しく感じられてしまう背景には、彼らが属する経済分野が潤う一方で、アメリカでは、自動化による利益を再分配したり、仕事の機会の減少を食い止めたりするための努力がほとんど行われていないという実態がある。こうした努力を行うためには、大きな賭けをすることもいとわないような政府、積極的かつ安定的で、一致団結した活力みなぎる連邦政府が必要となる。残念ながら、私たちの連邦政府はこのようなものではない。負債にあえぎつつ、仲間割れをし、機能不全に陥り、時代遅れの考え方や官僚制にしがみつく国家と、票数や気候変動といった基本的な事実についてさえ合意ができない民衆が存在するだけである。政治家たちはといえば、問題のすみっこをかする程度の中途半端な解決策を提示しているありさまである。労働省の研究開発予算は、たったの400万ドル（4億円）である。[xi] 私たちの手中にあるのは、2018年現在の問題を解決するための手段をほとんど持たない、1960年代の古びた政府なのである。

今の暮らしをこれからも守っていくためには、前述した状況を変えていくしかない。人類史上最大の経済転換からくる数々の挑戦を受けて立つような、活力あふれるダイナミックな政府が必要とされているのである。

あるいは、以上のような話は、単なる空想科学小説のように聞こえるかもしれない。しかし、考えてみてほしい。あなたは今、スーパーコンピューターをポケットに入れて（あるいは、スーパーコンピューターを使って）この本を読んでいるが、大統領に選出されたのはドナルド・トランプなのである。あなたの眼に何かあれば、医師がレーザーを使って治療してくれるが、あなたの地元では商店街がまた一つシャッター街となったのである。私たちは、前代未聞の社会情勢の中に生きている。雇用なき未来は、『スター・トレック』のような教養と慈善の世界にも、『マッド・マックス』のような資源をめぐるひどい競争の世界にもなりうる。しかし、大規模な修正が行われない限り、残念ながら私たちの向かう未来は後者なのではないかと私は思う。

ビスマルクは、「革命が避けられないのであれば、黙ってその餌食になるのではなく、自らそれに参加しようではないか」と言った。社会が変わるのは、革命の前か後である。どうせなら、前に変わる方を選ぼうではないか。

弁護士として出発した私は、その後、連続起業家になった。ＶＦＡを立ち上げる前は、インターネット会社を設立し、医療スタートアップ会社で働き、国家教育会社を２００９年に売却されるまで経営した。17年間、スタートアップ企業や経済発展企画に携わり続けてきたことになる。企業とはどのように運営されるものなのか、また雇用の創出や喪失はどのようにして起こるのか、少しは知っているつもりである。また、私は熱心な資本主義者ではあるものの、同時に、もしこの先も今と同じ暮らしを続けていきたければ、何らかの形で制度を変えていく必要があるだろうとも思っている。

私たちの社会は、技術革新に伴う大規模な経済変化によって、すでに大きな影響を受けている。思えばアメリカ人は、有意義な機会の不足になんとか耐える中で、結婚をしなくなり、機能性を失っている。結論から言えば、数十万世帯もの家庭が忘却の彼方へと押しやられている今、私たちはすでにディストピアの一歩手前まで来ているのである。

教育や再訓練は、問題の解決にはならない。越えるべきハードルが日に日に高くなっていく[12]一方、打撃を受ける労働者たちの多くはとっくに働き盛りを過ぎているからである。むしろ、私たちは、アップデート版の資本主義を確立し――私はこれを「人間中心資本主義」、略して「人道資本主義」と呼んでいる――既存の機関投資家資本主義[13]による自動化とそれに伴う社会荒廃に歯止めをかけなければならない。人類が市場に奉仕するのではなく、市場が人類に奉仕するよう働きかけていくべきなのである。私たちは、社会の一員としてよりダイナミックになると同時に、より人情深くもなるべきである。そして、多くの人たちの想像を超える速度で、変革や成長を遂げていく必要がある。

次の景気下降では、数十万人の人たちが、仕事をするために朝起きたその日に、あなたはもう不要だと宣告されることになる。彼らの勤め先である工場や小売店、オフィスや商店街、ビジネスやトラックの駐車場、仲介業者等は、すべて閉店に追いやられる。新しい仕事を探してみても、今度は何もみつからない。なんとか毅然とした立ち振る舞いを維持しようと心がけてみても、月日が虚しく過ぎていく中で徐々に元気を失っていく。そして、ほとんどの場合、彼らは自分自身を恨むようになるのである。「もっと学校でしっかり勉強しておけばよかった」「もっと別の仕事に就いておけばよかった」と自分に言い聞かせる。いくばくかの貯金もすぐに消えて無くなり、家族生活や地域社会に支障が出始める。薬物に手を出したり、長時間スクリーンにくぎ付けになったりする人たちも出てくるだろう。心や体の健康にも害が出るようになり、すでに健康問題を抱えている人たちはそれが2倍も辛く感じられるようになる。結婚生活もうまくいかなくなり、自尊心を失う。周囲の環境が物理的に廃れていく中で、大切な人たちの存在が自分の失敗を一層ひどく実感させる。

▼12：the goalposts are now movingの訳。イメージとしては、ランナーがゴールを目指して走るのと同時に、ゴールテープそのものもまたどんどん先へ進んでいく様子を表す。日本語にはない比喩なので、比喩ではなくそのコアの意味を訳出した。

▼13：institutional capitalism　直訳すると「機関資本主義」だが、意味や慣習を考慮に入れて「機関投資家資本主義」とした。これは市場型資本主義と対比される概念である。市場型資本主義では、株式市場において数多くの個人や機関が少しずつ投資をすることで経済が動いていく。対して、機関投資家資本主義では、大手銀行や政府機関等の一部の大型機関が大規模な投資を行い、経済の舵取りをしていく。市場型と比べ、より政治的かつ権力的な資本主義であるといえる。

誰かが解職されるたびに、さらに数名の労働者たちがシフトや仕事時間数を削られ、保険や手当を減らされ、ただでさえ火の車の家計が燃え上がる。そして、未来への希望の光が消えていく傍ら、自分たちはまだマシだと思うよう努力をすることになる。

他方で、マンハッタンやシリコンバレー、ワシントンD.C.では、私や私の友人たちが、過酷な競争をなんとか生き延びて勝ち抜いていこうとあらゆる努力を尽くす。未来についての記事を読みあさり、より豊かな職業や暮らしへ自分の子どもたちを誘導するために試行錯誤する。リッイートをしたり、ちょっとした慈善活動をしたりすることもあるだろう。たまには他人の行く末に思いを巡らせて首をふりつつも、新たな経済環境では何が起きても自分は絶対に勝ち組に入るのだという信念はゆずらずに持ち続ける。

実力主義の論理が私たちを破滅へと追い込んでいる背景には、自動化や技術革新の歯車によって経済困窮状態に追いやられた数百万人もの人たちの声を無視するようにと、私たちが集団的にあらかじめ教え込まれているという事実がある。負け組が文句を言い、苦しみにもがくのは当然ではないかというわけである。

事態の収拾がつかなくなる前に、私たちは市場の論理から抜け出す必要がある。

社会を改造し、加速させ、全員でより高いところへ行こうではないか。市場が個人に与える価値とは独立したところで、社会を組織していく新しい道をみつけていこう。

私たちには、給与明細に記された数字以上の価値がある――この点を証明するために私たちに残された時間はそう長くない。

第1部 仕事のゆくえ

Part1 What's Happening To Jobs

第1章　私の遍歴

やせっぽちなアジア人としてニューヨーク州北部に育った私は、よくシカトやイジメに遭った。イメージとしては、『ストレンジャー・シングス　未知の世界』[1]に登場する子どもたちの１人をとり、ガリ勉度数をさらに上げ、友達の数をさらに減らした感じである。それ以来、この経験は常に私につきまとうこととなった。若い頃の感覚を忘れたことはない。疑念や恐怖に絶えず苦しめられ、そのあまりの深さに身体的苦痛を感じることすらあり、腹の底から気持ちが悪くなることもあった。部外者扱いされ、シカトされ、イジメを受けた。忘れたくても忘れられない経験となるだろう、と当時は思っていた。しかし、時が経つにつれてこうした記憶は薄らいでいくものである。映画の世界では、思春期の子どもが家で月日を過ごし、いずれは元来たところへと戻っていって状況を改善していく、といった筋書きが用意されている。現実世界では、元来たところへと戻っていく人はほとんどいない。

私の両親は教育をとても大切にしていた。父は台湾から来た移民であり、ゼネラル・エレクト

リック（GE）やIBMの研究所に勤めた。彼はカリフォルニア州立大学バークレー校で物理学の博士号をとり、その後のキャリアで69件もの特許を取得した。やはり台湾人である母は、父と大学院で出会った。彼女は統計学の修士号を持っており、地元の大学のコンピューター管理者として働いた後、アーティストになった。私の兄は大学教授になったが、これはいわば家業のようなものである。アジア系の二世として、私は、アメリカという国への情熱的な愛国心を抱くとともに、なんとか適合しようとあがく者の苦しみを深く実感することとなった。

▼1：Stranger Things　アメリカ合衆国のSFホラーテレビドラマシリーズである。

私は、地元の公立学校に数えるほどしかいないアジア系アメリカ人の1人だった。当然ながら、目立つことになる。私のアイデンティティは、クラスメートたちの間でよく話題になったものだ。

「よう、チンク[2]」。

「かかってきやがれ」と口を動かしつつも声は出さず、カンフー映画の質の低い吹き替えを真似する。

「チン、チョン、チン、チョン」。

「中国人が目隠しをするときに何を使うか知ってるか？　デンタルフロスさ！」

「おい、みろよ」と言い、顔を無表情にし、「グック[3]が笑うときの顔だよ」と続ける。

「おい、ヤン、腹減ったか？　グッキー[4]でも食えよ」。

「おい、ヤン。ジロジロ見るなよ。異人種交際は禁止だぞ！」

「おい、ヤン、よくそんなに小さなキンタマでやっていけるな。中国人はキンタマが小さいって有名だろ。ピンセットを使ってオナニーするってわけか？」

ほとんどが中学校の頃のことである。それに対して、私は当時、ごく自然な反応をみせた。まず、自意識過剰になった。自分の男性器は本当に小さいのではないかと思うようになった。そして、徐々に怒りを燃やすようになった。

こうした経験のおかげかもしれないが、私は自分がおちこぼれや弱者の気持ちが分かることを誇りに思っている。大人になっていくにつれて、私は排除や軽視の対象となっている人たちの側につくようになった。ニューヨーク・メッツのファンになった。パーティーがあれば、取り残されていそうな人や居心地が悪そうにしている人をみつけて話しかけるようになった。大学では肉体のトレーニングにいささか夢中になりすぎた。

大人になってからも、私は同じ情熱を持ち続けて仕事をしている自分に気がついた。小さな会社の成長の手助けをするのが好きになった。企業弁護士として5ヶ月間働いた後、2000年に25歳でインターネット会社を共同設立した。それが失敗に終わると、私は診療記録ソフトウェア会社で働き、その後、友人のジーク・バンダーホーク[5]の手助けをし、彼のGMAT[6]社を、まだ彼が地元のスターバックスの片隅で個人指導を行っていた最初期の段階から支援した。彼はその

▼2：chink　中国人を表す侮蔑語。
▼3：gook　アジア系の人たちを表す侮蔑語。
▼4：gook-ie　グックとクッキーをかけた侮蔑語。
▼5：Zeke Vanderhoek　Manhattan　GMAT社の共同創立者。2019年現在、The Equity Projectというチャーター・スクール事業を営んでおり、Big Think等の世界的なメディアで取り上げられている。
▼6：GMATとは「Graduate Management Admission Test」の略であり、大学院レベルのビジネススクールを志望する学生が受ける試験。

後、代表取締役（ＣＥＯ）として後を継ぐよう私に持ちかけた。私たち2人のタッグと他のチームメイトたちのおかげで、同社を全国ナンバーワンにまで成長させることができた。

２０１０年、私は有頂天になっていた。Manhattan Prep 社はワシントン・ポストのカプラン支社によって数百万ドル（数億円）で買収された。35歳の私は、自慢の国家教育会社のトップを務め、家族や友人たちとニューヨーク市内に暮らし、翌年には婚約者と結婚をした。すべてがうまくいっていた。

それでもなお、気にかかることが一つあった。私は数百人もの若者に訓練を施した。Manhattan Prep 社のＣＥＯとして、ゴールドマン・サックスやマッキンゼー、ＪＰモルガンやモルガン・スタンレーを始めとする幾多の会社でアナリスト講座を実施した。しかし、新卒者たちは、各々のキャリアに幻滅していた。ビジネススクールに来たのも、一度休暇をとって自分たちのこれからを考えるためだった。彼らの多くは、他の地域——ミシガン、オハイオ、そしてジョージア等——から上京してきており、より豊かな将来を求めてウォール街に集まっていた。授業の後で雑談をする中で、私は、彼らは今までみたことのないような崇高な目的を探し求めているのではないかと思うようになった。その姿が、ちょうど10年前の自分、みじめな企業弁護士としてキャリアをスタートさせた自分と重なった。

「こんなにも多くの秀才たちが、同じ場所に集まってみんなで同じことをさせられているなんて……」と私は思った。彼らの才能を活用するための最善策は何なのか、思いをめぐらせた。ある週末、私はブラウン大学のキャンパスに帰ってきており、プロビデンスの起業家チャーリー・クロルと会った。彼はウォール街に行く代わりに地元で自分の会社を立ち上げ、１００人の従業員を新たに雇った。そのとき、私は一つのビジョンにたどり着いた。理知に富み、努力を惜しまない大学院卒業生たちの一団が、デトロイト、ニューオーリンズ、プロビデンス、ボルチモア、クリーブランド、そしてセントルイスのような、活性化を必要としている地域社会において新しいビジネスを構築していく……。過去20年間の国内雇用成長は、すべてが新規参入企業のおかげである。ニーズの高い地域で生産的な活動を行う人たちが増えれば、活力が高まり、新たな機会が生まれ、地域経済がよりダイナミックになる。デトロイトやニューオーリンズといった市は、まさに究極の負け犬ではないか。

新しい会社の設立は、卒業したばかりの人にとってはかなりハードルが高いものだということも、私はよくわかっていた。しかし、経験豊かなＣＥＯやチームと仕事をしたおかげで私が得たものも大きい。こうした師弟モデルこそ個人の発達にとって最善なのではないか、と私は思うようになった。20代の自分がそうだったからである。成功や失敗に関係なく、彼らにとってその経験は力になるだろう。また、発展途上の市で数年働くことによって、彼らは他とはちょっと違った価値観を身につけることにもなるだろう。

数百人もの野心的な大学卒業生に訓練を与え、アメリカ国内の他の市町村に彼らを送り込み、全国的に雇用創出や技術革新を進めていくというアイデアは、私を虜にした。２年間働いた者には、自分の会社を始めるための成長促進と初期資金とを提供する。目標は、２０２５年までに10万件の雇用をアメリカ全国に創出すること。私はこの団体を「ベンチャー・フォー・アメリカ」（ＶＦＡ）と名づけた。周囲の人たちはこのアイデアを称賛した。学生時代にＶＦＡのような団体があったなら自分も卒業後に参加できたのに、という声がたくさん届いた。

こうして、私は２０１０年に初めてデトロイトに赴き、事業拡大のための人材を求めている企業を探しに行った。当時、デトロイトは破産への第一歩を踏み出したところだった。寒々とした空っぽの道が見捨てられたように横たわる光景を、私はよく覚えている。友人にむけて、「あまりにも空っぽで、到着した瞬間から信号無視をしたくなるほどだったよ」と冗談を言ったほどだ。それ以来、あのどん底状態から、デトロイトは目を見張るような復活を遂げてきた。私がそこで出会った地元起業家たちは、活力みなぎる新卒の野心家たちを雇えるものならぜひ雇いたい、と口々に言った。プロビデンス、ニューオーリンズ、そしてシンシナティでも、同じような反響があった。各地の起業家たちと出会う中で、私は自分のしていることの正しさへの確信を深めていった。

２０１１年、私は仕事を辞め、12万ドル（１２００万円）の寄付を行い、ＶＦＡを立ち上げた。

ＶＦＡは、起業によってアメリカ全国の市町村や地域社会を再活性化することを使命とする。初年度の予算は約20万ドル（２０００万円）だった。

２０１８年に至ると、予算は当時の25倍にまで上がっており、ＶＦＡは数千人もの応募者の中から野心的な若手起業家たちを全国で数百名募り、彼らに訓練を施した。後援者には、ＣＥＯや有名人、起業家や大手企業、基金団体の他、なんとオハイオ州も含まれていた。私たちの努力は18の都市における２５００件の新規雇用創出につながり、ＶＦＡの卒業生たちはその後、たくさんの新規企業を立ち上げていった。最近のクラスでは、43％が女性であり、25％が黒人またはラテンアメリカ人だった。私が当時執筆した本は好評となり、『スタートアップ世代』と題されたドキュメンタリー映像作品では、ＶＦＡの起業家６名がデトロイトで新しいビジネスを立ち上げる様子が取り上げられた。

22歳の理想主義者たちが、がむしゃらな若々しい新規企業の創立者やＣＥＯとなり、数千人もの人たちの人生に影響を与えていく様子を、私は見守った。数百もの小規模スタートアップ会社が、百人規模の会社へと成熟する手助けをした。荒廃の一歩手前まできていた地域が、新しい人や事業で満たされていくところを見た。全国でもまれに見る高潔な理想主義者たちと共に働き、見向きもされないような地域で数々の奇跡を起こしてきた。ＶＦＡでの仕事は、新天地の開拓につながり、多くの人たちが革新や起業活動に関するアドバイスを求めて私の元に来るようになっ

た。例えば、2012年にオバマ大統領にVFAを紹介したときのように。

絶好調だった。私生活の面でも、大きな進展があった。私は妻と結婚し、今では2人の子どもたちとたくさんの時間を過ごしている。親という役割を全うするのは私が想像していた以上に大変なものだが、親にしかわからない至福を味わうこともできる。

それでもなお、2016年辺りから、何かが私の気にかかるようになってきた。拭っても拭いきれないような何かだ。全国を旅する中で、長い衰退の道を歩んできた地域によく遭遇した。その日来店したほんの一握りのお客の一人として、ダイナー[7]で食事をとったこともあった。ベニヤ板で覆われた商店や「売家」と書かれた看板の前を車で通り過ぎ、荒れ果てた建物や工場跡を訪ね、諦めの表情を浮かべる人たちに出会った。降伏と抑圧の念が、空気に充満していた。「リスクをとれ」「失敗を恐れるな」という起業家的なメッセージも、こうした文脈では笑止千万な妄言のように聞こえてしまう。経済的な比喩としての「水位」が、地域社会を丸のみしてしまっているようにみえた。旅を終えてマンハッタンやシリコンバレーへと飛び帰った際に、「これが国内便だとはとても思えないな」と感じたこともしばしばあった。友人と夕食の席を共にしていると、世界が燃えている傍らで豪勢な食事を続ける人たちを描いた舞台劇の中にいるような気持ちになり、自分が見てきたばかりの実態をうまく理解して共有する方法がみつからずに苦悩した。

建物や周辺環境よりも、そこにいる人たちの姿が頭に焼きついた。飢えをしのぐことを人生の目標とするよう強いられた彼らは、意気消沈して憂鬱になっていた。

私はというと、落ちこぼれ状態から脱し、いまや問題を解決する側に立ち、隅に追いやられたり仲間はずれにされたりしている人をみつけて話しかけるのではなく、部屋の中の最も裕福な人たちに優越感を与える役を担うようになっていった。非営利団体を成長させる術を知っていた私

▼7：diners　レストランよりも簡易的な食堂のこと。ハンバーガーやホットドッグなど、調理が簡単な料理に特化する傾向がある。アメリカの象徴的な食堂形態。

は、組織の頭となり、その結果、潤沢な機関や個人に擦り寄るようになった。すでに一山あてた人たちと日々を過ごすようになったわけだが、これは私が当初思い描いていた未来とは別物だった。

そうするうちに、私は徐々に起業、非営利、そして政府の各部門がもつ限界に気がつき始めた。上層部会合やデザイン・セッション▼8に招かれて行くと、必ずと言っていいほど誰かが——諸分野で第一人者として活躍している人たちですら——自分が当初の課題に対して意味のある解決策を提示できておらず、そうするためには今の10倍、100倍、いや1000倍の資源が必要だ、と私に打ち明けた。賛辞の言葉を交わし、互いの功績を称え合いながらも、腹の中では皆こう思っていた——何がそんなにめでたいんだ、問題はひどくなっていくばかりではないか、と。

このような不安感に苛まれる中で、私は根源的で不穏な問題に2つぶつかっていた。「アメリカ合衆国で起きているこの現象は一体何なんだ」「自分はなぜこうも利用される羽目になったんだ」。時がたつにつれて、私は、自分の今の人生はひょっとすると平均的なアメリカ人のそれとはかけ離れており、むしろカプセルの中で演じられる夢物語に近いのではないかと思うようになった。そして、人材や金融資本が、社会を修繕しようとしている地域ではなく、その歯車の回転をさらに加速させている数少ない地域に集中投下されているのではないか、と思うようにもなった。私個人も、経済という機械そのものを修理したいと思う人間から、その機械の一部、いわば付属品へと変貌していった。もちろん、私はVFAを誇りに思っている。VFAは、私のライフワークの集大成である。しかし、大局の悪化を食い止めるためには、それよりもはるかに大きな何かが必要とされていた。

早速、労働市場の動向を詳しく調べ、アメリカ経済に起きている長期的な転換について友人と話し、理解を深めていった。課題をしっかり把握したかったからだ。2016年後半にドナルド・トランプが当選すると、私は危機感を強めた。国民の悲鳴が聞こえた気がした。

調査結果は私に衝撃を与え、旅路での実体験に確証を与えた。現在、アメリカにおける新規企業の立ち上げ数は、たった12年前と比べてなんと10万社も少なくなっており、また技術の進歩によって数百万件もの雇用が今まさに失われている最中なのである。我が国の経済エンジンは、もはや多くの地域において失速から停止へと至っており、アメリカの各地では、自動化によって数十万人もの社会的弱者たちの生計が破綻させられている。新たな雇用は数が少なく、最も痛手を負った人たちの住む地域とはかけ離れた都市に創出されるのが常であり、職を失った当事者たちがもっていないような特殊なスキルを必要とする。テクノロジーの進歩は著しく、もはや内陸部の人たちだけでなく、ホワイトカラー労働者たちや専門教育を受けた人たちまでもが危険にさら

▼8：design sessions　企画の初期段階で、企画全体のデザインを素描して計画するための会議。

されている。

　こうしたことが自分の心の奥底にまで完全に浸透しきった瞬間を、私はよく覚えている。それは、CNNの記事を読んでいたときのことだった。その記事には、2000年から2015年までの間で、自動化によって消滅した雇用の数は数百万件にのぼり[ii]、それはグローバリゼーションの実に4倍もの量である、と書かれていた。このような雇用が根ざしていた都市の多くを、私は過去に直接訪問して歩き回った――クリーブランド、シンシナティ、インディアナポリス、セントルイス、ボルチモア、そして各市の周辺地帯である。友人たちのやっていることをよく知っている私にとって、その先に待ち受ける現実がどのようなものであるかなど火を見るより明らかだった。パズルのピースが整うにつれて、心が重くなり、頭が回り始めた。行く手を阻むものは何もない。すでにこうした都市の経済や文化を焦土にした挙句、私たちは同じことを他の地域でも繰り返そうとしているのである。

　結果として、多くのアメリカ人は家族や人生を台無しにされてしまった。金銭関係のストレスのまん延は、もはや新たな常識となりつつある。私たちはすでに、人類史上最大の経済転換の3、4イニングに突入している。だが、辺りを見回してみても、これについて議論や対処をしている人は一人も見当たらない。

　この6年間、以上のような問題を何とか解決に向かわせようと、私は起業家に訓練を施し、様々な地域で育ち盛りの会社が多くの雇用を創出する手助けをしてきた。要するに、仕事作りこそ、ここ6年間の私の仕事だったのである。その戦いも、いまや私の惨敗に――いや、私たち全員の惨敗に――しかも未曾有の規模の惨敗に終わろうとしている。確信をもって言えるが、この大波、この大いなる解職は、すでに始まっており、にわかには信じがたい規模と速度で広がり続けている。しかも、個人や地域社会がのみこまれ続ける間も、外から見ただけでは誰が本当の被害者なのか判別がつかないのだから、実に悪質である。

あれから、私はギアチェンジをした。これから起こることについて周知を促し、皆の望む未来を勝ち取るための戦いの準備をしようという新しい目標を立てた。とてつもない課題だ。しかも、頼れるのは自分たちだけ。市場は一切力を貸してくれない。むしろ、市場からの逆襲を覚悟しておく必要がある。問題解決への道はまだ存在するが、太陽は沈みかけており、タイムリミットが刻々と迫っている。私が見てきたことを、あなたにも見せておきたい。

第2章　ここまでの道のり

大いなる解職は一夜にして起きたわけではない。技術の進歩や金融化、企業風習の変化やグローバリゼーションなどに応じて経済や労働市場が変わっていく中、数十年という歳月をかけて徐々に膨れ上がってきた問題なのである。

　1970年代、私の両親がニューヨーク北部でGEとBlue Cross Blue Shieldとに勤めていた頃は、会社が年金を気前良く提供し、何十年も働いてくれるようにと計らったものだ。地域銀行は、地元の会社にお金を貸してささやかな利益をあげる程度の無味乾燥なビジネスだった。労働者の20%が組合に入っていた。もちろん、経済的な問題がなかったわけではない――成長には振れ幅があり、定期的に高インフレーションが起きていた。とはいえ、所得格差は小さく、仕事をすれば保障がつき、メインストリート▼1のビジネスが経済の原動力となっていた。テレビ局はたった3つしか存在せず、私の実家では画質を少しでも上げようとアンテナをいじりながらテレビを見ていた。

振り返ってみると、ずいぶん古風な暮らしをしていたものだと思う。年金は、もう何年も前に民間部門から消え去っている。地域銀行も、1990年代にメガバンクによってのみこまれていった。[i] 今では商業銀行市場の50％を5つの銀行が占有しており、金融業界そのものもまた、国内企業利益の25％を占めるという急成長ぶりをみせている。組合員数は50％も減少した。[ii] 2005年から2015年までに創出された雇用の94％は派遣社員や契約社員であり、保障が一切つかない。[iii] いくつもの単発的な仕事を掛け持ちして家計の帳尻をなんとか合わせるという状態が、もはや当たり前になってきている。実賃金も、横ばいか右肩下がりを続けている。[iv] 1990年生まれのアメリカ人が両親よりも高い収入を得る可能性は、なんと50％にまで下がっている。[v] 1940年生まれのアメリカ人の場合、それは92％だった。

ミルトン・フリードマン▼2やジャック・ウェルチ▼3をはじめとする企業論の巨匠たちの手によって、

▼1：Main Street　ウォール街と対比して用いられるフレーズ。ウォール街の金融会社が金融商品によって架空の価値を捏造するのに対して、メインストリートのビジネスは物やサービスを実際に作り出して本当の価値を生み出し、人々の生活に貢献する、という含意がある。

▼2：Milton Friedman（1912－2006）　アメリカの経済学者。シカゴ学派の主要人物、市場原理主義・金融資本主義を主張。邦訳に『資本主義と自由』（村井章子訳、日経BP）などがある。

▼3：John Francis "Jack" Welch Jr（1935－）　アメリカの実業家。1981年から2001年

大企業の存在意義は1970年代や1980年代前半にかけて大きく変わり始めた。彼らの教説――「企業とは、株価を上げることだけを目的として存在する」――は、全国のビジネススクールや取締役会議室において真言となった。企業は、株主価値を唯一の成功の尺度とするよう奨励された。敵対的買収、株主代表訴訟、そして後のヘッジファンド業者たちは、社内のリーダーたちを利益至上主義者にするための装置として機能した。また、CEOたちはストックオプションという新品のおもちゃをもらい、会社の株価が彼らの私益に直接結びつくようになった。CEO対従業員の所得比は、1965年には20対1だったものが、2016年には271対1にまで広がった。[vi] 保障は効率化の名の下に削られ、会社と従業員の関係も単なる利害関係へと弱体化していった。

その傍らで、消費者融資と投資銀行業を分離するための恐慌時代の規制が取り払われ、大手銀行は大きく成長し発展していくこととなった。金融規制緩和は1980年にロナルド・レーガンの下で始まり、1999年にビル・クリントン政権下で可決された金融サービス近代化法で最高潮に達し、諸銀行はいよいよ好き放題に何でもできるようになった。1980年から2000年代までの間、証券業のGDP構成比が500%も成長する[vii]一方、銀行普通預金のそれは70%から50%へと縮小した。金融商品が増え続け、メインストリートの会社でさえも帳尻を合わせるために金融技術に手を出さざるをえなくなった。私の父のかつての勤め先であり、製造業界の希望の光でもあるGE社でさえ、2007年には全国で5番目の大手金融機関に成り果てた。

技術の向上や世界市場の開拓によって、アメリカの企業は、製造業、情報技術、そして顧客サービスを、中国やメキシコの工場やインドのプログラマーやコールセンターに外注できるようになった。2013年までの間で、国内企業は1400万件もの雇用を外注や海外委託に切り替えたが、[viii] その多くは、かつてはより高い給料を払って国内労働者にさせていた仕事だった。それは、コストの削減、効率の向上、そして新しい機会の創出へとつながったが、アメリカの労働者は、世界の労働市場での競争を強いられ、さらなる重圧を感じることになった。

自動化は、20世紀前半の農家によるトラクターの導入に端を発し、その後1970年代に工場へと場所を変えていった。賃金が右肩下がりを始めた1978年の頃から、製造業における雇用もまた下がり始めた。賃金の中央値は、かつては生産力[4]やGDPと足並みを揃えて上下したものだが、1970年代を皮切りに大きく分岐していった。1973年以降、平均労働者の時給と比べ、生産力は急激な伸びをみせる。

労働者の報酬と企業の成績が結びつかなくなってきたのも同じ時期である。企業の利益率が記

にかけて、ゼネラル・エレクトリック社の最高経営責任者。邦訳に『ジャック・ウェルチわが経営』（宮本喜一訳、日本経済新聞社）など。

▼4：productivity「生産性」と訳すこともできる。

生産力及び時間給の成長推移（1949年～2017年）

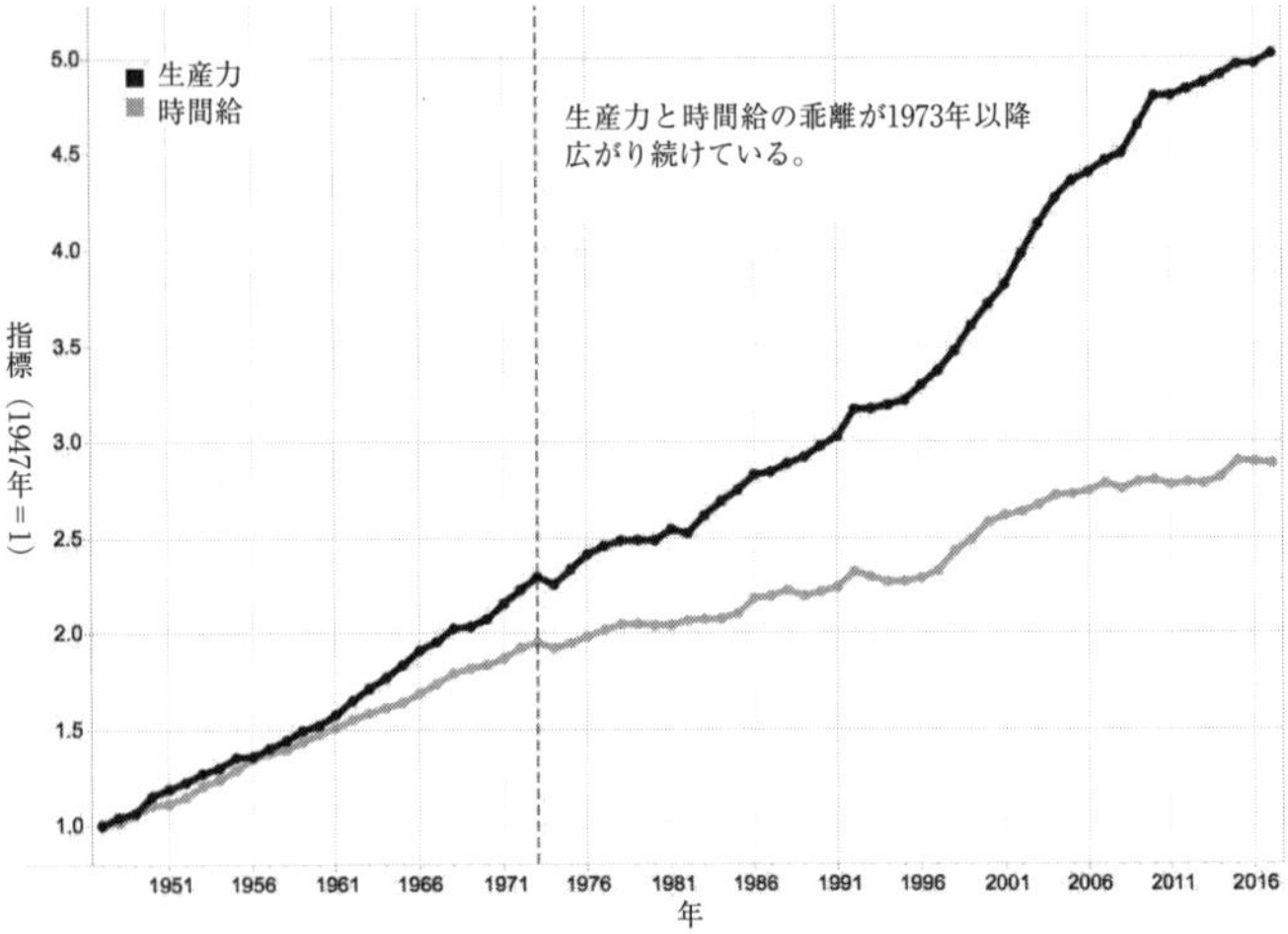

Source: U.S. Bureau of Labor Statistics, Business Sector: Real Compensation Per Hour and Real Output Per Hour of All Persons, retrieved from FRED, Federal Reserve Bank of St. Louis.

出典：アメリカ合衆国労働統計局

録的な高さにまで上昇する傍ら、労働者の賃金は減るばかりだった。ＧＤＰに賃金が占める割合は、１９７０年には54%だったものが、２０１３年には44%にまで落ち込んだ。[ix] 一方、同期間で企業利益が占める割合は４%から11%にまで上がった。株主が潤い、労働者が泣いた。

今日では、格差が史上最悪の広がりをみせており、上位１%ないし20%が恩恵の大半を享受している。資本が頂点に集中し、経済が勝ち組一辺倒となっているからである。上位１%の人たちは、２００９年以降のアメリカの実収入成長分の52%を懐に入れた。[x] こうした流れを作り出す上でテクノロ

税引き後所得の累積成長、所得層別（1979年～2007年）

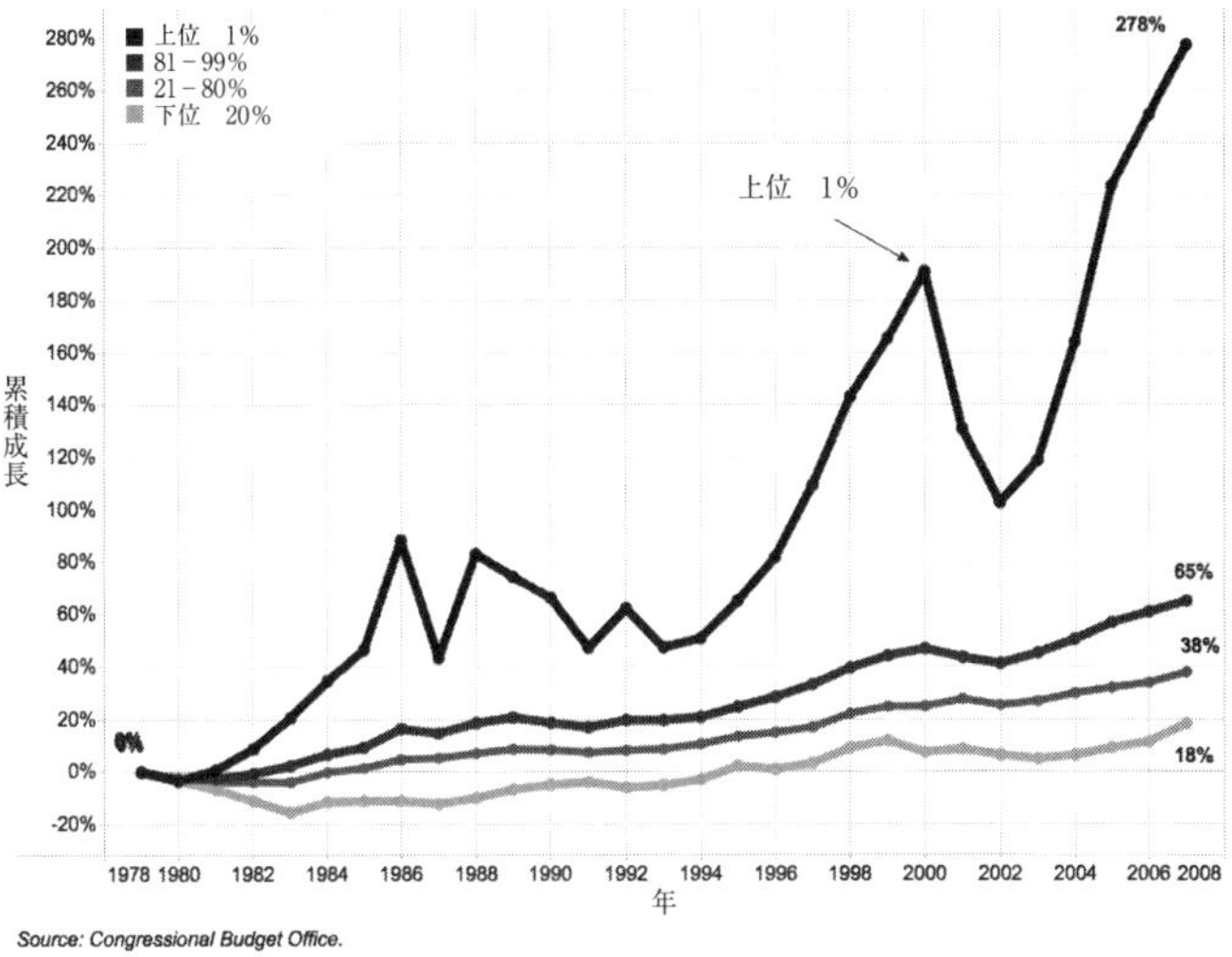

出典：議会予算局

ジーが担ってきた役割は大きい。少数の勝者を生む傾向があるからである。様々な研究結果が示すように、不平等な社会では、万人が――上位の人間も含む万人が――より不幸せになる。つまり、不平等な社会では富裕層の間でも鬱と疑念が深刻化するのである。[xi] どうやら、地位の高い人間にも良心の呵責から解放されたいと切望する傾向があるらしい。

雇用はもうかつてのようには成長しない

今日《こんにち》の企業は、人を雇ったり賃金を上げたりしなくても、繁盛し、成長し、そして記録的な利益を生むことができ

アメリカ経済における雇用創出（1976年～2015年）

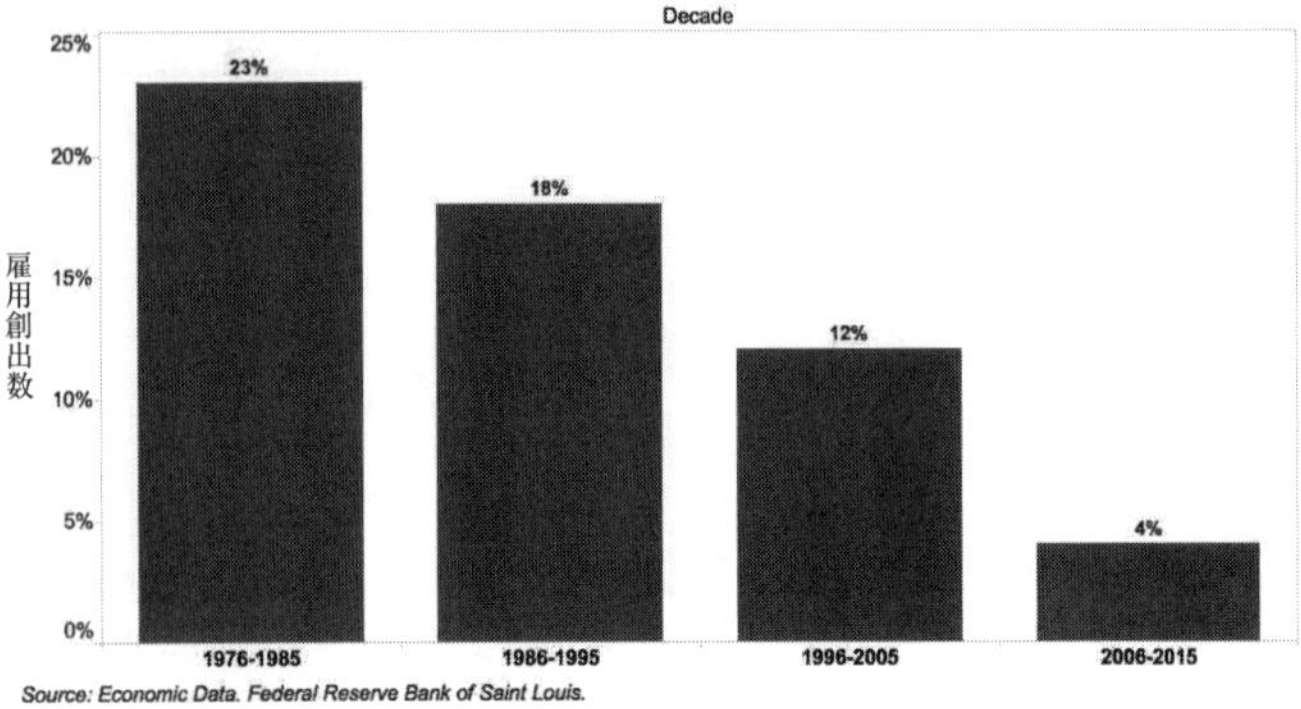

出典：経済データ、セントルイス連邦準備銀行

る。１９７０年代以降の経済成長を示す線に、雇用創出や賃金成長は追いついていない。10ヵ年毎に見ても、新たな雇用の創出率はどんどん下がってきており、２０００年から２０１０年までの間では大不況のため０％を切ってしまった。

労働の役割の変化をみてとるためには、過去数回の不況からの回復時間に注目するのがよいだろう。１９８０年以降、アメリカは大きな不況に何度かみまわれた。そのたびごとに、失われた雇用の数が増え、回復にかかる時間が長くなった。

新しい会社が繁盛し成長する場合も、今までのような人数は雇わなくなってきた。最近の大手企業は、かつての大手企業に比べ従業員数をはるかに少なくおさえている。

大手企業における従業員数の現在と過去

企業1	2017年従業員数	企業2	従業員数（年）
アマゾン	341,400	ウォルマート	1,600,000（2017年）
アップル	80,000	ゼネラルモーターズ（GM）	660,977（1964年）
グーグル	57,100	AT&T	758,611（1964年）
マイクロソフト	114,000	IBM	434,246（2012年）
フェイスブック	20,658	ゼネラル・エレクトリック（GE）	262,056（1964年）
スナップ	1,859	コダック	145,000（1989年）
Airbnb	3,100	ヒルトン	169,000（2016年）

これからの企業は、これまでの企業のような大量の人材をもはや必要としておらず、実際に雇われる人たちも、より専門的なスキルを有するようになってきている。

数字を見れば、以前と比べて雇用創出が難航する経済像がはっきりと浮かび上がってくる。賃金の中央値は停滞し、企業利益率は上昇し、労働報酬は低く、格差は広がっている。すべて、テクノロジーや自動化が経済を根本的に変えているからこそ起きる現象である。マサチューセッツ工科大学教授のエリック・ブリニョルフソンはこう言っている。「多くの人たちがおいてきぼりにされているのは、テクノロジーの急速な進歩に私たちのスキルや組織が追いついていないからです[xii]」。

勝者独り占め経済によって、私たちははめ

られたのである。しかし、経済的な価値が人間の時間感覚や労働形態から大きく逸脱してきた様子を直視する代わりに、私たちはまるで1970年代から時間が止まったかのように振舞っている。なるほど、従来ならば、負債や低利資金を積み重ねつつ返済を先へ先へと延ばすことによって、私たちはこの幻想を維持することができた。しかし、それも今や限界に達している。テクノロジーがいよいよ本格的に威力を発揮し、労働が、特に普通のアメリカ人の労働が、ますます不要になっていくからである。

「普通のアメリカ人」という私の言い方に、あなたは首を傾げるかもしれない。次は、それについて話をしたいと思う。

第３章　アメリカにおける「普通の人」とは

「未来はすでにここにある——問題は、その配分の不平等である」
——ウィリアム・ギブソン

私の友人の中には、この本のタイトルを聞いて顔をしかめた人がたくさんいる。「普通」という言葉には、ある種のものの見方や暮らしが固定概念として付きまとっている。私にとって、「普通」という言葉は「標準」[1]という意味を持っている。つまり、アメリカの全人口を、教育、所得、貯蓄、都市からの距離等々といった、ある特徴、特質、または区分に従って横一列に並べたとき、ちょうど真ん中に来る人が「普通」というわけである。例えば、博士号

▼1：average　本来ならば「平均」と訳すべきところだが、それでは次の文章で挙げられている例と矛盾してしまうことになる。（要素を横一列に並べたときの真ん中は平均値ではなく中央値である）。そこで、統計学的な響きを残す意味でも、「標準」という語を選択した。

取得は普通ではないが、中学校中退も普通ではない。

　去年、ニューオーリンズに出向いたときにUberの運転手とした話が、今でも印象に残っている。ロウリーは40代後半の感じの良い女性で、典型的な「郊外に暮らす母親」だった。私が起業部門で働いていることを知ると、彼女は「そうなんですか。実は私も起業家なんです」と喜んで言った。数年前、彼女はキッチン改装のビジネスを立ち上げた。しかし、資金が枯渇してしまった結果、今ではUberで運転をしながら何とか帳尻を合わせているということが、話を聞くうちにわかってきた。彼女には息子が2人いたが、そのうちの1人は障害児だ。彼の行けるような学校をみつけるのに苦労をしていると話しながら、彼女は涙を流し始めた。現在、彼女の家族は、数年前に亡くなった夫に代わって得ている部分障害者手当[2]によって支えられている。「それがなくなったら、どうしていいかわからないわ。ただでさえギリギリの生活をしているのよ」と言う彼女の声は、悲しみに満ちていた。目的地に到着する頃には再び平常心を取り戻したが、別れの挨拶をするとき、彼女は下を向いていた。

　私もまた下を向いていたが、それには別の理由があった。この人が抱えている問題の重さに比べたら、自分はなんてくだらないことで悩んでいるんだろう、と思ったのである。私の友達の輪には、彼女のように来月の生活費を心配する必要がある人などほとんどいない。しかし、ニューオーリンズで車の運転をしながらなんとか帳尻を合わせているこのシングルマザーは、普通なのである。イラクに派兵され、今はデトロイトで警備員として働く退役軍人と、私はスポーツ談義を交わしたことがあるが、彼も普通である。彼は、目の前で友人が殺されるところを目の当たりにした後、帰国し、今は自分が安定した職に就けていることを幸運に感じている。クリーブランドで働きながら看護学校に通うための学費を貯めているバーテンダーと話をしたこともあるが、彼女も普通である。貯金をするために、彼女は休学していた。

このようなアメリカ人たちと交わした会話は、私の糧となっている。ニューヨークやサンフランシスコに住む友人たちの多くには、内陸部の都市にわざわざ足を伸ばす動機がほとんどない。ニューオーリンズ、デトロイト、クリーブランド、ピッツバーグ、バーミンガム、セントルイス、そしてシンシナティといった都市でさえも、周辺部やその他のほとんどの地域に比べたら、商業、教育、そして繁栄の中枢である。

私たちは皆、似たもの同士で集まって日常を過ごす傾向がある。何を「普通」と感じるかは、個人の置かれた環境によって大きく左右される。アメリカのような大きな国において、本当の意味で何が普通で標準なのかを知るためには、それなりの労力が必要とされる。例えば、学歴を考

▼2：partial disability payment　「障害」というと、一生残るものとして見られがちだが、アメリカの保険制度では、disability は一時的なものも一生涯残るものも含む。日常生活や就業ができなくなるような傷や病を患った人たちが受け取る手当である。

えてみよう。この本を読んでいる時点で、あなたは恐らく大卒か大学生であり、あなたの知り合いもほとんど大卒なのではないだろうか。もしそうであれば、あなたやあなたの友人と家族は、アメリカ国内の全人口の上位３分の１に属するのである。修士号や博士号、専門職学位を持っている場合、あなたの学歴は全国の上位12％に相当する。標準的なアメリカ人は、大学単位の個別取得と準学士号取得の間くらいに位置する。[i] 25歳以上のアメリカ人の60・25％は何らかの形で大学に通ったことがあり、43・51％は準学士号を取得している。若年層においてはこの数字は若干高めになるが、それでもなお、普通のアメリカ人は大学学位を持っていないと言って全く問題ない。

あなたの親友５名を思い浮かべてほしい。アメリカ人をランダムに選んだ場合、５名全員が大卒である可能性は、１％の約３分の１、つまり０・００３６である。４名以上が大卒である可能性も約４％にすぎない。いずれかのカテゴリーにあなたが当てはまるならば、あなたは知識階級に属するのである（もっとも、あなたがそれを自覚している必要はない。あなたの立場からすれば、自分は普通だと思っていて自然だからである）。

「普通」の学歴とは、こういうものだ。では、財産と所得の場合はどうだろうか。

世帯所得の中央値は、２０１６年では５万９３０９ドル（５９３万９００円）だった。[ii] ここで注意すべきなのは、世帯は複数の家族構成員から成り立っていることが多いという点である。

最終学歴（25歳以上）、性別及び人種別（2016年）

分類	高卒以上	大学中退以上	準学士号以上	学士号以上	修士号以上
性					
男性	88%	58%	41%	32%	12%
女性	89%	60%	43%	33%	12%
人種					
白人のみ	89%	59%	43%	33%	12%
白人（非ヒスパニック系）	93%	64%	47%	36%	14%
黒人のみ	87%	53%	32%	23%	8%
アジア系のみ	89%	70%	60%	54%	21%
ヒスパニック系（人種問わず）	67%	37%	23%	16%	5%

出典：アメリカ合衆国国勢調査局、2016年人口動態調査

２０１６年におけるアメリカの個人所得の中央値は３万１０９９ドル（３１０万９９００円）であり、平均値は４万６５５０ドル（４６５万５０００円）だった。[iii] 大半の人たちの生活や仕事の実情を見てとるためには、中央値を用いるのが統計学的にも適当である。平均値は、トップ数名の億万長者たちによって引き上げられてしまうからである。一方、中央値は、全人口を所得レベルで横一列に並べたときにちょうど真ん中にくる人のことである。つまり、アメリカ人の半分は３万１０９９ドル以下、

個別所得中央値、最終学歴別（2015年）

最終学歴	所得中央値（米ドル）
中卒未満	$16,267
高校中退	$17,116
高卒	$25,785
大学中退	$30,932
準学士号	$35,072
学士号以上	$55,071
学士号	$49,804
修士号	$61,655
専門職学位	$91,538
博士号	$79,231

出典：アメリカ合衆国国勢調査局、2016年人口動態調査

もう半分はそれ以上の所得を、それぞれ得ているわけだ。また、個人の70％は所得が5万ドル（500万円）以下なのである。

所得中央値を学歴で整理した表をみてほしい。

この本を読んでいる時点で、あなたの知人の70％が所得5万ドル（500万円）以下である可能性は低いといえる。大卒のグループ内では、所得中央値は5万5000ドル（550万円）であり、修士号の場合は6万1000ドル（610万円）、専門職学位の場合は9万1000ドル（910万円）である。

労働統計局によると、時給の中央値

は17・40ドル（１７４０円）とされており、50週間で週当たり35時間の労働があることになる。これはＯＥＣＤの報告する34・４時間という平均値と一致する。つまり、標準的なアメリカ人労働者は、準学士号以下の学歴であり、時給で約17ドル（１７００円）を得ているのである。

最近のアメリカ人口調査では、アメリカ人の80・１％が都市部に、19・９％が農村部に住んでいるとされた。しかし、この数値は誤解を招く恐れがある。同調査の定義では、どんなに寒々とした辺境の郊外も、都市部に含まれるからである。オンライン不動産サイトの「Trulia」が最近行った国民調査によると、自分の住む場所は都市部であると答えた人はたった26％しかおらず、[iv]郊外が53％、農村部が21％だった。約半数のアメリカ人は郊外に住んでおり、郊外こそがアメリカにおける最も一般的な住所であるというのが共通認識となっている。

世帯所得は、州や地区によって異なる。２０１６年の世帯所得を見てみると、トップはワシントンD.C.の５万５６７ドル（５０５万６７００円）であり、[v]最下位はミシシッピの２万２６４９ドル（２２６万４９００円）である。第25位と26位の州は、２万９６０４ドル（２９６万４００円）のオハイオと、２万９１６４ドル（２９１万６４００円）のメーンだった。首都が所得最上位であるという点は、特筆に価する。

アメリカにおける金融不安の具体例を、あなたも目にしたことがあるかもしれない。２０１７年の「Bankrate」調査によると、アメリカ人の59％は、予期せぬ出費５００ドル（５万円）を

世帯資産価値中央値　年齢層別及び最終学歴別（2013年）

分類	純資産	金融機関における資産	株式及び投資信託資産	純資産（住宅を除く）
		年齢		
35歳未満	$ 6,936	$ 2,330	$ 8,000	$ 4,138
35歳～44歳	$ 45,740	$ 2,800	$ 16,000	$ 18,197
45歳～54歳	$ 100,404	$ 3,500	$ 28,000	$ 38,626
55歳～64歳	$ 164,498	$ 4,650	$ 50,000	$ 66,547
65歳以上	$ 202,950	$ 8,934	$ 73,300	$ 57,800
65歳～69歳	$ 193,833	$ 6,749	$ 62,000	$ 66,168
70歳～74歳	$ 225,390	$ 9,817	$ 75,000	$ 68,716
75歳以上	$ 197,758	$ 10,001	$ 78,757	$ 46,936
		最終学歴		
高卒未満	$ 5,038	$ 560	$ 28,153	$ 1,800
高卒のみ	$ 36,795	$ 1,500	$ 20,200	$ 9,380
大学中退	$ 36,729	$ 1,800	$ 20,500	$ 12,119
準学士号	$ 66,943	$ 3,000	$ 21,000	$ 22,905
学士号	$ 147,578	$ 6,900	$ 30,000	$ 70,300
修士号以上	$ 325,400	$ 15,500	$ 50,000	$ 200,071

出典：アメリカ合衆国国勢調査局

払うための貯蓄を持っておらず[vi]、クレジットカードに頼ったり、周囲に援助を求めたり、数ヶ月の倹約生活を送ったりする必要が生じてしまう。連邦準備制度が2015年に似たような報告書を出しているが、そこでもまた、アメリカ人の75%は400ドル（4万円）の緊急出費を自分の普通預金口座や貯蓄口座から支払うことができない、と述べられている。

高卒または大学中退の標準的なアメリカ人の財産の中央値は、住宅エクイティ[3]も含め3万6000ドル（360万円）前後である（現在、アメリカ人の63・7%は住宅を保有しているが、この値は2004年の69%をピークに下降を続けている）[vii]。さて、住宅エクイティを加算しない場合、彼らの純資産はたったの9000ドル（90万円）から1万2000ドル（120万円）あたりまで下がり、自動車の価値を引き去った場合はさらに4000ドルから7000ドル（40万円から70万円）にまで下がってしまう。

残念ながら、人種間の不平等[4]は劇的というしかない。黒人やラテンアメリカ人の世帯の資産は

▼3：home equity　エクイティとは、資産の持分のこと。住宅などの不動産の現在市場価値から、不動産ローンの未返済分を引き去った金額。例えば、現在市場価値が30万ドルの住宅をあなたが所有しており、住宅ローン未返済分が12万ドルある場合、あなたの住宅エクイティは18万ドルとなる。

▼4：racial disparity　直訳すると「人種差」となるが、人種の間に「差」があると言っているのではなく、人種が違うだけで差が出てしまう、つまり不当で不平等である、という意味なので、誤解

世帯資産価値中央値　資産形態別及び人種別（2013年）

人種	純資産	金融機関における資産	株式及び投資信託資産	純資産（住宅を除く）
白人のみ	$ 103,963	$ 4,600	$ 35,000	$ 34,755
白人のみ（非ヒスパニック系）	$ 132,483	$ 5,500	$ 37,500	$ 51,096
黒人のみ	$ 9,211	$ 1,000	$ 9,000	$ 2,725
アジア系のみ	$ 112,250	$ 7,600	$ 25,000	$ 41,507
その他	$ 13,703	$ 1,300	$ 15,000	$ 4,270
ヒスパニック系（人種問わず）	$ 12,460	$ 1,380	$ 10,000	$ 5,839
非ヒスパニック系	$ 99,394	$ 4,500	$ 34,000	$ 33,699

出典：アメリカ合衆国国勢調査局

一貫して劇的に低い。彼らに比べ白人やアジア人は平均でなんと8倍から12倍もの資産を保有しており、住宅保有率も圧倒的に高い——白人が75%、アジア人が59%であるのに対して、ラテンアメリカ人が48%、黒人が46%である。

こうした人種統計をみると、私は頭と心をえぐられるような気持ちになる。

男女間にも、一貫して不平等が存在する。女性主導の世帯は、男性主導の世帯と比べて財産が12%少なく、[viii]女性は平均して男性よりも所得が20%低い。これもまた、心が痛む数字である。他方で、学歴では、女性は男性を大きく引き離している――これについては後で詳しくみていきたい。

私たちには株式市場の相場を国家の繁栄のお手軽な指標として用いる癖がある。しかし、株式市場投資レベルの中央値は、ほぼゼロに等しいのである。[ix] 株式投資信託や個人年金（４０１ｋ▼5やＩＲＡ▼6）をとおして株式を保有しているアメリカ人はたったの52%であり、アメリカ人の下位80%は株式全体のたった8%しか保有していない。そう、上位20%が、市場持株▼7のなんと92%を保有しているのである。つまり、標準的なアメリカ人は、株式市場相場が上がってもほとんど何も良いことがなく、富裕層がお金を使うようになって経済が活性化する「資産効果」▼8のそよ風を感じるのが関の山である。

何をもって普通というのか、総括してみよう。普通のアメリカ人は、大学を卒業しておらず、準学士号すら持っていない。大学に1年通っただけか、高校を卒業しただけである。純資産は約３万６０００ドル（３６０万円）――住宅・乗用車エクイティをぬきにして考えた場合は

を避けるためにも「人種間の不平等」というフレーズを選択した。
▼5：アメリカにおいて採用可能な確定拠出型の個人年金制度の一つ。
▼6：Individual Retirement Annuity　個人退職年金
▼7：stock market holdings　株式市場に上場されており、かつ取得者が確定している株のこと。
▼8：wealth effect　「財産効果」とも訳せる。

6000ドル（60万円）――であり、その日暮らし[9]をしている。融通の利く貯蓄は500ドル（5万円）以下であり、株式市場にはほぼ何も投資していない。以上は中央値の統計であり、アメリカの全人口の50％の生活水準はこれ以下である。

これを読んでいる時点で、あなたやあなたの友人や家族の生活には、こうした描写は当てはまらないだろう。統計的に見て以上が全く普通であると知って、あなたはショックを受けるかもしれない。私にとって、これはそれほど驚くべきことではないが、それもここ数年の旅や仕事があってこその話である。

テクノロジーの進歩によって大多数の仕事が消え去り始めた場合、普通のアメリカ人が頼りにできるものはほとんどなにもない。

▼9：lives paycheck to paycheck　慣用句。Paycheckとは給与明細のこと。毎月もらう給料を当てにして生きているという意味で、ぎりぎりの生活を表す。

第4章　私たちの生業《なりわい》

友人のデイビッドに会議の日程調整のメールを送ったときのことだ。デイビッドの返事のメールには、エイミー・イングラムという、彼のアシスタントらしき受取人が追加されていた。エイミーから来たメールは次のとおりである。

Amy Ingram <amy@x.ai> 1月12日

アンドリューさん、

デイビッドのスケジュール調整ですね。

1月17日火曜日の午前8時30分（ＥＳＴ）はいかがでしょうか。代替として、1月17日火曜日の午後2時（ＥＳＴ）と1月18日水曜日の午前10時30分（ＥＳＴ）も空いています。

ブルックリン焙煎館（25 Jay St, Brooklyn, NY 11201, USA）で待ち合わせをしたい、とデイビッドは言っています。

エイミーより

エイミー・イングラム｜デイビッド専属アシスタント
x.ai - an artificially intelligent assistance that schedules meetings

早速返信すると、カレンダーに招待が届いた。「エイミー・イングラム」がチャットボットで、「x.ai」がテクノロジー会社であることにやっと気がついたのは、それから数日後のことである。デイビッドは笑って、同サービスの別の利用者と会議の日程を組んだときのことを教えてくれた。適当な日時がみつかるまで、２つのボットはメールを交わし続けたそうだ。

もちろん、会議の日程調整の他にも、アシスタントがすべきことはたくさんある。文書の作成、研究調査の実施、期限の確認、電話や会議への同席等、多くの大切な業務を遂行するものである。しかし、こうした業務はすべて、クラウド型の人工知能[1]の射程内にこれから入ってくることになるだろう。

生身の労働者を不要にするようなマシーンの台頭など、従来は空想科学小説にすぎないということで片付けられてきた。しかし、これこそ私たちが今日《こんにち》直面している現実なのである。事態の深刻さはまだ広く認知されていないが、標準的なアメリカ人にとってこれが脅威であることに変わりはない。自動化によって、すでに多くのアメリカ人が失業の危険にさらされている。それも、10年後や15年後のことではない。今、この瞬間のことである。

アメリカ国内の雇用の主要部門は次々頁の表の通りである。

1400万人の労働力人口の内、680万人（48・5%）が5大部門のいずれかで働いていることになる。5つの労働部門では、すべて現在進行形で解職が進んでいる。

事務・管理職員[2]部門

最も一般的な雇用部門である。マッキンゼーの推計によると、既存の事務員たちが行っているデータ集計作業の64%〜69%は自動化されうる。[i] グーグル、アップル、そしてアマゾンは、このような仕事を代行できる[▼3]人工知能アシスタントに数十億ドル規模の投資を行っている。そもそも、職員雇用主のほとんどは大手企業だが、次の景気下降時に大企業はソフトウェアやボット、人工知能によって人員を置き換えるだろう。

事務・管理部門に属する雇用のうち、250万件が顧客サービス担当者であるという点に注目していただきたい。その多くは、時給15・53ドル（1553円）・年収3万2000ドル（320万円）を得てコールセンターで働く高卒の労働者なのである。

音声認識ソフトウェアの声にイライラしながら、一刻も早く人間と話をさせてほしいと願いつつ電話のボタンを何度も押す——誰でも一度は経験があることだろう。ところが、人工知能の精度は近年で飛躍的に向上しており、人間とほぼ同じように聞こえるところまで来ているのである。

▼1：cloud-based artificial intelligence　クラウドとは、データの保存とアクセスを効率化するテクノロジー。利用者側にインターネット接続環境と端末さえあれば、あとは業者側が必要なインフラを提供してくれる。データがすべて業者側のサーバーに集中するため、人工知能プログラムとの親和性が高い。

▼2：clerical and administrative staff

▼3：that can replace these jobs　解職ではなく代行という語を用いた。

アメリカ合衆国における主な職種部門（2016年）

職種部門	従業員総計	労働力人口に占める割合	時給平均値	時給中央値
すべて	140,400,040	100.00%	$ 23.86	$ 17.81
事務・管理職員	22,026,080	15.69%	$ 17.91	$ 16.37
販売・小売	14,536,530	10.35%	$ 19.50	$ 12.78
食品調理・給仕	12,981,720	9.25%	$ 11.47	$ 10.01
輸送・物流	9,731,790	6.93%	$ 17.34	$ 14.78
製造業	9,105,650	6.49%	$ 17.88	$ 15.93

Source: Bureau of Labor Statistics, Department of Labor, Occupational Employment Statistics（OES）Survey, May 2016.
出典：労働統計局

いくつかの会社はすでに混成のアプローチを採用している。音声録音を、フィリピンでボタンを押している人間と組み合わせることで、フィリピン人があなたに「電話をかけて」いても、あなたの耳に届くのはあらかじめ録音済みの音声であり、あたかも英語のネイティヴスピーカーと会話をしているかのような錯覚にあなたは陥る。「訛《なま》り除去ソフトウェア」と呼ばれる技術である。人工知能が直接電話のボタンを押す日もすぐそこまで来ており、私たちはもはや受話器を挟んでボットを人間から識別することができなくなるだろう。

数千というビジネスのために顧客サービス業務を代行する LivePerson 社の創

立者兼CEOロブ・ロカシオは、ウェブチャット技術の発明者でもあり、コールセンター技術の第一人者である。LivePerson は、最近、スコットランド王立銀行等のクライアントに向けて「混成ボット」の導入を開始した。顧客は、用件に応じてボットと人間の間を行き来することになる。ロブの推計[ii]では、既存のテクノロジーを使うだけでも、カスタマーケア業務の40%～50%はすでに自動化されうる。「自動化の津波」によって「数千万人の労働者が座礁させられ、雇用の機会を失い、経済困窮の余波を何世代にもわたって実感し続けることになるだろう」と彼は予測している。彼はさらに、波にのまれる人たちのほとんどは「低所得階層に属しており、再訓練の余裕や、再教育に必要な貯金を持っていない」とも指摘している。LivePerson という名前の会社のCEO[4]が、自分の産業部門の生身の労働者の将来についてこんなことを言うのを聞くと、背筋が寒くなる。

某大手金融機関で働くテクノロジストと会ったときのことだ。彼の推計では、彼の職場の銀行で働く事務員の30%——つまり、事務員3万人以上——は、システム間での情報転送を業務としている。この仕事は5年以内に完全に自動化されうると彼は踏んでいる。別の銀行に勤める友人とも、似たような話をしたことがある。彼は、サンフランシスコのホームレス一時宿泊施設でボ

▼4：「生身の人間」「生きている人」という意味の社名。

ランティアをしているが、同施設に来る人たちの多くは、今では不要となった事務系の仕事にかつて就いていたらしい。彼の勤め先の銀行でもまた、同じような流れでオフィス職員や事務員の大規模な人員削減が進められている。

職員一人ひとりの職務全体のうち、自動化されうる業務はほんの一部のみではないか、と論じる人もいる。しかし、会社のある部門が100人の事務員から構成されているとして、もしその部門の業務の50％が自動化されうる場合、従業員の半数を解雇し、残った半分に職務の調整をするよう促すのが自然だろう。あとは同じことを翌年もまた繰り返せばいいわけだ。事務作業のほとんどは、成長要因ではなくコストセンター[5]である。オフィスの自動化と効率化が加速するにつれて、オフィス・管理サポート部門の仕事は万単位で雲散霧消[6]するだろう。

販売・小売部門

誰でも一度は地元のスーパー[7]でセルフレジを使った経験があるだろう。以前ならばレジ係が2、3名待機していたところが、今では修理係1人となっている。もちろん、これはそもそも地元にスーパーマーケットがまだある場合の話である。多くの店舗は、すでに閉店に追い込まれている。

アメリカの労働者の10人に1人は販売・小売部門で働いており、その総数は880万人である。

平均所得は時給11ドル（１１００円）、年収2万２９００ドル（２２９万円）である。高校すら卒業していない人たちが多いにも関わらず、年齢の中央値はなんと39歳である。また、デパートで働く人たちの60％は女性である。

「小売黙示録」と呼ばれる現象の皮切りは２０１７年だった。２０１６年10月から２０１７年5月までの間で、デパート労働者10万人が解雇された――石炭産業の従業員の総数よりも高い数値である。２０１７年4月の『ニューヨーク・タイムズ』いわく、「小売部門における雇用喪失は、近年製造業労働者が味わったような経済困窮にさらに多くの低賃金小売従業員を陥れるため、思わぬ社会的・政治的な事態の引き金となるかもしれない」。

ウォール街のアナリストたちは、販売・小売部門全体はほぼ投資不可能であるという判断を下している。J．C．ペニー、（破産寸前の）シアーズ、そしてメイシーズ等のアンカーストア[8]が全

▼5：cost centers　会計用語で、「原価中心点」と訳されることもある。直接利益を生まない業務部門であり、効率化と圧縮によって会社の利益に貢献する。
▼6：disappear … into the cloud　クラウド（＝雲）コンピューティングとかけた言い回し。
▼7：ＣＶＳ。アメリカの最大手の薬局チェーンだが、日本には事業展開していない。ここの書き出しは、読者に馴染みのある例を使うことに意味があるので、ＣＶＳとそのまま表記しただけでは文意が汲み取れなくなる。前後の文脈も考慮に入れ、「スーパー」と意訳した。
▼8：anchor stores　ショッピングセンターにおいて、集客の中核となる大きな店舗のこと。

シアーズ、ケイマート、メイシーズの閉店予定店舗（2017年）

国各地で次々と閉店する中、数百店舗の商店が将棋倒しに閉鎖している。[iii] 近年破産した大手チェーンには、ペイレス（４４９６店舗）、ＢＣＢＧ（１７５店舗）、エアロポステール（８００店舗）、べべ（１８０店舗）、そしてザ・リミテッド（２５０店舗）が含まれる。また、２０１７年現在、破産の危機に瀕しているチェーンとしては、クレアーズ（２８６７店舗）、ジンボリー（１２００店舗）、ナインウエスト（８００店舗）、トゥルーレリジョン（９００店舗）等が挙げられる。あなたが本書を手にとる頃には、すでに他にも多くの有名店が破産や破綻に追い込まれているだろう。クレディ・スイスによる推計では、２０１７年の主要小売店の閉店数は８６４０店舗となっているが、[iv] これは２００８年金融危機のピーク時を上回る史上最大の数値である。また、２０１７年には１億４７００万平方フィートの小売店面積が閉じることにもなると同社は続けて推計しているが、これもまた史上最大である。アメリカ最大のショッピングモールであるモール・オブ・アメリカの総面積さえ、２８０万平方フィートにすぎない。つまり、２０１７年だけでモール・オブ・アメリカが52個、つまり毎週1個、つぶれているわけである。

商業不動産会社のCoStar 社が行った２０１７年の推計によると、国内１３００箇所のショッピングモールのうち、約３１０箇所がアンカーストアの閉店の危機にさらされている。一度アンカーストアが閉店してしまうと、ショッピングモール全体が急速な右肩下がりを始める。別の某小売業アナリストの予想では、この先数年で４００箇所の商店街がつぶれ、残された９００箇所も命がけで経営を成り立たせるよう圧力を受けることになる。前頁図は、２０１７年現在で閉店が予定されているメイシーズ、シアーズ、そしてケイマートの店舗の地図である。[v]

小さい頃、私は地元ニューヨークのヨークタウンハイツの商店街によく遊びにいったものだ。当時、この商店街は私にとって数々の理想の頂点[9]を象徴していた――商業、文化、自由、地位……。私は洋服店でいくつかのアイテムに目をつけ、割引になるのを待った。1、2着買うだけで喜びを感じた。幸か不幸か、クラスメートに商店街で遭遇したこともあった。こういう体験が

▼9：it represented the height of many things　ヨークタウンハイツ（Yorktown Heights）と頂点（height）をかけたフレーズ。

できた時代は、もうこの国では過去のものとなった。

商店街がつぶれたり償却されたりすると、周囲の地域社会にも様々な悪影響が波及していく。まず、多くの人たちが職を失う。シャッター街の登場は、約１０００件の雇用喪失を意味する。平均所得を２万２０００ドル（２２０万円）とした場合、地域社会の全体で２２００万ドル（22億円）の賃金が失われる計算になる。さらに、商店街への卸や労働者への販売によって成り立っていた地元のビジネスでも、約３００件の雇用が追加で失われる。

そして、事態はさらに悪化していく。地域の商店街は、地方自治体の予算の要でもある。売上税[▼10]が直ちに郡や州の懐に入るからである。資産税も然り。不動産が償却されると、地域社会は大きな税収源を失う。自治体の予算が縮小され、学校教育予算も減り、地域の役所の雇用も削られる。平均して、メイシーズには１店舗当たり約３６００万ドル（36億円）の売り上げがある。既存の売上税率と資産税率にのっとると、１店舗閉店するだけで、州や郡は数百万ドル（数億円）もの予算源不足に悩まされることになる。

瀕死の商店街やシャッター街を歩き回った経験はあるだろうか。なんとも憂鬱で不気味な光景である。商業中心地を支えきれなくなり、もはや末期にさしかかっている地域社会の症候がそこにはある。それは外観だけの話ではない。瀕死の商店街は、犯罪の温床となる。メンフィス市内の衰退中の某商店街では、数年間で８９０件もの犯罪事件が報告されている。[vi]「商店街の駐車場には雑多な車が停められており、家族に安心して買い物をしてもらえるようなレベルの警備が行き届いていない」と地元住民は言う。アクロン市内の瀕死の某商店街では、銅線を盗もうとして男性が感電死したり、空き店舗に住み着いたホームレスの男性が懲役処分となったりした。アクロン市長は、ついに「該当地区への立ち入りの自粛」を呼びかけ、商店街は取り壊しの対象となった。

シャッター街は、私が「負のインフラ」と呼ぶものの典型例である。商業やその他の活動が活発に行われている間は、商店街という建造物のモノとしての価値は非常に高い。しかし、商業等の活動がなくなってしまうと、同じ建造物は地域社会にとっての重荷に豹変してしまう。こうした光景は、どん底状態のデトロイトの市内や周辺区域を訪ねていったときのことをほうふつとさせる。ヘアーサロン、デイケアセンター、喫茶店等々といった、かつての豊かな暮らしを象徴するものが存在していたが、経済が衰退するにつれて、人々は地域を去り、店々がのれんを下ろした。残されたビル、店舗、そして住宅の価値は、大きなプラスから大きなマイナスへと一気に反転した。インフラの放置は、すぐさま荒廃へとつながり、あたかもゾンビ映画のロケ地のような暗鬱としたディストピア的な空気を周辺環境に生み出す。幸いなことに、デトロイトは２０１１

▼10：小売段階だけで課税される単段階の税。日本の消費税とは異なる。

年当時の状態からだいぶ回復してきている。

商店街をなんとか別の用途に再利用しようと、超人的な努力が行われたこともある。教会、オフィス街、レジャー施設、医療施設、そして体験型小売店といった用途の他、パブリックアート空間を目指した例さえ存在する。サンアントニオ郊外には、ウェブホスティング会社のRackspace社が本社へと改装した巨大商店街がある。一見の価値ありの素晴らしい空間である。とはいえ、実態はというと、改造の成功例1つ当たり10の失敗例が存在するのであり、不使用の空き家が放置され、犯罪の温床となり、周辺数マイルにわたって不動産価値を下げる。

では、これほどにも多くの商店街や店舗が閉店しているのはなぜなのか。なるほど、建設会社によるハコモノの作りすぎも一因となっているかもしれない。しかし、主要な原因は、電子商取引[11]の台頭である。もっと言えば、アマゾンの台頭である。アマゾンは、アメリカ国内の電子商取引の43％を占めている。同社の株式時価総額は４３５０億ドル（43兆５０００億円）である。全体としても、電子商取引は、２０１５年以降1年当たり４００億ドル（４兆円）というペースで成長を続けており、従来の小売業を絶滅へと追いやっている。つい最近も、生鮮食品部門への参入を促進する目的で、アマゾンはホールフーズ社を買収した。私の知り合いの人たちなどは、ほぼ全員アマゾンで頻繁に買い物をしている。店舗販売を基軸とした小売会社[12]が、アマゾンとの価格競争に勝つことなど、ほぼ完全に不可能である。アマゾンはそもそも店舗に投資をする必要がなく、超大量の商品を効率よく配送するためのシステムの開発に資源を集中させることができるのだから。

同社はもう一つ強みを持っている。そもそも、アマゾン社はお金を儲ける必要がなく、株式公開会社としての20年間の歩みにおいて、利益を上げずにきた時期が多々ある。これに気がついた金融系の人たちは、数年前、アマゾン株の空売りをし「どうせまた利益は上がらないだろ」と言い放った。これに対して、アマゾン創立者のジェフ・ベゾスは、新規企画への投資を1年間停止し、利益率をぐっと上げた。株価の下落に賭けていた人たちは深手を負った。今となっては、アマゾンの株価下落に賭ける人はおらず、株価は一株900ドル以上をマークしており、ジェフは世界で最も裕福な個人の一人となっている。ジェフは、自前の宇宙探索会社ブルーオリジンに、私有財産から毎年10億ドル（1000億円）を注ぎ込んでいる。彼の友人は、一度私にこう冗談を言ったことがある。「大丈夫、ジェフだってそのうちまた、地球で起こっていることに興味を示すようになるはずだよ」。

▼11：e-commerce electronic commerceの略で、アマゾンや楽天等、インターネット上での商業の総称。
▼12：brick and mortar retailer　直訳すると「レンガと漆喰の小売会社」で、物理的に店舗を構えて商売をするビジネスを指す慣用句。

アマゾン社の好戦的な――無慈悲な、と言う人もいる――スタイルは有名である。例えば、2009年には、Diapers.com社との交渉を半ば強制的に始める目的で、もはや誰も利益をあげることができないほどの価格にまでおむつ商品を値下げした。この一手は功を奏し、ほどなくしてアマゾンはDiapers.comを5億4500万ドル（545億円）で買収することができた。

私が思うに、ジェフ・ベゾスは、なにも地域の商店街とけんかをしたいわけではない。それでもなお、アマゾンのような巨大電子商取引企業がもたらす小売部門の消滅は、数十万人の人たちに苦しみを与えることになるだろう。商店街の労働者たち、商店街での買い物を生活の一部としていた人たち、商店街からくる資産税のおかげで給料がもらえていた郡役所の職員たち、商店街の近辺の不動産の所有者たち等々といった人たちがそこには含まれる。千人規模で人々の生活を揺るがすような進歩が、数百もの地域社会に大きな風穴を開けている。被害者は、労働市場で最も立場の弱い人たちである。小売部門の労働者たちは、他のほぼすべての産業部門に比べ低い賃金を得ており、そのほとんどが大学学位すら持っていない。一体この人たちはどうすればよいというのか。

さらに、これは商店街だけの話ではない。小さなお店や飲食店もまた、いたるところで閉店に追い込まれている。あなたの住居や職場の周りにも、そうした空き店舗が散見されるはずである。『ニューヨーク・タイムズ』に掲載された論評で、経済史学者のルイ・ハイマンは、ニューヨーク州北部の街々をはじめとする小売部門の衰退が起きている地域における窮状を詳述し、新たな経済の現実に適応するための方法を労働者たちに提案している。[vii]

メインストリートは、……もはや贅沢な消費者体験の場所としてしか存在しない。……みんなソフトウェア開発者になればいいではないか、というのが農村部における衰退問題▼13への答えなのだとすれば、もはや希望はない。……インターネットのおかげで、今日《こんにち》はじめて、アメリカ中の小さな街々はウォール街（及び大都市一般）からお金を引き戻すことができるようになった。Upworkのような世界的なフリーランス・プラットホームのおかげで、農村部や小さな街に住むアメリカ人は世界中で仕事をみつけることができるようになっており、自分がすでに持っている能力や才能を発揮することができる。例えば、ニューヨークのフィンガーレイクスに住む受付係が、自宅からサンフランシスコのオフィスへ来客を迎えることができる、というように。また、Etsyのような電子商取引ウェブサイトのおかげで、アパラチア山脈に住む木工師が特注のアイテムを製造して世界各地に販売することだって可能と

▼13：rural downward mobility　農村部や田舎に住む人たちが社会的地位を時間や世代と共に下げていく現象のこと。

なっている。

この論評は、建設的なものとして通用してしまっている思考法をみごとに要約している。なるほど、小売部門の縮小をしっかり認識した上で、「みんなプログラマーになろう」という、そもそも失業者のほんの一握りにとってしか現実的ではないこの馬鹿げた発想を痛快に一蹴できている点は良い。しかしながら、労働者に向けて著者が提唱している代替案に注目してみると、それが同じくらい非現実的で、実際にそれを試したことのない人でなければ言えないような考えであることがわかる。Upworkは、ソフトウェア開発者やデザイナーをはじめとする創作的な活動をする人たちが、世界規模で仕事探しをするためのウェブサイトである。アメリカの小さな街の小売部門労働者に、ログインして仕事をみつけよ、と呼びかけるためには、そもそもその人が有用なスキルを持っていることが前提となる。また、こうした世界規模のプラットホームには、海外から同じサービスを提供する人たちもいるわけで、彼らは大卒であるにも関わらず時給4ドル（400円）という安さで仕事を引き受けることもある。要するに、こうしたプラットホーム上での仕事は、競争が激しく、報酬が低く、保障が一切付かないのである。

サンフランシスコのオフィスにも、ほとんどの場合、iPadや生身の人間が受け付けに待機している。数百マイル離れた小さな街の人間が操作するアバターが受け付けを担当しているところなど、ほぼ皆無である。Etsyで木工品を売るなど、ほんの一部の人間にしかできないことであり、家族を養っていくためには明らかに不十分である。平均すると、Etsy上の販売者報酬は、世帯所得の13％にしか相当せず、[viii] 従来型の仕事へのささやかな補遺でしかない。Etsy上でフルタイムで働く人たちの41％は配偶者の健康保険に入っており、39％はメディケアやメディケイド▼14のような政府制度に加入している。

もちろん、瀕死の小売店が散在する街に住む労働者でも、コンピューターを使って副業を探し、テレマーケター（電話営業係）、テレフォンセックスオペレーター、中国人生徒向けの英語教師、そして人工知能の訓練補助のための画像識別係といった仕事をするのは十分可能である。しかしそれはお世辞にも希望あふれる未来とはいえない。そもそも、遠隔低スキル職は、自動化の格好の標的であり、サービス提供側はコスト削減を巡る激烈な競争をしている。少なくとも、小売部門の労働者たちには毎日家を出て仕事仲間やお客さんと話をする楽しみがあり、店員割引といった優遇措置や、社会の一員として振る舞うことのできる環境があった。

▼14：Medicare　アメリカ連邦政府による65歳以上の老人・身体障害者に対する医療保険制度の通称。強制の入院医療保険と任意制の補足的医療保険から成り，1965年の社会保障法改正により，低所得者に対する医療保障であるメディケイド（Medicaid）とともに創設された。（コトバンクより引用）

良識ある評論家でさえも、人々がこの先どう生計を立てていけばよいのかを論じるとき、非現実的で薄っぺらな提案しかできていない。その背景には、人間は生存するために時間とエネルギーと労働力とをお金と交換しなければいけないという先入観がある。その枠内では現実的な解決策は存在しないのだが、だからこそより一層突拍子もない提案がなされるのである。困窮と欠乏に基づく世界観のせいで、多くの人たちが虐げられている。そもそも、この世界観への執着をやめるところから始めなければならない。

食品調理・給仕部門▼15

アメリカ国内で従業員数第3位の部門では、時給の中央値が10ドル（1000円）、年間所得の平均値が2万3850ドル（238万5000円）となっている。労働者たちのほとんどは、大学に行っていない。食品給仕や食品調理で働く人たちの解職の危険性は、コールセンター従業員や小売部門労働者ほど重大ではない。家族経営のレストランは当分の間今までどおり商売を続けるだろうし、そもそも食品給仕労働者は非常に安く雇えるので、解職するメリットがあまりない。様々な地域で歩行者が減少し、自分の机で昼ごはんを食べる人たち（いわゆる「昼食恐慌」）が増え、競争が激化し、手頃な価格の外食店の数が減り、ブルーエプロンのような自宅で食事をするための宅配サービスが台頭する中で、外食産業部門はたしかに逆風を受けている。しかし、それでもなお、外食産業は従来の小売業ほどの落ち込みはみせないだろうと言われている。

とはいえ、変革は淡々と進んでいる。サンフランシスコのベンチャー資本家の友人とブランチを取る機会があった。そのとき、彼女はある重要な話をしてくれた。「ある会社がね、ファーストフード店のバイトのシフト調整を全国規模で効率化するためのソフトウェアを持って、私のところに来たことがあるの。労働者一人ひとりについて、近辺の店舗で最善のシフトが組めるようになる、ってわけで。始めはいいアイデアだと思ったわ。だけど、いくつかファーストフード会社に商談を持ちかけてみたら、意外な答えが返ってきたのよ。『別に従業員のシフトの効率を上げようとは思わない。そもそも、従業員自体を機械に置き換えようとしているのだから』ってね。だから結局、私はその会社への投資をやめたわ。代わりに、ロボットでピザやスムージーを作って配達する会社に投資することにしたの」。

それは、なにも彼女だけの話ではない。サンフランシスコのとある応接間には、バリスタロボットが登場した。その名も「ゴードン」。メールで注文をすることができ、ロボット自体も全国各地に設置可能である。私も一度試してみたことがあるが、とても美味しいアメリカンを作っ

▼15：food preparation and service

てもらえた上、スターバックスよりも40％ほど安く済んだ。ゴードンは、より効率的に、より安く、そして人間のバリスタと同じくらいの、いや、場合によっては人間以上の品質の商品を提供してくれるのである。朝、仕事に遅刻しそうで、途中でコーヒーをパッと買って行きたいようなとき、ゴードンの性能が光ることになる。ゴードンのデビュー後、スターバックスは、同社で働く15万人のバリスタを機械と取り換えるつもりは当面ないというコメントを公表をせざるをえなかった。

置き換えの難度は、職種によって異なる。例えば、ファーストフード店のドライブスルーは、その効率の良さが魅力なのであり、人間とのやりとりがないからといって私たちは文句を言わないだろう。アメリカのファーストフード店の売り上げの50％～70％はドライブスルーから生まれている。知名度が高く（少なくとも最近までは）万人に愛される店、マクドナルドはその好例である。そこでは、店舗当たり1、２名の従業員が、あのカッコいいヘッドセットをつけてスピーカー越しに注文を受ける。多くの店舗では、こうした従業員はこの先5年以内にソフトウェアに取って代わられることになる。株式公開済みの大手ファーストフード会社は、より一層積極的に効率化のための技術導入をするだろう。規模や資源が桁外れである上、四半期ごとに株主への配当を最大化するプレッシャーが大きいからである。ついこの間も、マクドナルドは「未来体験」と題されたイニシアチブを公表し[ix]、手始めに全国２５００店舗のレジ係を機械と取り換えることにした。マクドナルドの元CEOは、大規模自動化がすぐそこまで来ていることを示唆させるコメントをしている。[x]「フライドポテトを効率悪く配膳する従業員に時給15ドル（1500円）を払うよりも、3万5000ドル（350万円）でロボットアームを購入した方が安く済む」と言いつつ、彼は8ドル90セント（890円）というファーストフード店ではお決まりの時給を擁護した。ロボットアームの効率性はこの先も向上を続けるが、これに対してファーストフード業界の時給がさらに下がることはありえない。業界内の労働者の数は、約400万人である。

　ところで、あなたは最近、空港に行ったことがあるだろうか。辺りを見回してみると、給仕係をiPadに取り換えたレストランの存在に気がつくはずである。近年開業した外食チェーンのEatsa社では、iPadの列がお客をもてなし、注文を入力すると、壁一面並んだロッカーの一つが開き、あなたの頼んだ料理が現れる。つまり、接客関連の仕事をすべて切り捨てたのである。Eatsaは、外食業界で最も影響力のあるブランドとして指名されたばかりで、今後も健在であり続けるだろう。無人店の効率性に注目して敢然と舵を切るチェーン店があと数社登場すれば、他社も追随せざるを得なくなる。マッキンゼーの推計によると、食品調理・給仕業務の73％は自動化可能である。

　生産者側でも、例えばオーダーごとにカスタマイズ可能なピザを、3Dプリンターを使って5分で作れるようになっている。BeeHex社のロボット「Chef3D」は、今年の末くらいから、テーマパークやスポーツアリーナ数箇所で始動する予定である。バリスタロボットと同じく、Chef3Dもまた、人間の労働者よりも速く、清潔に、安定して働く。機械の操作に必要な人員はたった1名であり、あとは機械がわずか1分で生地をこね、ソースと具を並べてくれる。味もなかなか良いらしい。もう厨房で人間がせっせとピザをオーブンに入れる必要はない。今では、あなたの自宅に向かう道中、特注のトラック内でピザを作るいわば車輪付きのピザ屋を始めた会社すら存在する。

最後の1マイルまで話を進めよう。ワシントンD.C.やサンフランシスコでは、食品配達ロボットが駆動している。[xi] 簡単に言えば、1ドルであなたの玄関まで食べ物を届けてくれる、車輪付きの冷蔵庫である。Starship Technologies社は、すでに20台ほどのロボットを、歩道での自動運転ロボットが合法化されているワシントンD.C.に配置し、州内の地形を学ばせている。このようなロボットがあれば、配達員はもはや不要となるだろう。

私の友人のジェフ・ズロフスキーは、数年間サンドイッチチェーンを経営してきた。彼は私にこう言ったことがある。「経営上最大の課題は、仕事をサボる人たちさ。最低賃金よりもかなり高めの給料を払っていたけど、それでも従業員の安定度は常につきまとう問題だったね」。

コストの低さと業界の細分化のおかげで、食品調理・給仕関連の雇用はまだまだこれからも残っていくだろう。とはいえ、根本的には、業務のほとんどが反復的で自動化可能であることも事実である。資力のある企業は、コスト削減のための方法をこれからも開発し続けるだろう。そして、レストランで働く店員の数も、時間と共に少なくなっていくにちがいない。さらに、地方の経済が弱まるにつれて、こうした地域の飲食店は経営が立ち行かなくなって閉店に追い込まれるだろう。

事務職、小売職、そして食品関連職は、国内で最も一般的な職種である。どの部門も危険にさらされており、劇的に縮小する見込みとなっている。しかし、本当に心配な職種は、実はこの3部門のいずれでもない。自動化の物語における主人公――鉄の心をもつ傍観者さえ震え上がらせる職――は、第4の雇用部門、物資運搬部門、つまりトラックの運転手である。

第5章　工場労働者とトラックの運転手

誰の目にも明らかなことだが、過去数年間で製造業部門の雇用が大量に消えている。２０００年には、まだアメリカには１７５０万人の製造労働者が存在した。その後、この数値は急降下し、１２００万人を割ったが、２０１１年を節目に若干の回復をみせている。

２０００年以後、５００万人以上の製造労働者が職を失った。その80％以上――つまり、４００万件の雇用喪失――は、自動化が原因である。[i] 製造労働者の73％は男性なので、失業の波は労働者階級の男性に最も大きな打撃を与えた。今では、生産年齢の成人の６人に１人が労働力人口からドロップアウトしているが、[ii] これは先進国の中でも最悪の比率である。[iii]

では、５００万人の失業者たちはその後どうしているのだろうか。お気楽な経済学者ならば、新たな製造業の仕事に就いたはずだとか、他の職に就くために再訓練や再教育を受けたはずだとか、より多くの可能性を求めて他の州に引っ越したはずだとか言うだろう。

現実に目を向けよう。彼らの多くは、労働力人口から脱落したのである。２０１２年の労働省

アメリカの製造業部門における雇用者数（1970年〜2017年）

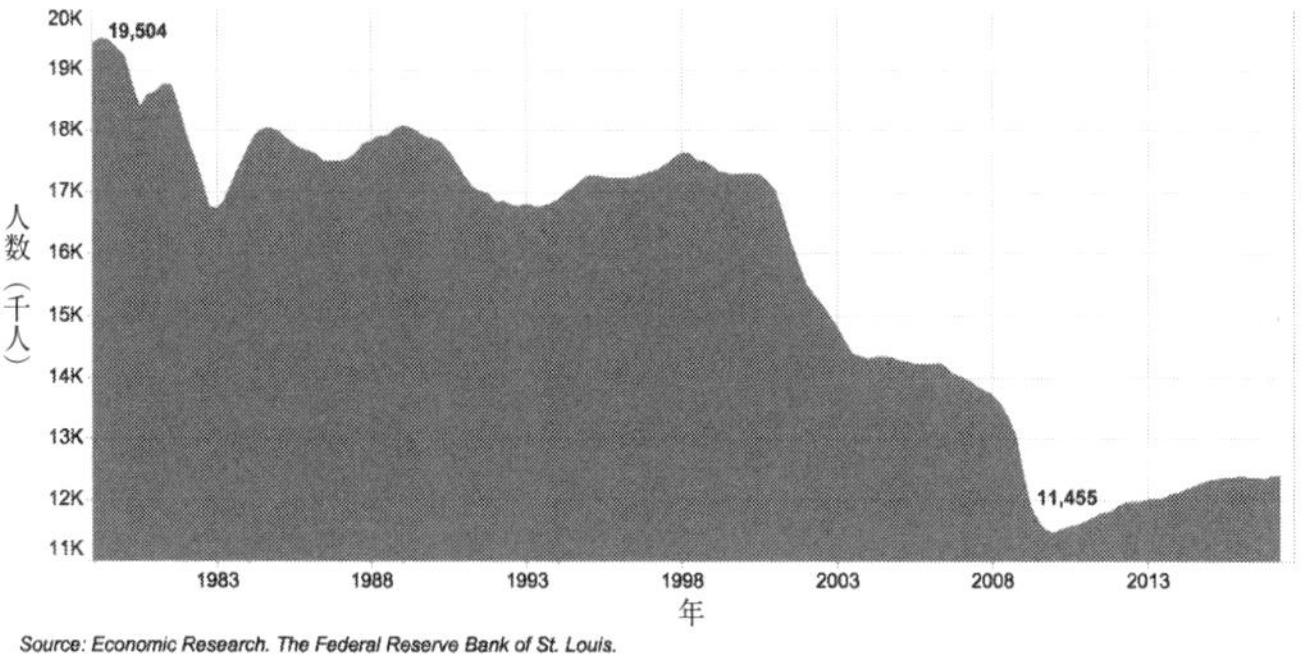

出典：セントルイス連邦準備銀行

統計によると、２００９年から２０１１年にかけて解職された製造労働者たちの41％は、失業後３年が経過してもなお無職で居続けたり、労働市場からドロップアウトしたりしていた。[iv] また、インディアナ大学が行った別の研究調査では、インディアナ州において２００３年から２０１４年にかけて解職された運搬設備及び一次地金製造労働者20万人のうち44％は、２０１４年現在、賃金記録をもっておらず、[v] 同期間にインディアナ州内の公立大学を卒業した者はわずか３％しかいなかった。研究報告書には、「学校に通いなおした人たちはごくわずかであり、解職された労働者を支援するための政府プログラムを利用する人たちも比較的少なかった」と書かれている。

製造業部門に残された雇用は、工場の進歩と自動化に伴い、より高い学歴とより高度なスキルを必要とするようになった。２０００年以降、製造業部門における全体の雇用数が激減する中、大学院卒向けの雇用数は32％も伸びた。[vi] もちろん、すでにみたように、ほとんどの人たちは、大学院学位はおろか、学士号や準学士号すらも取得しておらず、これから取得しようと思ってもできないのが現実である。

「景気後退によって単一産業都市が一掃されたが、[vii] 中でも工業や製造業に依拠する地域における被害は甚大だった」と、経済革新グループＣＥＯのスティーブ・グリックマンは言う。「こうした地域ではこの先どのような未来がありうるのか、という問題に私たちは取り組んでいる。国内でも、こうした地域で新たな雇用主となりうる新たなビジネスは驚くほど低い割合でしか存在しない」。

そもそも、解職された製造労働者の40％に相当する人たちは、どのようにして生計を立てているのだろうか。一言でいうと、貧窮した末に障害者手当の受給申請をするのである。障害者手当支出は２０００年を皮切りに劇的に上昇し、３５０万人が新たに受給者となった。特にそれが顕著なのは、オハイオ、ミシガン、ペンシルベニア等の製造業を主要産業とする州である。例えばミシガンでは、２００３年から２０１３年にかけて労働力人口から離脱した州民31万人の内、約半数が障害者手当を受給するようになった。[viii] 要するに、解職に遭った製造労働者たちの多くは、政府依存型の新しい下層階級に吸収され、他から見捨てられたのである。

トラックの運転手たちが失業したときにも似たようなことが起こるだろう。標準的なトラック

雇用者及び障害者手当受給者が生産年齢人口に占める割合（1994年～2015年）

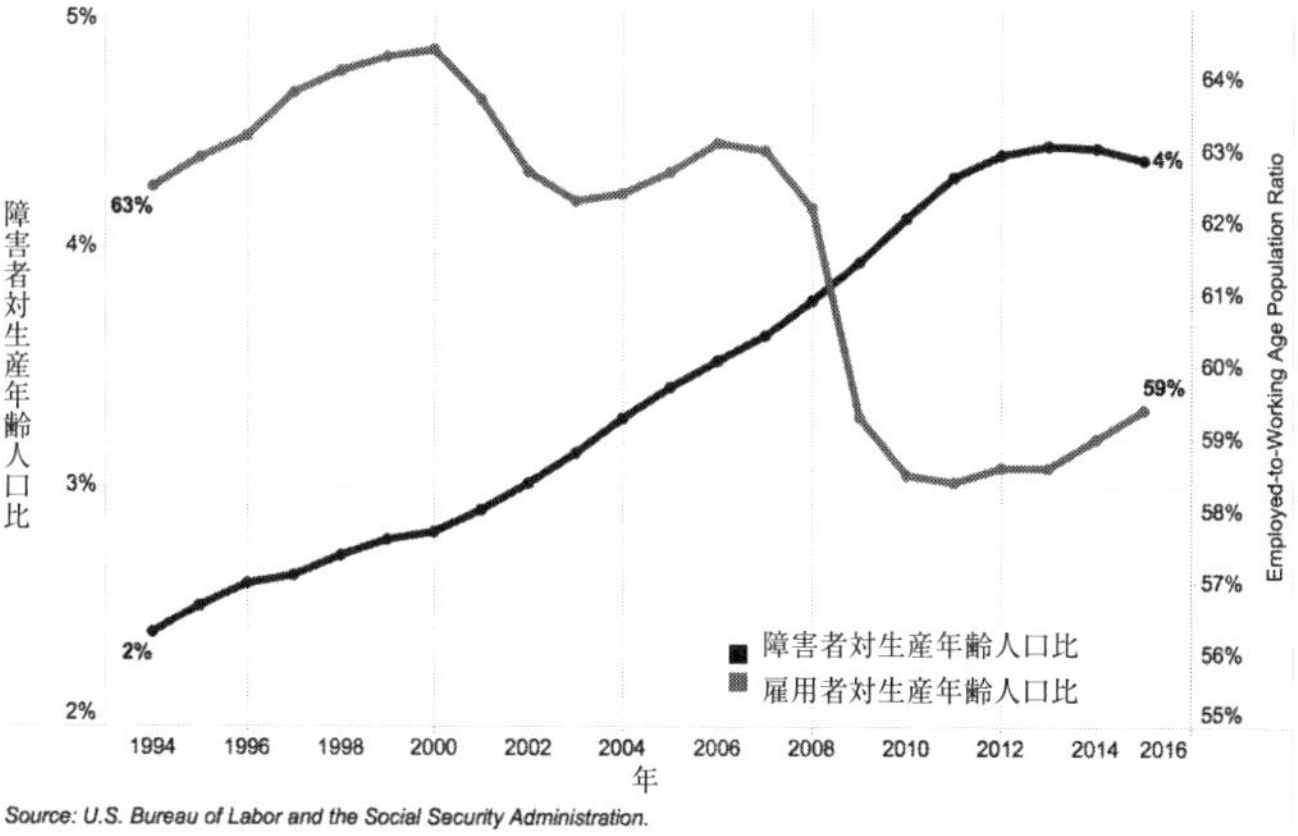

Source: U.S. Bureau of Labor and the Social Security Administration.

出典：アメリカ合衆国労働統計局及び社会保障局

の運転手のプロフィールは49歳の高卒の男性である。[ix] トラックの運転は29州で最も一般的な職種である。トラックの運転手は全国に350万人いる。

自動運転トラックは、すでに世界各地で導入されている。２０１７年にはネバダ－コロラド間で配達に成功した。リオ・ティント社はすでにオーストラリアで自動運転型炭鉱トラック73台に鉱石の採掘を24時間体制でさせている。２０１６年には、ヨーロッパで初めて自動運転トラックの一団が大陸を横断した。同年、Uber社は自動運転トラック会社のOttoを６億８０００万ドル（６８０億円）で買収し、現在５００人のエンジニアを雇って技術の完成を目指している。グーグルも自動運転車会社のWaymoを子会社として発足させ、ダイムラーやボルボのような大手トラック製造会社とタッグを組んで自動運転トラックの開発を進めている。

ジム・シャインマンは、メイヴン・ベンチャーズ社のベンチャー資本家であり、自動運転トラックや自動運転車の分野のスタートアップ会社を支援したこともある。シャインマンの予想では、幹線道路の走行はその他の道路と比べてかなり容易なので、自動運転車よりも自動運転トラックの方がかなり早く普及することになる。幹線道路はトラックトレーラーの縄張りだが、都市部の道路よりもはるかに単純な構造をしており、交差点も少なく、道路標識もはっきりとしている。そもそも、乗用車よりも貨物自動車の方が経済的な利潤が高い。

モルガン・スタンレーの推計によると、貨物輸送の自動化によるコスト削減は、なんと年間1680億ドル（16兆8000億円）である。[x] 内訳は、燃料節約（350億ドル〈3兆5000億円〉）、労働力削減（700億ドル〈7兆円〉）、交通事故件数の減少（360億ドル〈3兆6000億円〉）、そして生産性の向上及び設備の有効利用（270億ドル〈2兆7000億円〉）となっている。運転手を解雇する動機としては十分すぎるほどである。というのも、解雇された運転手全員に1人4万ドル（400万円）の年給を支払い続けたとしても、なお毎年数百億ドルを節約できるのだから。

自動の運転手への切り替えは、数百億ドルのコスト削減に加え数千人規模で人命を救う可能性もある。国家道路交通安全局[1]（NHTSA）によると、アメリカにおける2014年の大型トラックの交通事故による死亡者数は3903人[xi]、負傷者数は11万人だった。その90％以上は、運転手の不注意を原因とする事故である。死亡事故の約7件に1件は、運転手の疲労が一因となっている。運転免許をとるための実習で、私たちは皆、ハイウェイではトラックの側には行かないように教わるものだが、それにはちゃんとした理由があるのである。

数百億ドルのコスト削減、数千人の人命救済――自動運転トラックを導入する動機は、かなり大きい。あまりにも大きいので、むしろこれは国家の競争力や国民の幸福を高めるためにも、一刻も早く実現すべきであると論じることすらできる。こうした動機に加え、多くの運輸会社が労働力不足を訴えている、という現状もある。密室に数百時間も座りっぱなしの、体力的にとても過酷なこの仕事を引き受けてくれる人たちがみつからないのである。トラックの運転手は、年間240夜を自宅から離れたドライブインやモーテルで過ごし、1日11時間も運転をしている。肥満、糖尿病、喫煙、運動不足、そして高血圧といった問題は広範に及ぶ。ある研究調査によると、運転手たちの88％は何らかの慢性病のリスクにさらされている。[xii]

▼1：National Highway Traffic Safety Administration　運輸省の部局であり、「人命の救助、傷害事故の防止、そして交通事故件数の減少」を使命として掲げている。

それでもなお、トラックの運転という職業は維持するべきだ、と唱える人たちも多い。これほど多くの低学歴の男性労働者を一気に解職してしまっては、大変なことになるからである。

350万人いるトラックの運転手たちのほんの一部を解雇するだけでも、その影響は広く波及していくだろう。[xiii] 全国各地の地域経済にとって、トラックの運転手たちの担う役割は計り知れないほど大きい。全国のドライブイン、ダイナー、[2] モーテル等のビジネスでは、720万人にも及ぶ数の労働者たちがトラックの運転手たちのニーズを満たしている。毎日、国内2000箇所のドライブインが、トラックの運転手に特化したホテル、レストラン、スーパー、そして娯楽施設の役割を果たしている。道中での消費量を運転手一人当たり年間5000ドル（50万円、週当たり100ドル〈1万円〉）と推定した場合、全国各地の地域社会経済は計175億ドル（1兆7500億円）の打撃を受けることになる。数十万件の雇用喪失に加え、各地の地域社会は、数千人のトラックの運転手がもはや訪ねてこなくなるので活力を失ってしまう可能性もある。例えばネブラスカでは、労働者の12人に1人——つまり、6万3000人——がトラック業界への従事やサポートをしている。

トラックの運転手たち自身は先が読めていない。『ブルームバーグ』のShift委員会は、2017年に、自動化によって仕事がなくなる危険を感じるかというアンケートをトラックの運転手に向けて行った。彼らはほぼ満場一致で、全く危険を感じていないと答えた。改めて言っておくが、危険はもうすぐそこまで迫っている。つい最近、イーロン・マスクは、２０１７年11月からテスラ社は運輸トラックの提供を開始すると公表した。さらにマスクは、２０１９年までにはテスラ社の新製品はすべて自動運転になるとも宣言している。「あなたの自家用車は、あなたを職場まで送った後、日中は他の人を色々な場所に送り届けてお金を稼ぎ、時間になったらまたあなたを迎えに来てくれます」とマスクは言う。「１００％そうなると断言できますよ」。将来、テスラのトラックが同社の乗用車と同じ自動運転性能を持つようになることは自明である。他の自動運転車会社も似たような予定を立てており、２０２０年を大量普及元年に設定している。しかも、危険にさらされているのはトラックの運転手だけではない。某大手ライドシェア会社の幹部いわく、２０２２年までに同社は送迎サービスの半数を自動運転車によって提供するという内部計画を立てている。つまり、アメリカ国内の Uber や Lyft の運転手30万人ほどが、影響を受けるかもしれないのである。

運転手の置き換えは、自動化と人間労働者との対決において、最も劇的かつ顕著な戦場である。

▼２：アメリカにおける象徴的なレストラン。ハンバーガーやホットドッグなどのファーストフードに加え、コカコーラやミルクシェークなどの飲み物がメニューを占めることが多い。健康的とは言いがたいメニューだが、アットホームな雰囲気や安価なメニューなどは、日本の定食屋さんに通ずるものがある。

コールセンター従業員、小売店員、ファーストフード店員等の雇用を削る際には、企業は暴力やその他のいざこざの心配をする必要がない。トラックの運転手の場合は事情が異なる。

現時点で、連邦政府は、州が許可してさえいれば自動運転車を導入してもよいと言っている。ある産業レポートには、「アメリカ運輸省は、道路安全の促進のために、自動運転車の開発を全力でサポートする」と書かれている。2016年に、トラック業界はロビー活動に910万ドル（9億1000万円）を注ぎ込んでおり、オハイオ州政府も、自動運転トラックのテスト走行のためにコロンバス郊外に35マイルのハイウェイを建設しようと1500万ドル（15億円）をすでにコミットしている。アリゾナ、カリフォルニア、そしてネバダでは、すでに自動運転車の州内のテスト走行が許可されており、他の州もこれに追随することが予想される。

では、トラックの運転手やトラック業界は反撃に出るのだろうか。1950年代には、運転手たちは組合員として強く団結しており、全米トラック運転手組合の押しの強さは有名だった。それが今では、アメリカのトラックの運転手のうち組合に入っているのはたった13％であり[xiv]、業界の90％は10台以下の小規模ビジネスによって構成されている。自分のトラックを所有して自営している運転手は、全体の10％――つまり35万人――である[xv]。運輸会社は、経費削減のために運転手に自分のトラックを自分で買ったり借りたりするよう圧力をかけてきた。

こうした流れは、段階を踏んで徐々に実現していくだろう。最初の自動運転トラックには、ミス処理係として人間の運転手が乗車する。自動運転テクノロジーのおかげで、長い間道なりに進む時間を運転手は休憩などに使うことができ、結果として１日11時間よりも長時間の走行が可能となる。これはトラックや装備の生産性の向上につながる。また、給与水準が変わり運転手の賃金が下がることも考えられる。次の段階では、トラックが部隊を組み、先頭の車両のみに人間の運転手が乗車し、他の車両はこれを自動的に追走する。こうして風による抵抗が弱まり、燃費の節約にもなる。都市部の外にはドッキングステーションが設置され、目的地までの最後の10マイルほどのところですべてのトラックに運転手が乗車する。

　業界の自動化が進めば、トラックの運転手たちも走行の効率化と労働需要の低下のコンビネーションによって自分たちの雇用が全体として大きく減るのだということに気がつくはずである。他の職業選択肢を持つ人たちは真っ先に業界から脱出することができる。他方で、ほとんどの人たちには、トラックの運転の他に残された道はほとんどなく、またこの事実をすでに彼らの多くが自覚している。そもそも、運転手の多くは元軍人である。２０１２年には、湾岸戦争の退役軍人の５％――つまり８万人――が運輸部門で働いていた。[xvi] 彼らは自分の人生に誇りをもちつつ、同時に絶望を味わうことになる。あるいは、自分のトラックを買ったり借りたりしてきた35万人の運転手たちが、失業と共に怒りを爆発させたらどうなるだろうか。35万人の中のたった１人がリーダーとして立ち上がるだけで十分なのである。ハイウェイを封鎖し、経済を人質にとり、大規模な破壊行為を伴うような抗議運動が噴出することは誰にでも容易に想像がつくだろう。

こうした一連の出来事が展開していくのは、２０２０年から２０３０年までの間であるといわれている。曲がり角は、もうすぐそこである。

第6章　ホワイトカラー雇用も消える

ジャムの製造会社、J.M.スマッカー社の収益報告について、２０１７年に次のような記事が出た。

EPSは過去1ヶ月でJ.M.スマッカー収益減を推定

過去３ヶ月間で、総意見積もりは１・25ドル（１２５円）から低下しました。アナリストたちは、今年度で一株当たり５・75ドル（５７５円）の収益を見込んでいます。アナリストたちは、同四半期の売上高は、13億７０００万ドル（１３７０億円）の翌年、前年比１％減の13億５０００万ドルになると予想しています。年間の収益は59億３０００万ドル（５９３０億円）に達すると予想されています。

第４四半期の売上高が前年同期比で減少したことで、連続増収は３四半期にとどまりました。

同社は過去8四半期で黒字を達成し、過去4四半期で利益は前年比で平均16%増加しました。同社の最大の後押しは、利益が32%急増した第3四半期にありました。

何かおかしな点に気がつくだろうか。もちろん、文学賞をとるような名文ではない。しかし、内容を無理なく理解できる文であることもまた事実である。種明かしをすると、実はこの記事は人工知能によって書かれたものである。

Narrative Science 社は、『フォーブス』誌に向けて数千本もの収益概要や株価速報などを提供している[i]他、ファンタジースポーツ[1]のウェブサイトにリアルタイムでスポーツ記事をアップしてもいる。同社のボットがピューリッツァー賞の調査報道部門を受賞することはないかもしれないが、この先数年にわたって、人工知能による散文の質は「可」から「優」へとジャンプするだろう。そのため、例文のような反復的な記事を書いているジャーナリストたちは、職を失う危険性が高まっている。

自動化と聞くと、私たちは単純労働をするブルーカラー労働者の解職を思い浮かべてしまう。しかし、現実はこれよりもやや複雑である。ホワイトカラー対ブルーカラー、知識労働対肉体労働といった対立は重要ではない。真に注目すべきは、反復性対非反復性[2]という対立である。反復的な雇用は実に多種多様だが、それらすべてが人工知能や自動化の最初の餌食になりうる。そして時間と共に、より多くの部門の雇用へと影響が波及していく。医師、弁護士、会計士、財産顧問、トレーダー、ジャーナリスト、さらには芸術家や臨床心理士でさえ、反復作業を伴う限り自動化テクノロジーの標的となる。実は、最も高い学歴を必要とする雇用でも、この先不要になる可能性が非常に高い場合が多々ある。危険にさらされている仕事、例えば投資顧問のような職に就いている労働者たちは、自動化テクノロジーによる利益成長に一役買ったと思いきや今度は自分がクビになる、などという展開にもなりかねない。

私の友人に、コロンビア大学でレントゲン技師をしている人がいる。彼が最近してくれた話を紹介したい。彼の部長は、新製品の実演会に参加して、人間とコンピューターが実際の患者のレントゲン写真の解釈を競うところを見ないかとGEから招待を受けた。GE側は、数十年もの経験を積んだ業界トップの医師たちを招き、レントゲン写真を使って医師たちがコンピューターよ

▼1：fantasy sports　架空のスポーツチームを組んで賭けをするシミュレーションゲーム。アメリカには「ファンタジースポーツ事業協会」が存在し、参加者数は3000万人を超える。
▼2：routine vs. nonroutine　厳密には、「ルールに従ってものごとを機械的かつ定常的に処理すること」という意味だが、対応する適当な日本語がなく、本書内の他の用語との兼ね合いも考慮に入れた上で「反復的」とした。他に「定常的」「機械的」等々の訳語も考えられる。

りも正確に腫瘍の診断ができるかどうかを検証した。

結果は予想がつくだろう。

そう、コンピューターの圧勝である。肉眼では識別できないような濃度の灰色でも、ソフトウェアならば「見分ける」ことができるのである。また、コンピューターならば、一枚の写真をその他数百万枚と比較検討することができるわけだが、これは世界一高い経験値をもつ医師ですら到底太刀打ちできない量である。

超知能コンピューター時代の幕開けである。判例、レントゲン写真、資産価格、金融決済、保険統計表、フェイスブックの「いいね」、カスタマーレビュー、履歴書の詳細事項、顔の表情等々、ありとあらゆる複雑なデータ群を採集し、組み合わせ、コンピューターは世界一賢い人間と同等以上の方法で実にたくさんのものごとを決定していくことができる。これによって組織の労働形態や雇用形態が劇的に変わることはないなどと考える人は、企業経営のいろはを全く無視している。そもそも企業とは、人をたくさん雇うからではなく与えられた業務をこなすから報酬を得るのである。これからは、人をたくさん雇う企業ほど時代に遅れをとることになるだろう。

1999年は、私が新米の企業弁護士としてスタートを切った年である。そのとき、私はデイヴィス・ポルク・アンド・ワードウェルという世界的なトップ企業に勤めていた。新しい案件が入るたびに、まずは似たような先例がないかデータベースを検索するところから始めた。私たち

労働市場の変化（1983年〜2016年）

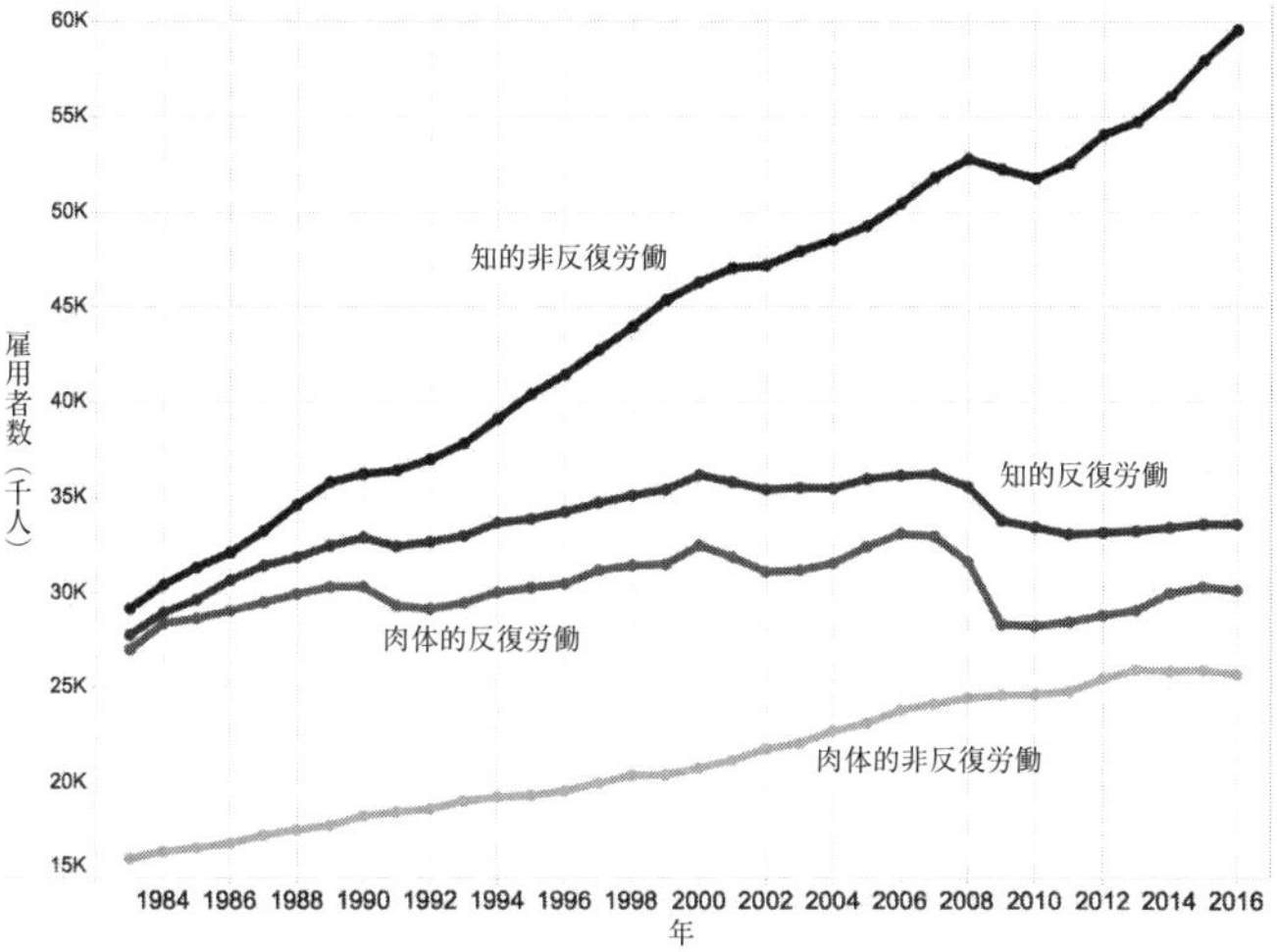

Source: Economic Data, The Federal Reserve Bank of Saint Louis.

出典：セントルイス連邦準備銀行

はよく、この仕事は「検索と置き換え」さえできれば務まるね、とジョークを言った。

高級な専門職と呼ばれている職種でも、反復作業はたくさん存在する。私はそれを「知的肉体労働」と呼んでいる。医師、弁護士、会計士、歯科医師、薬剤師といった職に就く人たちは、何年も訓練を重ねた後、同じことを、多少の変化をつけて何度も何度も繰り返すことになる。訓練の大部分は、つまるところ、長い間じっと座って、同じ作業を一貫して安定的にこなす人間になるためのものである。私たちは、白衣やビジネスーツのような制服を身に着け、市場から大きな見返りを――

ムーアの法則の実例

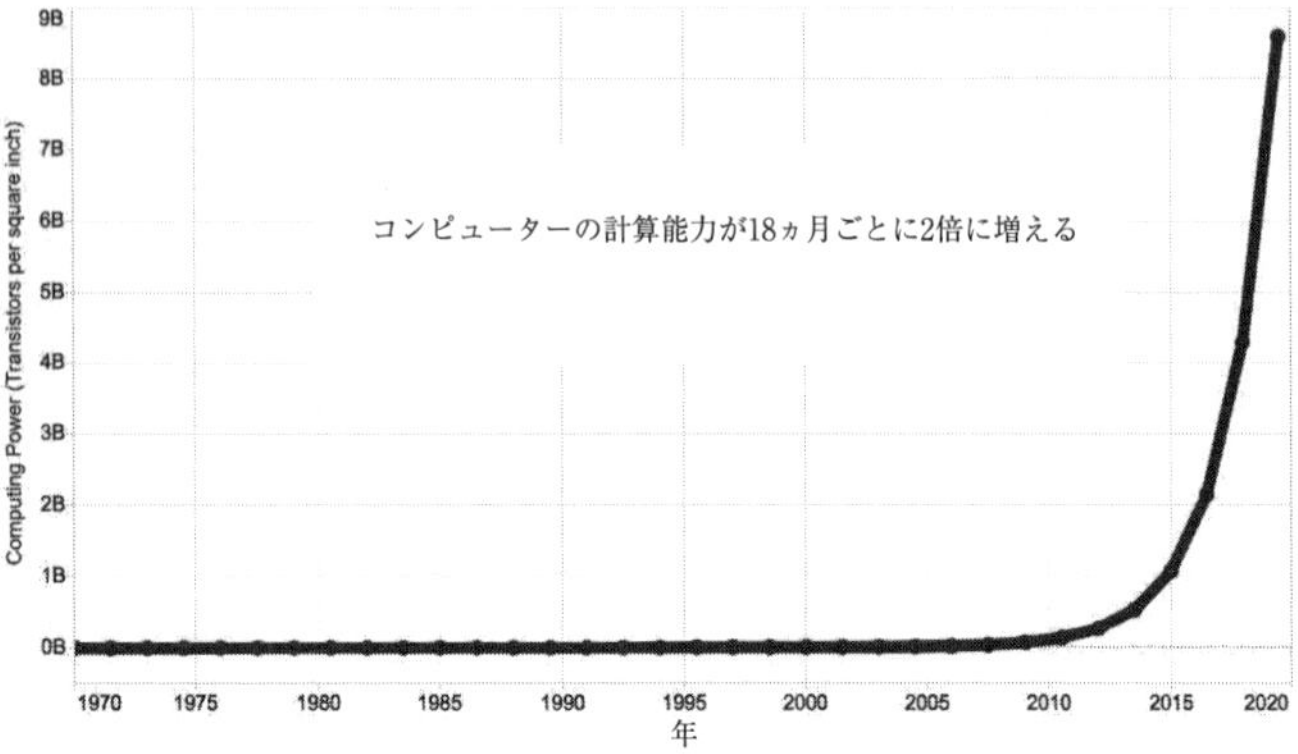

つまり、たくさんのお金を――得つつ、専門知識や経験の積み重ねへの敬意や服従を享受する。

要するに、私たちは機械に限りなく近い存在となるよう訓練や準備を施されるわけである。しかし、どんなに頑張っても、私たちが機械よりも機械的になることは絶対にありえない。

連邦準備制度は６２０万件の雇用――全雇用の44％――を「反復的」としている。また、連準は中流技能雇用の喪失を「雇用の二極化」と呼んでいる。下流のサービス部門雇用と上流の知識雇用だけが残り、その中間が空になるという意味である。こうした傾向は、アメリカ中産階級の消滅や、アメリカ国内における異常な所得格差といった現象とセットになっている。

雇用消滅の一因として、コンピューターの計算能力と人工知能の驚くべき発展が挙げられる。「ムーアの法則」という言葉をあなたは聞いたことがあるかもしれない。この法則によると、コンピューターの計算能力は指数関数的に増える。18ヶ月ごとに2倍に増えるのである。

指数関数的な成長がもつ時間的な意味を理解するのは簡単ではない。例えば、1971年のフォルクスワーゲンの「ビートル」の効率性を考えてみよう。もしビートルがムーアの法則に従ってグレードアップしていった場合、2015年には時速48万キロメートルで走行し、ガソリン1リットル当たり87万キロメートルの燃費を達成することになる。コンピューターの進歩とはこういう感じなのである。ムーアの法則が50年間も持続されるはずがないと言う人たちもいたが、[iii] 事実はその逆であり、コンピューターの知能は飛躍的に伸び続けている。インテル、マイクロソフト、グーグル、そしてIBMは、量子コンピューター――量子に情報を保存するコンピューター――への投資も行っているが、これによってムーアの法則はこの先何年も持続するだろう。

私たちは、計り知れない速度と能力を兼ね備えたコンピューターの急速な台頭の始まりに立ち会っている。1996年にIBMのコンピューター「ディープ・ブルー」が世界最強のチェスマスターに勝ったとき人々は衝撃を受けたが、それほどたいした衝撃ではなかった。そもそも、チェスの指し手や局面の数は膨大ではあっても有限であり、十分な計算能力さえあれば次の一手を全て羅列して調べつくすこともできる。

囲碁となると話は別である。囲碁は3000年の歴史を誇る中国の伝統芸能であり、指し手の数は理論上無限である。世界最強の棋士たちを負かすためには、人工知能に、純粋な計算能力だけでなく決断力や創造力のようなものも搭載する必要がある。2015年、グーグルの「ディープマインド」は世界最強の棋士を破り、2017年に再び他の世界王者たちに対しても勝利した。囲碁の強豪たちは、ディープマインドの戦い方を評して、今まで誰も思いついたことのない指し手や戦術を用いていると言った。

最近登場し始めている新型の人工知能は、知性や創作性を要すると思われているような活動もこなしていく。「機械学習」（マシーン・ラーニング）という言葉を耳にしたことはあるだろうか。人工知能の実用を指す言葉であり、そこでは機械にデータを与えて、最善の方法を自主学習させる。機械学習の強みは、なんといっても、あらかじめ人間が機械の活動やプロセスを厳密に定義しなくてもよいという点にある。人間がおおまかな方針を定めるだけで、あとは機械がデータを合成したり選択や推薦を行ったりし始める。初期の機械学習の実用例として、画像へのタグ付け、スパムメールのふるい分け、文書内のキーワード検索、クレジットカード詐欺の特定、株式売買に関するアドバイス等々のルールに基づく作業が挙げられる。

機械学習とよくセットで使われる言葉に「ビッグデータ」がある。あなたも耳にしたことがあるだろう。デジタル革命のおかげで、私たちは史上最大規模の情報にアクセスできるようになった。また、新たに入ってくる情報の量も指数関数的に増えている。ある推計によると、過去2年間で生み出されたデータの量は、それ以前の全人類史よりも多い。例えば、私たちは毎秒4万件ものグーグル検索を行っているが、これを足していくと1年で1兆2000億件となる。その一つ一つが新しい情報なのである。2020年までには、地球上の人間一人当たり毎秒1・7メガバイトもの情報が生み出されるようになる。iv

情報といっても、インスタグラムの友達の写真にクリックしている人の数、というような平々凡々なものがほとんどである。とはいえ、新たなデータの洪水の中には、具体的な実践につながるような情報も含まれている。それが重要なのである。作家のユヴァル・ノア・ハラリは、人工知能があなたのオンライン情報に基づいてあなたにぴったりの結婚相手をみつけてくれるような世界の到来を予言している。現に、大量の情報を処理するための様々な試みにたくさんのお金が注ぎ込まれている。ある推計では、フォーチュン1000社企業は、自社保有のデータの使用率を10％上げるだけで年間6500万ドル（65億円）の売り上げを新たにあげることができるとされている。しかし現時点では、使用可能データ全体のうちたった0・5％しか分析や活用がされていない。別の推計によると、データの使用法を改善するだけで、各医療制度は年間3000億ドル（30兆円）——つまり、国民一人当たり1000ドル（10万円）——を節約することができる。

データを大量に活用している産業——金融サービスのような産業——は、新たな機械性能を生かせるような方向へすでに事業の舵を切っている。[v] 金融産業は、色々な意味で自動化の親友である。作業の多くがかなり反復的かつ論理的であり、金融機関は総じて懐が深く、効率性を重んじ、産業全体に熾烈な競争を奨励するような文化をもつ。例えば、２００８年創業のBetterment社という自動投資サービスは、２０１７年の時点ですでに90億ドル以上（９０００億円）を運用していた。手数料を低くおさえ、投資決定を自動化することで、Betterment社と、ライバルのWealthfront社とは、従来の金融アドバイザーの仕事をかなりのところまで代行できるようになった。『フィナンシャル・タイムズ』いわく、「若者層の顧客には、年に一回アドバイザーと会って、新興市場、国債、そして仕組債[3]といったものの善悪をじっくり話すなどといったことをする金銭的余裕も願望もない。彼らが求めているのは、わかりやすい説明や24時間サービスである。……事務所でアドバイスを聞くのではなく、アプリを使いたいというわけだ」。２０２０年までにロボットアドバイザーが運用する資産は、世界中で計8兆１０００億ドル（８１０兆円）にまで一気に上がるといわれており、40歳以下の投資家の72％は、仮想アドバイザーとの仕事に抵抗は感じないと言っている。

ニューヨーク証券取引所には、かつては５５００人ものトレーダーが集まっていた。それも、今では４００人以下にまで下がっている。取引アルゴリズムを実行するサーバーが、取引関係の仕事の大半を担うようになったからだ。あなたがＣＮＢＣで目にしているのは、ニューヨーク証券取引所ではなく、シカゴ・マーカンタイル取引所である。背景映像に人間がいないと絵にならないからだ。ゴールドマン・サックスでは、2000年には600人いたニューヨーク証券取引所トレーダーたちも、2017年にはたった2人にまで削られ、200人のコンピューター技術者によるサポートを受けている。[vi] 2016年、金融サービス会社ステート・ストリートの当時の総裁は、3万2000人いる従業員の内の20%が4年以内に自動化によって職を失うだろうと予測した。[vii] 投資プラットホーム向けの新しい人工知能「Kensho」は、大手投資銀行に次々と採用され、[viii] 世界情勢や企業データに基づく詳細な報告書の作成という、従来は投資銀行アナリストたちが行っていた仕事をしている。まだ新規参入後4年も経っていないのに、Kenshoはすでに5億ドル（500億円）の値打ちがあるとされている。年収25万ドル（2500万円）の高学歴の人間が40時間かけてやっていた作業を、Kenshoはものの数分で仕上げてくれる。こうした流れを受けて、『ブルームバーグ』は、ウォール街は2016年に「人間雇用のピーク」を迎えており、[ix] 今後は雇用を徐々に削っていくだろうと報告している。その第一歩として、2018年、各大手銀行には解雇の波が押し寄せた。

保険部門は、250万人のアメリカ人の勤め先であり、[x] 情報処理を中核業務としている。つま

▼3：オプションやスワップなどのデリバティブ（金融派生商品）を組み込んだ債券のこと。

り、自動化の格好の標的である。マッキンゼーの予測によると、保険業スタッフは職種を問わず大規模なリストラに遭い[xi]、２０２５年までに計25％の雇用が失われる。つまり、全国の各都市でホワイトカラー労働者たちが数万人規模で姿を消すわけである。

会計士や簿記係も危うい。ある会計士が話してくれたことだが、クラウド会計ソフトウェアが自動的に簿記をやるようになってから簿記に使っていた時間が空いてしまったため、彼は時間料金で働くのをやめ、月極め予約料金という形態にシフトした。アメリカには、簿記、会計、そして監査関連の事務員が１７０万人いる[xii]。これに加え、会計士や監査員も１２０万人いる。簿記係や事務員はすでに消え始めている。会計士たちも、これからは顧客の金融戦略へのアドバイスに時間を使っていきたいなどと豪語している。私はこれまで６人ほど会計士を雇った経験があるが、税の申告さえ済ませてくれれば、他にしてほしいことは特になかった。

数字よりも言語に重きを置くような職業も、リスクにさらされている。デロイト社が２０１６年に出した報告の予測では、今後、法務部門における雇用の39％は自動化されてゆき[xiii]、この先10年以内には業界に「大きな改革」が起きる。特に、弁護士補佐や弁護士秘書は、どんどん置き換えられていくことが予想される。また、多くの法律事務所が縮小や合併をしていく中で、部門全体における雇用数も減少するだろう。１９９０年代後半、私が通っていた頃は、法律学校は着実なキャリアアップへの一歩であると考えられていた。それが今では、市場が必要としている以上の数の卒業生を法律学校は輩出しており、卒業生たちが提供できるようなサービスへの需要もまた下がってきている。私の友人に、訴訟関連の基本作業を自動化する人工知能会社を経営している人がいる。反復的な顧客対応、書類作成、そして書類審査がそこには含まれるわけだが、友人の事業のおかげで、大手企業は以前ほど多くの新卒弁護士を雇う必要がなくなった。

クリフ・ダットンと会って話をする機会があった。彼は世界的な法務処理会社のチーフ・イノベーション・オフィサー（技術革新最高責任者）である。クリフによると、生身の弁護士が法務書類を正確に審査する確率は60％くらいである。私も新米のアソシエイトとしてよく書類審査をやったが、数時間経つとたしかに、何とか集中力を保とうとしても視界がどんよりとし始めるのが常だった。人工知能を搭載したソフトウェアが同じ作業に取り掛かった場合、成功率は85％に近く、しかも生身の弁護士のチームではとても追いつけないほどの速度でそれをやってのける。

弁護士もさることながら、医師もまた、専門性、知恵、そして決断力を身につけるまでに、途方もない年月を訓練と実習に費やすものである。マサチューセッツ工科大学とハーバード大学を卒業し、現在は高度先進医療分野で医師として働いている友人に、医療作業の何割くらいが自動化されうると思うか質問をしてみた。彼の答えはこうだった。「少なくとも80％は、いわば『レシピ』に従っているだけだよ。こういうときはこうするって決められたことをするだけ。医療には、創意工夫が求められるような場面はほとんどないんだ」。

医療のどの部分が最も自動化されうるのか、私はあるテクノロジストと協力して検討した。彼の見解では、放射線医学（すでに論じた通りだ）、病理学（これもすでに論じた）、家庭医学（実地看護婦や、素人でさえ、人工知能の力を借りればほとんどの問題に対応できる）、そして皮膚病学（同右）を含む諸専門分野が、格好の標的となっている。また、彼の知り合いの外科医には、ロボット搭載型手術室での仕事にやりがいを感じている人がいるらしい。視力やものの見え方が大幅に強化され、手の震えのような無駄な動きにもロボットが自動的に対応してくれるからである。しかも、実習生たちは手術室に入ることなく手術の一部始終を見学することができ、外科医本人も、術後に改めて自分の仕事を見直すことができる。

私はさらに、医師が別の場所から遠隔操作で手術を行うことは可能になるだろうかと質問をしてみた。すると、彼はこう答えた。「いずれはそうなると思うよ。でも、少なくとも今は、医師たち本人も現場に立ち会うことを望んでいるし、データの長距離転送には時間がかかるから、遅延やラグが発生するかもしれない」。そう前置きした上で、彼は、ロボット支援手術という技術があれば有名な医師が世界中どこでも手術を行えるようになるだろうとも言った。ということは、手術そのものや、その過程で外科医が下す細かい決定の一つ一つを記録することもできるはずである。こうして集めたデータを使えば、人工知能はいずれ、数千件の手術を分析し、どのような状況でもしっかり判断ができるようになるだろう。現に中国では、２０１７年に、人間の手を一切借りずに、ロボットが単独で歯のインプラント手術を成功させた。３Ｄプリンターで作った新品のインプラントを2本患者に装着したのである。ロボット外科医が名医となるのも、もう時間の問題かもしれない。

絵画や音楽など、創作性が求められる仕事ならば、人間は何があっても人工知能の上をいくはずだと思っている人は多い。心理療法のような、人と人との繊細なやりとりが必要とされる仕事についても然りである。しかし、グーグルの開発したニューラル・ネットワークは、人間のように「考える」よう設計されたコンピューター・システムであり、人間の描いた絵と見分けがつかないような芸術作品を創作している。[xiv]その一例を次頁に載せておく。他にも、「Iamus」というソフトウェアが作曲した協奏曲もインターネット上に存在する。演奏されたとき、聴衆の中には人間の曲と聞き分けがつかないと感じた人たちがたくさんいたという。「Iamus」と「Adsum」で検索して、あなたも一度聴いてみるといい。

心理療法だけは、何があっても自動化を免れるはずだとあなたは思うかもしれない。しかし、それは間違っている。２０１６年、南カリフォルニア大学は、国防総省後援の研究企画で、心的外傷後ストレス障害（ＰＴＳＤ）を患った退役軍人を治療するための人工知能セラピスト「Ellie」を開発した。Ellieは画面上にアバターとして登場し、心が落ち着くような質問や応答をしてくれる。そして、声の調子や顔の表情の動き等を測定し、退役軍人が人間の心理療法士に

会って追加でカウンセリングを受ける必要があるかどうかを判断してくれる。初期研究では良い結果が出ており、退役軍人たちの多くは、生身の人間よりも人工的なセラピストを好むということが示されている。Ellieは、元々、人間のセラピストの補助役として開発された。しかし、診察時間の合間にEllieが患者と話をし始め、時と共により多くの時間を患者と過ごし始めるといった流れになることも容易に想像がつく。

私は、13歳の頃、矯正器具の装着の準備のために歯を4本抜いたことがある。実は、私はこれを密かに楽しみにしていた。というのも、父の歯を見て、私は子ども心に「あんな歯だけは絶対イヤ」と思っていたからだ。歯医者に行った日、歯医者さんはどのような手品を使って歯を抜くのだろうかと私は期待を膨らませていた。期待は見事に裏切られた。グッドマン先生は、1本目の歯をペンチで挟み、容赦なく引っ張り続けた。2本目は特に手強かったようで、先生は体の角度を何回か変えながら抜歯を続け、時には私の胸に足をのせて引っ張っていた――あのときのことは、今でもよく覚えている。

帰り道、私は「歯医者さんって、腕力がないとできない仕事なんだなあ」と思った。そして、顎が痛かった。

この体験談からもわかるように、知識労働と肉体労働の境界線は、私たちが思っているよりもずっと曖昧なのである。外科医は、医師の中でも特別に高いレベルの訓練を受けており、給料も特段に高い。人間の体にメスを入れるという行為には、大きな責任が伴うからである。しかし、外科医が行う最も価値の高い仕事は、ほとんどが手作業であり機械的である。私の友人にも外科医が何人かいるが、彼らは指や手にけがをすることを恐れて、バスケットボールのような競技への参加を慎む。

もちろん、職種によっては、新しいテクノロジーが到来して職務を代行できるようになったからといって、すぐには消えないものもあるだろう。例えば、医療における自動化は、規制や認可に従って進む。現時点では、医師免許や薬剤師免許がない限り合法的に実行できないことがたくさんある。医療分野は、技術革新が新技術導入よりも格段に速く進む分野の一つとなる可能性が高い。医師たちは強力なロビー団体でもあり、各段階で根強く抵抗していくことになるからである。人工知能の進歩によって明らかに決着がついても、なお彼らは、患者にとって一番必要なのは生身の医師であると主張し続けるだろう。また、自分はやっぱり人間の医師と話がしたいと言う患者もいるだろう。もっとも、こうした患者はこの先減っていくと私は思っている。

人工知能が本当に柔軟な知性を獲得するまでには、まだまだ多くの難題が解決されなければならない。某脳科学者は、既存のシステムのほとんどは、ある特定の作業では人間をはるかに凌ぐが、それ以外では2歳児よりも無能であると言った。とはいえ、コンピューターの能力の限界についての私たちの考え方は、これから変わろうとしている。ホワイトカラー労働や創作的な労働の中には、自動化できるものがたくさんある。スタートアップ文化には、答えが出ない問題への対処法として「とにかく問題にお金を投げつけてみよう」という格言がある。そのうち、この格言もこう変わるかもしれない――「とにかく、問題に人工知能を投げつけてみよう」。

もしあなたが、自分の仕事だけはコンピューターの射程外だと思っているならば、その思い込みが反駁されるのも時間の問題である。この先10年間で、仕事のもつ意味や質は大きく変わる。人間が雇ってもらえるような仕事が減るという事実以外に、この変革はどのような意味をもつことになるだろうか。それが問題なのである。

第7章　人間性[1]と仕事

一度だけだが、大きな交通事故に遭ったことがある。20歳の頃、両親のオンボロなホンダのアコードを借りて、ボストンに住む兄に会いにプロビデンスから夜な夜な運転をしていた。雨の降る夜だった。ボストンまであとわずかというところで高速道路の終わりに差し掛かったのだが、私が信号機の存在に気がついた時には、すでに前の車両に近づきすぎていた。とっさにブレーキを踏み込み、タイヤが悲鳴を上げたが、追突を避けることはできなかった。そのときの衝撃で前の車の後部の3分の1がスクラップになり、私のアコードもアコーディオンのように前部がグシャッとつぶれた。シートベルトに救われた私は、放心状態だった。

数秒後、私は車を出て前の車に走り寄った。「大丈夫ですか」。スクラップ状態の車体を見て、

▼1：humanity　人間を人間たらしめるような特徴や性質一般を指す言葉。「人類」を意味することもある。本書では文脈に応じて訳し分けたが、両義性のあるキーワードとして留意していただきたい。

寒気が走った。幸いなことに、けが人はいなかった。車内には、私と同じ年くらいの人たちが3人いた。ショックを受けてはいたものの、けがはなかった。怒ってもいなかった。私は何度も謝罪をした。自分は最悪のまぬけ野郎だと思った。

雨の中、車が次々と通り過ぎていく間、私たちはパトカーとレッカー車が来るのを待ちながら「修理すればまだ走れるだろうか」「ちょっと無理かな」などと雑談をしていた。30分の待ち時間が数時間のように感じられた。私はレッカー車の助手席に乗って車庫まで行き、そこからは兄が迎えに来てくれるのを待った。車庫はもう閉まっていたので、トラックの運転手が去った後、私は、雨の中、一人両手で頭を抱えながら道端に立っていた。

あの夜が記憶に残っているのは、それが大学時代の彼女と別れた日——正確には、彼女が私に別れを告げた日——でもあったからだ。まだ大学でデートするのが当たり前だった時代の話である。ボストンの兄のところへ行こうと思ったきっかけも、そもそも別れの悲しみを癒すためだった。不安定な感情のせいで注意が散漫になっており、それが追突事故の引き金となっていた可能性すらあると言っても差し支えないだろう。

私たちには、人間性というかけがえのない性質がある。誰にとっても、人間同士のつながりこそ、人生で一番大切なものだろう。

とはいえ、人間らしさは、運転手、カウンセラー、接客係、セールスマン、そして問い合わせ窓口職員といった職にとって、必ずしもプラスになるとは限らない。カウンセラーは、秘密を漏らしてしまうかもしれない。接客係は、機嫌の悪い日には態度が悪くなるかもしれない。セールスマンも、偏見に基づいた不適切な行動をとるかもしれない。問い合わせ窓口職員も、退屈が表に出てしまうかもしれない。他にも色々な例が挙げられるだろう。人間としての人間と、労働者としての人間との間には大きな区別がある。前者は必要不可欠だが、後者はそうでもないかもしれない。

『ホモデウス』[2]において、ユヴァル・ノア・ハラリは、次のような指摘をしている。[i] タクシーの運転手は、空を眺めたり、人生の意味を考えたり、オペラに感動して涙を流したり、他にもたくさん機械にできないことができる。しかし、それはどれも、お客としてタクシーに乗る私たちにとってみればどうでもいいことばかりである。運転手とわざわざ会話をするよりも、ただ放っておいてほしいと思うお客も多いはず。私も、恥ずかしながら、そう思うことがよくある。

▼2：邦訳『ホモデウス　――テクノロジーとサピエンスの未来』（柴田裕之訳、河出書房新社）

新しい経済で頻出するテーマの一つに、サービス経済の成長分野やキャリアにおいては、女性の方が活躍しやすいというものがある。他の人へのケアや教育など、自動化するのが最も難しい作業がそこには含まれる。対して、製造業、倉庫の仕分け作業、そしてトラックの運転等、従来男性支配型の仕事は自動化するのが最も簡単である。女性の中には、「男性も時代に適応して、今まで『女性的』といわれてきたような役割を率先して引き受けていくべきでしょう」と言う人もいる。言うは易く、行うは難し。そもそも、ただ市場が要求しているからという理由だけで、自分の本来のあり方に反するような仕事をしろと言うのは、ちょっと違うのではないかと私は思う。市場は、私たちの健康や繁栄には興味がない。それなので、人類を市場の要求という型にはめようとするのは、最善策とはいえないかもしれない。他方で、テクノロジー部門や金融部門など高給でありかつ男性が支配的な[3]部門に女性が参入しやすくするために、大きな努力がされていることも事実である。

私自身、いくつもの会社を立ち上げた経験があるが、一人ひとりが仕事に幸せと充実を感じてくれるような素晴らしいチームを作ることに至福の喜びとやりがいを感じてきた。とはいえ、私たちは、往々にして人間が仕事にもたらす価値を過大評価したり、人間を雇うことの短所を過小評価したりしがちでもある。労働者として人間が不完全である理由や、管理職がこれほど体力を使う仕事となってしまっている背景事情として、以下のような要素が挙げられる。

- ほとんどの人は、訓練や研修を必要とする。
- 年をとるにつれてより多くのものを欲しがるようになる。
- 休憩をとる必要がある。
- 健康保険を必要とし、場合によっては雇用主側がその費用の一部を負担させられ、しかも患者は保険の内容に文句を言うこともある。

- 風邪を引く。
- 自分のやっていることに自信を持ちたいと願ってしまう。
- 気分の乗らない日もある。
- 数百万回も同じ作業を全く同じように反復することができない。
- 家族がいて、家族ともっと時間を過ごしたいと思ってしまう。
- 仕事がその人に向いていなかった場合、解雇をしなければならない場面もある。その際には、

▼3：male-dominated　「男性優位」という訳語が一般的らしいが、これでは明らかに意味がねじ曲げられてしまう。原文のフレーズは、「男性の方が有利」という意味ではなく、「男性が支配的」「男性の方が多い」「男性が優遇されている」といったニュアンスである。そのため、「優位」という語は適切ではない。

- 退職金を要求したり、雇用主側に罪の意識を抱かせたりしてしまう。
- 退屈になる。
- 法律による加護がある。雇用主が起訴されることもある。
- やる気を失って、生産性が下がることもある。
- 生産的になるまでに15年～20年もの世話や教育を要し、人生最後の10年～15年の間は非生産的でひ弱になってしまう。子どもを育てるときの費用や、人生の終章を生きるための費用を他者に賄ってほしいと思ってしまう。
- 一人が不幸に陥ると、他の人たちがそれを気にかけてしまう。
- ハラスメントがあったり、恋愛があったりする。
- 眠る。
- 嘘をついたり、物を盗んだりする。
- 辞職をして、新しい仕事を探し始めることもある。
- 色々なことが目にとまり、情報を拡散してしまう。
- 薬物に手を出すこともある。
- 怪我をしたり、障害を負ったりすることもある。
- 当てにならなかったり、心変わりしたりする。

- 仕事をすべき時間に、休憩をとってしまうこともある。
- 個人として入手可能なものの範囲を超えるような見返りを求めて運動を起こしたり、交渉を始めたりする。
- 誤った判断をしてしまい、ブランド・イメージを傷つける行為をしてしまうこともある。
- ソーシャルメディアをやる。
- 羽を伸ばすために休暇を求める。
- 離婚や別れによって悲しくなり、生産性が落ちることもある。
- ジャーナリストとしゃべることもある。
- 他の会社に売ってしまうことができない。
- 保証がつかない。
- 人間に搭載されたソフトウェアを更新するのは容易ではない。

本書の冒頭で、私は台湾の製造業会社フォックスコン社の創立者、郭台銘《かくたいめい》の言葉を引用した。人間と動物とを比べる言葉である。[ii] 彼は、アップル社の製品を製造する数百万人の労働者の補佐役として、30万台のロボットを工場に導入した。その背景には、前年にフォックスコンの労働者が14名も自殺をした、という事実がある。ロボットならば、感情を揺さぶられたり、憂鬱になったりする心配がない。

自動化の波の原動力の一つとして、仕事をこなすという一点に絞って考えた場合、機械と比べて人間の方がはるかに使い勝手が悪いという事実がある。それをしっかり認識するのは、悪いことではない。むしろ、解決策をみつけるために必要な第一歩である。人間性の真の価値とは一体何なのかをより深く考えるための機会が、そこから生まれる。

そもそも、人間にしかできないような仕事の形態もあるのではないか。また、その逆も考えてほしい。現存する職業形態の多くは、果たして人間にとって最適であると言えるだろうか。私たちが仕事に向いていない場合、その仕事もまた私たちには不向きなのではないか。

ヴォルテールは、「退屈、非行、欲望——仕事によって、私たちはこの三大悪を乗り越える」と書いた。仕事が皆無の状態など、明らかに良くない。長期失業は、現代人に起こりうる出来事の中でも最も悲惨なものの一つである。幸福度は一気に下がり、二度と回復しない。ドイツ人の研究グループが2010年に行った調査の示唆によると、長期的な人生満足度という観点から見た場合、長期失業は、配偶者の死や永久的な怪我よりも悪い影響を及ぼしてしまう。失業状態が長引くと「地位の喪失や、活気・やる気の欠如が、身体的・心理的な形をとって表に出る」と、カリフォルニア大学バークレー校公衆衛生学教授のラルフ・カタラーノは言う。

他方で、ほとんどの人たちが仕事に不満を抱えているという点もまた事実である。ギャラップ世論調査によると、世界中の労働者たちのうち、仕事にやりがいを感じていると答えた人は、たった13%しかいなかった。[iii] アメリカにおいてはもう少しマシな結果が出ているが、それでも2015年には32%しか仕事にやりがいを感じていなかった。つまり、アメリカ人の3分の2以上が、足取り重く仕事に通っているわけである。

コメディアンのドリュー・キャリーは、面白いことを言っている。「仕事が嫌いだって？　もっと早く言ってくれればよかったのに。君にぴったりの互助会を紹介するよ。その名も『同じ穴のむじな』。定例会は近所のバーでやってるよ」。ワクワクするような仕事に就くのはとても難しい。金銭的な目標や圧力がある場合は特にそうである。成功者と呼ばれている人たちでさえも、キャリアを通じてたくさんの妥協をし、その場その場に適応していく術を長い時間をかけて学ぶ。仕事に心からやりがいを感じている人は、私たちに深い印象を与えるものだが、それもそうした人の希少性が原因である。

人間性や人類と仕事との関係には、お金が介在する。それは反比例という形をとる。最も人間的であり、よって最も魅力的な仕事や役割は、給料がほとんど払われず、場合によっては給料ゼロということもある。母親、父親、芸術家、作家、音楽家、コーチ、教師、噺家、養育係、カウンセラー、ダンサー、詩人、哲学者、ジャーナリスト……。このような職業は、無償であるかあるいは報酬が著しく低いため、ほとんどの生活環境において生計を立てたり豊かな生活をしたりすることができない。同時に、こうした職種の多くは社会にとても大きく貢献しているが、市場ではこうした社会貢献が全く無視されてしまう。

他方で、潤沢であればあるほど、仕事は無機的になっていく。企業弁護士、テクノロジスト、金融家、トレーダー、そして経営コンサルタント等の仕事は、高い効率を必要とする。市場の論理に自分の人間性を従属させることができる人ほど、高い報酬を得ることができるのである。アメリカにおけるこの理解は、例えば仕事への責任感の強さに表れている。学歴のあるアメリカ人は、30年前と比べて、より長時間の労働をしており、夜間や週末もメールをチェックするよう暗に求められている。他の先進国では労働時間が減っているのにも関わらず、である。最近のギャラップ世論調査によると、アメリカ人の10人中４人は週50時間以上働いている[iv]。

昔からずっとそうだったわけではない。むしろ１９８０年までは、アメリカ人の週当たりの労働時間は減り続けていた。有名な話だが、イギリスの経済学者、ジョン・メイナード・ケインズは、１９３０年に、生産力の成長と技術の進歩がこのまま続けば、２０３０年までには西洋諸国における生活水準は4倍も高くなり、週当たりの労働時間は15時間で済むだろうと予言した。ケインズの予想は、生活水準については大当たりだったが、週当たりの労働時間については大外れだった。また、たくさんの研究結果が示しているように、私たちがしている仕事の多くは実は価値を生んでおらず、労働時間数を削っても生産力がそれほど落ちる心配はない。

アイオワ大学の歴史学者のベンジャミン・ハニカットいわく、もしレジ係の仕事がビデオゲームだったとしたら、私たちはそれを全く退屈で史上最悪のゲームだと酷評するだろう。ところが、同じものを「雇用」と呼び変えた途端、政治家たちはこれを尊厳のある有意義なものとして称賛し始める。ハニカットはさらに洞察を続ける。「目的、意義、人格、満足感、創作性、自立性――こうした要素は、ポジティブ心理学では豊かな人生を送る上で必要不可欠だとされているが、普通の職場においては著しく欠如している」。現代の仕事のほとんどは、生存のための手段である。人間は、仕事が与えてくれる枠組みやサポート無しでは、心理面、社会面、金銭面、そして身体面で苦しみを味わうことになる。

仕事が果たして人間にとって良いものであるかどうかは見方によって様々だろう。一方では、仕事とは言うまでもなく面倒くさいもので、今の時点では明らかに量が多すぎる。他方で、仕事がなくなってしまえば、私たちは次にすべきことがわからなくなり、途方に暮れてしまうだろう。オスカー・ワイルドは、「仕事とは、他にやることが思いつかない人たちの避難所にすぎない」と書いた。幸か不幸か、この描写には私も含めた大多数の人たちが当てはまる。

仕事が人間を必要としなくなっていく傍ら、人間は仕事を必要とし続ける。これこそ、私たちがこれから乗り越えていくべき課題なのである。

第8章　よくある反論

自動化が労働市場に与える影響について、私は実に多彩な経歴を持つ人たちと全国各地で何百回も対話を繰り返してきた。その中で最も頻繁に出てくる質問に「もし本当にこんなことが起きているのなら、もうとっくに話題になっているはずでしょう」というものがある。アメリカ経済に起きている現象について、多くの人たちは確信が持てずに懐疑を募らせている。そのため、自分の目に見える範囲でのものごとや、すでに自分が信じていることに確証を与えてくれるような偏向ウェブサイトやソーシャルメディアから来る情報のみを信じたいと思ってしまう。数百マイル離れたところにあるテクノロジー開発キャンパスで起きていることを信じるのは、なかなか難しい。しかも多くの場合話は秘密裏に進むので、一層信じるのが困難になる。

本書の第2部では、将来の展望について思索を進めたいと思うが、その前に、よくある質問や疑問をいくつかここで扱っておきたい。

「雇用の喪失とあなたは言うが、それは農業革命や産業革命等で人々がたびたび叫んできたことの繰り返しにすぎず、結局のところ的外れなのではないか」

たしかに、農業が労働力人口に占める割合は、１９００年には40％だったものが２０１７年には２％にまで落ち込んだが、同時期に、私たちは食糧の生産量を伸ばしつつ、魅力的な雇用を新たにたくさん創出することができた。また、産業革命の後も、サービス部門の雇用が予想外の伸びをみせ、労働力人口の大半を吸収していくことになった。19世紀にも、人々は自動化による雇用喪失に警鐘を鳴らし――特に有名な例として、イギリスの織物工場を破壊したラッダイト運動がある――同じようなことは１９２０年代や１９６０年代にも叫ばれたが、どれもふたを開けてみれば大きな勘違いにすぎなかった。新しい雇用創出は起こらないだろうと言う側への賭けは、今まで一度も当たったことがない。

では、なぜ今回は違うのか。

一言で言うならば、今回問題となっているテクノロジーは、過去のどの例と比べても、より多様で、より広い範囲に、より多くの経済部門に、より速いペースで適用されているのである。大規模農場、トラクター、工場、組み立てライン、そしてパーソナルコンピューターの登場は、どれも労働市場にとって重大な出来事だったが、人工知能、機械学習、自動運転車両、高度ロボット技術、スマートフォン、無人機（ドローン）、３Ｄプリンティング、仮想拡張現実、モノのインターネット（ＩｏＴ）、ゲノム科学、デジタル通貨、そしてナノテクノロジーといった進歩と比べると桁違いに小さな革命でしかなかった。後半に挙げた技術は、どれも複数の部門に適用可能だが、各部門にはそれぞれ数百万人もの従事者がいる。この変革は、今までとは比べ物にならないほど劇的な速度、範囲、インパクト、そして質をもっているのである。

もちろん、労働市場が有意義な適応・調節をできずに終わるのだとすれば、それは今回が初めてということになってしまう。しかし、連邦準備制度元総裁のベン・バーナンキは、２０１７年5月にこう言っている。[i]「人工知能が内燃機関エンジンとは質的に異なるものだということは、現実として認めなければいけません。今までは、人間の想像力、創造力、そして社交性といったものは、人間に固有のものであり、機械には真似ができないものであるとされてきました。それが今では、レジ係はおろか、外科医でさえ、少なくとも部分的には人工知能によって置き換えられてしまう時代となっているのです」。２０１７年に『ブルームバーグ』が部門比較の専門家を対象に行った調査では、58％が「今回は今までとは違う」と言っており、[ii]労働市場における混乱は重大かつ未曽有のものとなるだろうという立場をとっていた。共通認識は確実に広がっている。

経済学者には、成り行きに任せれば万事大丈夫だという態度をとる習性がある。彼らは産業革命を引き合いに出し、「こういう不安はラッダイト運動の頃から言われてきたことだ。でも、新しい雇用は必ず生まれるものさ」と言う。謙虚さという衣をまとった無知を、魔法にでもかかったかのように擁護する。「新しい雇用がどんなものになるのか、私たちには分からない。それは人知を超えた問題だ。安易に予想を立てるなんて、傲慢《ごうまん》極まりない。ただ、何かしらの雇用が創出されるに違いないということだけは確信を持って言える」。しかし、万事大丈夫を信じてやまない人たちは、多くの場合、私が「構築制度主義[1]」と呼ぶ状態に陥っている――成り行きに任せれば何事もいずれはどうにかなるという態度を基調として意思決定をするのである。

私に言わせると、これは現実と決断責任からの逃避に他ならない。歴史の繰り返しにも、限度はある。自分の損得だけを気にするなら、警鐘を鳴らそうと思わないのは当然である。声をあげた途端、あなたは歴史を知らない無教養で無知な人間だと言われ、場合によってはネガティブで大げさな奴だと思われてしまうこともある。

しかし、あなたのその声は真実の声でもある。

今までは、人間の知能を凌ぐコンピューターは存在しなかった。自動運転車という躍進は、自動車の発明とは種類が異なる。人間による判断が、データによって置き換えられようとしている。

▼1：constructive institutionalism　ヤンの造語。制度主義とは、制度に従ってものごとを運ぶのがよいという保守的な態度のこと。また、その態度を通じてものごとを「構築」すること、つまり真偽に関わらず都合の良い空想現実を作っていくこと。

他にも例は枚挙にいとまがない。投資の入門者がよく受ける忠告が、ここでも当てはまるだろう――現在や未来を見通す上で、過去は必ずしも最善の指針ではない。

また、産業革命にはたくさんの暴力があったことも忘れてはならない。時期としては、１８７０年から１９０４年の間、つまり、アメリカにおいて第一次世界大戦の前に工場や組立ラインが数百万人もの労働者を取り込んだ頃の話である。そのときの激動はかなりのものであり、国家は社会的不安定への応答という形で進化した。１８８６年には労働組合が創設され、労働者の権利、週40時間労働、そして固定年金等を要求した。「労働の日」が国民の休日として定められたのは１８９４年のことだが、これもまた、30人の死者と８０００万ドル（80億円）の――今日の金額にして22億ドル（２２００億円）の――損害を伴う鉄道ストライキへの応答だった。また、アメリカでは高等学校が普通教育の一部となった。１９１０年には、アメリカのティーンエイジャー[2]のうち高校に通っていたのはたった19％であり、しかも18歳で卒業した人の割合は９％だった。１９４０年に至ると、ティーンエイジャーの73％が高校に通っており、高卒はアメリカ国民にとって標準的となった。さらに、女性参政権運動も１９２０年に絶頂に達し成功をおさめた。社会主義、共産主義、そして無政府主義は、どれも大切な政治運動だった。空気に、革命の香りが漂っていた。史実だけを頼りに考えてみたとしても、技術の進歩によって労働力がシフトしていけば、当然たくさんの対立と変化がこれから生じていくことが見込まれる。

「労働市場は新しい現実に適応し、人々は転職をする。それだけの話ではないか」

私が大学で教わったことの一つに「効率的資本市場仮説」というものがある。それによると、株式市場価格には現存する情報がすべて反映されているため、市場を超越しようという試みは時間と共にどれも失敗に終わる。しかし、プロの投資家ならば誰でも、この仮説は大いに間違っているか、少なくとも確実に不完全であると言うだろう。金融危機（リーマンショック）、行動経済学の台頭、一部のヘッジファンドの成功、そして、他のトレーダーに先立って取引所にアクセスできるようにするためにトレーディング会社が数百万ドル規模で投資を行っているという事実等々を考慮した反発である。

労働市場も、似たような意味で超効率的だと思われている。つまり、解雇や自動化によって職を失っても、人はすぐに次の適職をみつけることができると仮定されている。私たちの公共政策の多くが、この前提に基づいて設計されている。しかし、これもまた根本的に間違った考え方な

▼2：teenager　13歳から19歳までの人を指す言葉。「10代の人たち」と訳す場合もあるようだが、統計上不正確となってしまうので、カタカナ表記とした。

のである。

もちろん、強固な市場において突出した資格や才能を持つ人たちにとっては、労働市場は見渡す限り滑らかである。もしあなたがシリコンバレーで働く一流のプログラマーならば、向かいのビルに行くだけですぐに新しい高給職を手にすることができる。また、腕の立つリクルーターに職探しを手伝ってもらうことも簡単なことだ。あなたの年収の12％～15％ほどの人材紹介手数料が彼らの懐にも入るのだから。

資格や才能がなければないほど、そして、地域経済が貧しければ貧しいほど、あなたの状況は不確かなものとなる。もしあなたが工場労働者や販売員であり、勤め先のお店が閉鎖となった場合、周辺の他の工場や販売店が成長をしたり追加の雇用を生み出したりする可能性は低い。一度市場から撤退してしまうと、事態は一層深刻になる。長期間失業している人たちは、自信や能力を失う傾向がある。６ヶ月以上失業していた人材を雇用主側は大きなリスクとしてみなすという研究結果もある。[iii] 失業者は、こうしてどんどん萎縮してしまう。育児休暇をとった女性などは、たとえ高い学歴を誇っていても職場復帰に苦労するものである。

雇用市場は摩擦に満ちている。私たちは皆、実体験を通してそのことをよく知っている。しかし、私たちの政策のほとんどは、夢物語の上に立案されている。人々が州から州へ際限なく移動でき、雇用市場について熟知しており、待機できるだけの貯蓄を持っており、自分の教育について賢い選択ができ、無限の回復力があり、器の大きい雇用主に出会うことができ、雇用主から惜しみないサポートを得つつ、自分の可能性を高く評価してもらえる、という夢物語である。私はここ数年間で数百人もの人々を雇ってきた。この夢物語が現実となったケースは、残念ながらほぼ皆無である。

「なるほど、従来の雇用が消え去っていくだろうという点は認める。しかし、今の私たちには予想できないような新しい雇用が埋め合わせになってくれるのではないだろうか」

新たな革新には、必ず新たな機会が伴ってくる。また、それを具体的に思い描くのが難しい場合があることも事実である。自動運転車や自動運転トラックは、インフラ整備を要するため、もしかしたら建設部門に新たな雇用が生まれるかもしれない。小売業の死によって、無人機パイロットへの需要が高まるかもしれない。データ利用の激増によって、データサイエンティスト[3]は

▼3：data scientist　役職名。数学や論理学の知識とプログラミング能力を背景に、データの有効利用をするための戦略やシステムを設計する専門職のこと。データを単に分析することが仕事の「データアナリスト」との区別にも注意したい。技術力やテクノロジーのレベルでは、データサイエンティストの方がはるかに上である。

すでに最も人気の高い職種の一つとなっている。

問題は、新しい雇用は既存の雇用とはかけ離れたところに生まれることがほぼ確定しており、失われる雇用数よりも少ないということである。また、解職された労働者たちが有するよりも高い学歴を必要としてもいる。解職された労働者が、引越しをし、需要を見定め、新たなスキルを身につけ、新しい雇用を埋める可能性は極めて低い。

小売業を見てほしい。「商店街やメインストリート店舗の閉店は問題ではないよ。商品を配達するためには、倉庫作業員やトラックの運転手が必要だし、電子商取引のオンライン店舗の作成にはウェブデザイナーが入り用になるだろう」などと言う人もいるかもしれない。しかし、こうした雇用は商店街やその他の人口地帯から大きく離れた場所に生まれることが予想される。時がたつにつれて、倉庫作業員は倉庫ロボットを監視し操作する少数の整備士によって埋め合わせられ、配達運転手たちも少数の物流スペシャリストに取って代わられるだろう。カリフォルニア郊外にロボット監視係が200人、メンフィスに物流スペシャリストが100人、シアトルにウェブデザイナーが50人、新たに誕生したことを祝いつつ、「大卒の人々を350人も新たに雇うことができた。すばらしい！」などと言ってみることもできる。その傍ら、小売部門では、従業員5万人が解雇され、衰退する地域社会で絶望的な職探しを始めるのである。

新聞会社が紙面からネットへと出版媒体をシフトし始めた頃、人々は「アナログのドルを、デジタルのセントと交換しようってわけか」と文句を言ったものだ。同じことは、労働者たちの身にも起きようとしている。高卒者100名をどこか他の場所に住む大卒者5名か10名ほどと交換しようというわけである。

「予想外の新しい雇用は生まれるだろうか」という問いは、問題提起の仕方として間違っている。生まれるに決まっているではないか。真の問題は「数百万人の低スキル・低学歴の中年労働者たちは、自分たちが住んでいる地域で本当に再就職できるだろうか」である。

単純労働者にとって最も望みある道は、在宅ヘルパーである。しかし、この職でさえも、多くの人たちにとっては不向きである。今までずっとトラックを運転してきた人たちが、老人をお風呂に入れる仕事に満足するだろうか。また、労働条件も最悪である。平均すると在宅ヘルパーは週34時間勤務し、年収2万2600ドル（226万円）を稼ぐ。その4人に1人は、連邦貧困線を下回る世帯に暮らしており、そもそも自分自身が健康保険に加入できていないというケースも多い。部門としての離職率も高く、年間60%にまで達するという推計もある。[iv] 過去数年間で雇用創出のトップ10に入る職種のうち、在宅ヘルパーの収入はファーストフード店員に続くワースト

▼4：trading analogue dollars for digital nickels and dimes　つまり、紙等のアナログ媒体からデジタル媒体へと移れば、生産コストが10分の1や100分の1にまでおさえられる、という意味。恐らく、この文句を言っているのは、新聞業界に勤める労働者たちである。

2位だった。

「行き詰まり職[v]、と呼ぶ人もいます」と補助医療研究所代表のディーン・ビーブ[5]は言う。「重労働を伴う職種ですからね。身体的にも負荷が重いです。全職種中最も負傷率が高いものの一つですし、感情的にも負担が大きいです。顧客に密着していながら、同時に深い孤独も伴う仕事なのです」。

雇用の未来という問題への答えを、在宅ヘルパーという職に求めているうちは、事態は悪化の一途をたどるだろう。

「労働者を新しい雇用に適応させるために、政府は職業教育や再訓練プログラムを実施するべきではないか」

一見すると、すばらしい提案である。聞こえも良く、大衆受けしそうな質問ではないか。現実はというと、既存の再訓練プログラムはほぼ全く効果がないという研究結果が出ている。最近では、過去15年間における製造業者を対象としたプログラムが大規模な努力の一例としてある。解職された製造業者を対象とした連邦プログラムである貿易調整支援制度（TAA）に関する研究では、制度に参加した労働者たちは、統制群（コントロールグループ）と比べて4年間でより低い収入を得ており、特に年配の労働者たちは制度からほぼ全く何の利益も得ることができなかった。マテマティカ政策研究所が行った第三者分析では、ＴＡＡ利用者が従来の労働支援制度の利用者と比較され、前者は後者よりも低収入となっていたことや、特定の職業を念頭に置いて訓練を受けた人たちのうち、目標の職業に就くことのできた人の割合がたった37％だったことなどが判明した。[vi] ミシガンの「落ちこぼれ労働者ゼロ制度」に対しても似たような分析が行われ、そこでもまた、制度の利用者の３分の１が修了後も就職できていないということがわかった。[vii] 他の研究でも、解雇された工場労働者の失業率は40％であるという類似の結果が出ている。

クライスラー社から解雇された労働者、マル・スティーブンは、政府に費用を負担してもらいつつ、受講料４２００ドル（42万円）の個人職業訓練コースを修了したが、修了から1年が経った今でも「身につけたスキルに合う仕事はみつかっていない」とインタビューで話している。[viii]「（政府支援の再訓練は）小さくて安っぽい学校が手っ取り早く儲けるためにあるだけで、支援金は詐欺の標的になっているよ」。51歳のスティーブンは、公費で16週間訓練を受け、コンピューター技能とビジネス数学の資格を得た。他の労働者たちも、新設の営利学校が、劣悪でほぼ無内容な講座を、解雇された労働者を標的にして提供している現状について語っている。スティーブ

▼５：Paraprofessional Healthcare Institute　機関名だが、公式の邦訳はない。

ンにインタビューをした社会学者は、彼や彼の同僚は「学習という虚構」を押し付けられ、「それを履歴書に書かせることで国家は彼らに『再訓練済』のラベルを貼る」と述べている。

以上は、教育関連の支援制度を実際に利用できた場合の話である。ミシガンの「落ちこぼれ労働者ゼロ制度」では、2010年の時点で数万人もの人たちが待機させられており、その後まもなく新規申請者の受け付けが打ち切られた。ミシガンの失業者数十名を対象に行われた調査では、政府再訓練制度後援のコースを受講していた人はたった1人しかみつからなかった。他の人たちは再訓練支援を受けられなかったわけだが、その理由として、待機時間が長すぎた、受講したいコースが他の州にしかなかった、受けたい科目が支援の対象外だった、受講を一時中断する必要が出ても再訓練は連続して受けるしかない等々がある。他にも、お役所側が自分たちに利用可能な支援を特定できず、名簿に名前を書いて待つよう指示を受けたがそれっきり何も返事がないというケースもあった。

解職された労働者の再訓練をこれほど大きな規模で成功させるためには、無謀なほど多くの仮定が成立する必要がある。政府は、多種多様な産業部門で解職された労働者たちの現状を把握し、大規模な再訓練のための資金を捻出し、なおかつ一人ひとりの個別の状況に対応する柔軟性を備えていなければならない。個人の側も、需要が高い分野で再訓練を受ける余裕と意志を、各人が持つ必要がある。政府は、数千人規模で最新情報をリアルタイムに発信する必要がある。労働者は、当該の講座や学校に通ったときに、市場で役に立つスキルを建前ではなく実際に習得する必要がある。また、地域経済の中に、若い労働者ではなく再訓練を受けた中年の労働者を大量に雇いたいと思っている雇用主が存在する必要がある。

解職された人たちのほんの一部に関しては、こうした前提がすべて成り立つ場合もあるかもしれないが、大多数の人たちはそこからこぼれ落ちることになる。実態はと言うと、解職された労働者は、なんとか有能で市場価値のある存在で居続けるために、政府資金を食いつぶしたり、フェニックス大学[6]やその他の営利団体にすがりついて借金まみれになったりして、絶望的な努力を続けるのである。

従業員の効果的な再訓練に投資をすべきだという点には、異論の余地がない。しかし、解職が明らかに進んでいる場面においてでさえも我が国は再訓練を実施するのが下手である、という史実にも私たちはしっかりと向き合うべきである。それが多種多様な産業部門で大人数を対象にし

▼６：アリゾナ州フェニックスにある営利大学。在宅学習のみで資格や学位を取得できる。元々は成人に継続学習の場を提供することを目的として創設されたが、近年では金儲けマシーンに変貌したという批判を受けている。連邦政府から年間数十億ドル規模の支援を受けつつ、非常に甘い入学審査で誰でも受け入れており、受講生の学生ローン負債額は、総計３５０億ドル（３兆５０００億円）という、アメリカの全大学中最高の金額となっている。

てもうまくいくはずだ、などという未来予測は、政策提案ではなく単なる希望的観測である。

「すでに雇用が失われているのならば、失業率にそれが反映されていないのはなぜなのか」

整理しよう。そもそも、失業率とはあなたが思っているような指標ではない。

２０１７年9月現在、失業率はたった４・２％である。これは２００８年の経済危機以来最低の値だ。すばらしい、と思うかもしれない。経済学者たちも、労働力人口と同じ数の雇用が経済内にある「完全雇用」という状態がすぐそこまで来ている、などという能天気な議論をしている。問題は失業率の定義である。失業率とは、労働力人口に含まれる人たちのうち、就職活動をしているが就職できていない人たちの割合のことである。そのため、障害を負ったり、単に職探しを諦めたりして、何らかの理由で労働力人口からドロップアウトした人たちは勘定に入っていない。つまり、もしあなたが意気消沈して就職活動を止めた場合、あなたは「失業者」とはみなされなくなる。また、失業率には不完全雇用の実態が反映されない[ix]――大卒者がバリスタのような学位を必要としない職業に就くケースのことである。保守派経済学者のニック・エバーシュタットは、失業率は「非就職者の人数や割合を予測する上で信頼の置ける指標ではない。そのため、就職者に関してもこの指標は役に立たない」と言っている。

失業率とは、例えて言うなら、パーティーがうまくいっているかどうかをパーティーの参加者を見て決めるようなものである。そもそも招待されなかった人たちや、会場に入れてもらえなかった人たちは勘定に入っていない。また、会場に来てはいるものの部屋を間違えてしまったため気分を害している人たちも考慮に入らない。

労働力人口から離れ、職探しを諦めたアメリカ人の割合は、過去数十年で最大の値となっている。現在、労働力人口に入っていない生産年齢のアメリカ人は、成人の37%、9500万人という記録的な人数である。2000年にそれは7000万人でしかなかった。この変化を説明する上で、学生や退職者の増加という人口統計はある程度有効である。それでもなお、現在、労働力人口からこぼれ落ち、就職を希望してはいるが失業率には含まれていないアメリカ人が500万人もいる。記録的に低い労働力人口比率や、不完全雇用を含む「U6」失業率[7]を参照してみると、特に若年層に関して、高いミスマッチ率や不健全な労働市場の実態が浮き彫りになってくる。

▼7：U6失業率とは、失業者に加え、就職活動を諦めた人たちや、フルタイム雇用を望むパートタイム労働者を含めた数値。ちなみに、政府発表やニュース報道などで一般的に用いられるのは、U3失業率である。U3には、定義上、例えば週当たり1時間働いている人や就職活動を諦めて労働力人口からドロップアウト寸前の人等々が含まれていないため、多くの場合、実態よりも楽観的な数値が出るようになっている。

ニューヨーク連邦準備銀行の計算によると、近年の大卒者の不完全雇用率は44％だった。[x]U6失業率は、2017年5月には8・7％だった。[xi]これは公式の失業率のほぼ2倍である。U6は、現実をより如実に反映した数値であり、過去10年間で9％から16％の間を行き来している。

失業率は誤解を生みやすい数値である。不完全雇用率や労働力人口比率についての議論を伴わない限り、私たちは失業率を信頼してはいけない。

「技術革命が本当に起きているのならば、なぜ生産性の増加がみられないのか」

意外な質問という気がするだろう。しかし、これは実は経済学者や教授たちの間で活発に議論されている問題なのである。より少ない数の人たちが、テクノロジーの力を借りてより多くのことをこなしているのであれば、生産性の急上昇が見られるはずである。ところが、生産性に関する数値はここ最近低下してきている。よって、自動化による解職の心配には根拠がない、というわけだ。

これにはいくつか説明の仕方がある。まず、生産性指標そのものが事後的であるという点。例えば、自動運転車両に関して言えば、数万台単位で導入されるまでは生産性指標には全く反映されない。しかし、自動運転車の導入は、近い将来必ず起こる。人間はガチョウのように頭を砂の中に埋める必要はない。周りをよく見て、未来について合理的な予測をすることができる。指標だけに頼った現状把握は、嵐が来てから雨戸を閉め始めるようなものである。

別の説明として、生産性に関する数値の低下は、やることがなく放置されている労働力の過剰性の表れであるという見方もある。『エコノミスト』誌のライアン・エイヴェントの理論によると、テクノロジーは、人間と機械の両方で労働力の過剰を生み出したが、低い労働力コストと低成長経済との影響で企業は新たなテクノロジーへの投資を渋り、結果として生産性の成長が低くなる。つまり、人間を安価で雇うことができるため、雇用主側には革新を進める動機があまりないのである。

例えば、アメリカの労働者の10％の仕事を代わりに担うロボットを数年かけてゆっくり開発していったとしよう。その期間中で失業率は10％だけ増えるだろうか。実は、増えないのである。解職されていく労働者たちは、なんとか食いつないでいこうとありあわせの職に就くはずであり、賃金は下がり生産性も低くなる。そうなれば、労働力をさらに自動化して労働力人口比率をさらに下げる動機もなくなる。実は、この説明は私たちの現状とほぼ一致する。

生産性統計に、より少数の労働者に対する出力の急上昇がみられない背景には、大きな理由がもう一つ存在する。私たちの経済は、少なくとも建前の上ではまだ拡大期にある。そして、雇用主は、最も困難で最も不人気な決断を最後の最後まで先送りにするものである。

２０００年代半ば、私がまだ自分の教育会社のＣＥＯを務めていた頃、私たちは社として数年間も大きな成長を味わうことができた。景気のよい時代であり、太っ腹のリーダーを演じるのはそう難しくはなかった。差し入れが出るのは日常茶飯事であり、社員旅行にも頻繁に行った。社員のためにニックスやメッツのシーズンチケットを買い、社内の各部に配ったこともあった。昇給やボーナスもはずんだ。

ところが、あるとき前年比で収益が落ちた月があった。２００９年1月のことだが、不吉な予兆のようにも感じられた。私は早速オフィスにこもり、何通りかのシミュレーションをした。事業縮小の筋書きでは、人員の見直しや効率性の向上が求められた。具体的には、新規採用の停止、中核ではない業務の外部委託、予定されていた昇給の減額、そしてベンダー[8]との再交渉、といった対策である。私たちは、非の打ち所のないすばらしいチームだったが、事業が窮地に陥った場合、最近採用したばかりの新入社員数名を解雇する可能性も視野に入れておこうと思った。好景気ならば、新入社員の解雇など頭をよぎりさえしなかっただろう。

2月になり、収益が再び大きく伸びた。私は、緊急事態計画の中から会社にとって有益だと思われる事項を一つだけ実施し、残りをゴミ箱に捨てた。

ダン・ギルバートは、「いつも自分のチームに言い聞かせていることがあるんだ。迷ったら成長を選べ、ってね」と私に言ったことがある。管理職チームは、成長の道を常に模索し、機会を必ず成就させようとするものである。たしかに効率性を重んじる場面もあるが、いつでもそれが最優先事項であるわけではない。比較的潤っている時期には、他の人たちから嫌われるようなことをする必要もない。

しかし、経営が切羽詰ってくると、管理職チームはコスト削減の大義名分のもとに業務全般を厳しく見直し始める。人材、各種手続き、テクノロジー、ベンダー、供給元、取引先、リース契約、休暇イベント等々、あらゆるものごとが掘り下げられる。そして、必要不可欠であるとしてくぎ付けにされている項目以外は、コスト削減を受けたり、スパッと切り捨てられたりする。くぎが打たれている項目に対しても、くぎ抜きが用いられるかもしれない。

過去の解雇事例を見てみると、景気後退が起こるまでは一定のペースで解雇が進み、不況になって初めて雇用主は狂ったように効率性を追求したり、従業員を切り捨てたりし始めることがわかる。

▼8：vendor　事業に必要な物やサービスの供給元の総称。「製造元」「販売供給元」「売主」等々、文脈に応じて色々な訳し方があるが、ここでは原文が広義の意味でこの言葉を使っているので、曖昧さを残して「ベンダー」とした。

新規失業保険申請件数（1970年～2016年）

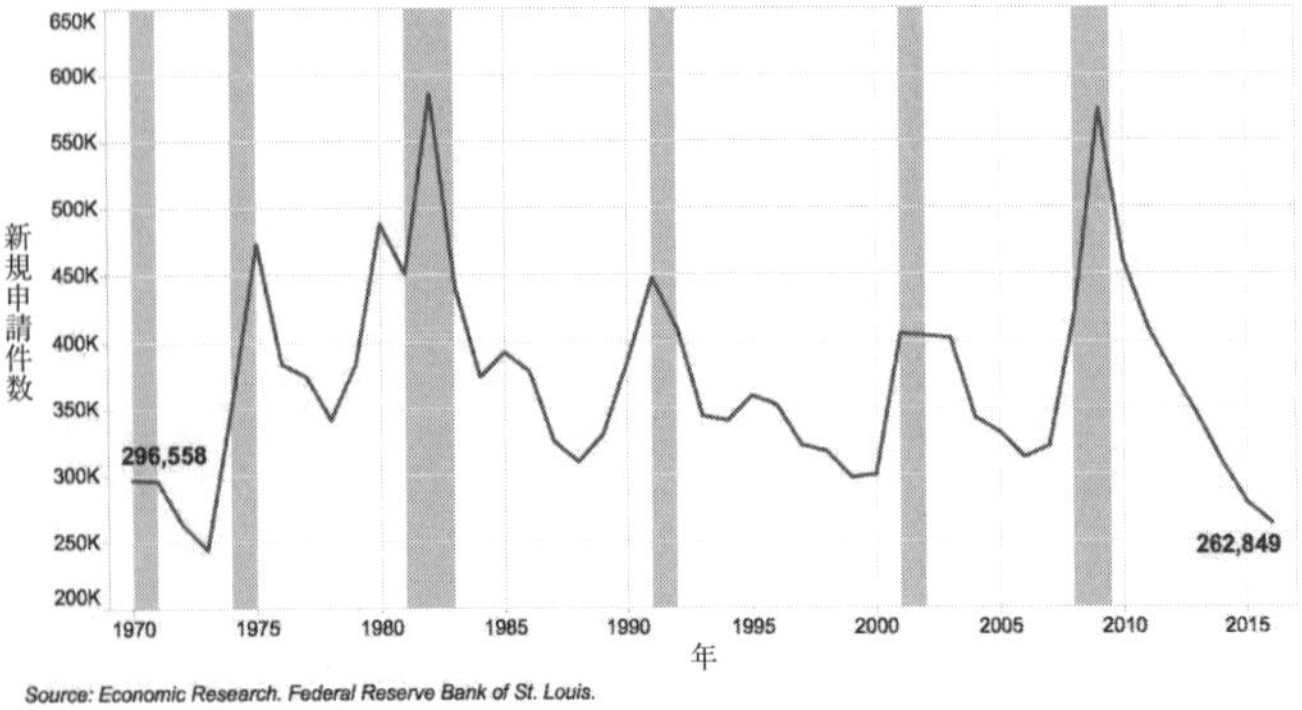

出典：セントルイス連邦準備銀行

自動化のもつ影響力は、次の景気下降のときに初めて本格化するだろう。企業は、コールセンター従業員や顧客サービス部を、人工知能や、機械と労働者のハイブリッド形態によって置き換えるだろう。ファーストフード会社のＣＥＯたちも、ハンバーガーの調理師ロボットを試すようになるだろう。運輸会社も、コスト節約のためなら何でも快諾していくだろう。大手企業は、会計業務や法務のコストがなぜこれほど高いのか、疑問を持ち始めるだろう。例は枚挙にいとまがない。コストをカットするための刀が振りかざされ、新しい自動化ツールがその後押しをする。企業は従来の業務をより少数の労働者を使ってこなすようになり、生産性が最悪の形で急上昇する。公共部門においても、税収が減る中、爆発的なニーズに対処する必要が生じる。

「はじめに」で、私たちは１度ずつ熱くなっていく水の中で泳ぐカエルのようなものである、と書いた。より正確に言うならば、加熱されているのは水ではなく、オーブンかもしれない。

第2部 私たちのゆくえ

Part2 What's Happening To Us

第9章　カプセル[1]の中の日常

6つの場所への6つの行き方

「普通の」アメリカ人について、これまで話を進めてきた。ベンチャー・フォー・アメリカ（VFA）を立ち上げる前に、私は大学生を対象とした国家試験対策会社を6年間経営した。そのおかげで、高い学歴を誇るアメリカ人の動向を間近で見ることができた。彼らの進路は決まりきっており、どれも同じようなものである。自覚の有無に関わらず、高学歴なアメリカ人の多くは、労働市場が縮まっていく中、持続性のある進路を狙って自分の勉強の分野やキャリアの方向性を変えている。

VFAの内輪のジョークにこんなものがある。「賢い」アメリカ人には、できることが6つしかなく、行ける場所も6箇所しかない。つまり、金融、コンサルティング、法律、テクノロジー、医療、または学問を、ニューヨーク、サンフランシスコ、ボストン、シカゴ、ロサンゼルス、またはワシントンD.C.でするしかない。ウォール街に行って金融の魔法使いになったり、シリコンバレーに行ってテクノロジーの天才になったりするのが、現代で「一番賢い」選択肢だという社会通念がある。

　金融部門やテクノロジー部門は、毎年巨大な人材供給ルートを確保するために何千万ドルというお金を費やしている。大学のキャンパスを訪れ、最優秀の人材をストーカーのように尾行し、食事、お金、お酒、航空券、名誉、地位、訓練、人脈、そして同調圧力等々[▼2]、ありとあらゆる手を尽くして自分たちの陣営に引き込む。金融業界で働く友人によると、彼女の会社は高級雇用1件当たり約5万ドル（500万円）をソーシングやリクルートメントに費やすらしい。某ヘッジファンド会社などは、なぜ自社の人材募集に応じなかったのかを候補者から聞き出すためだけ

▼1：bubble　自分の属する地域社会の外で起きていることが一切視界に入らないような場所を表す。「シャボン玉」と直訳してしまっては不自然になってしまうが、かといって「バブル」などと訳しては経済バブルとの混同を招くだけである。やや意訳になるが、「カプセル」という比喩をここでは用いた。

▼2：peer pressure　仲間同士を競争させることで作り出される圧力。例えば、クラス全員が東京大学を受験するようなエリート進学塾では、大きな同調圧力が生じる。

にダートマス大学の学生に一人当たり100ドル（1万円）を払った。コロンビア大学のキャリア相談オフィスには、なんとゴールドマン・サックス専用の部屋が用意されている。ウォール街の某銀行で働く友人は、カリフォルニア工科大学からわざわざ博士号取得者を引き抜いてひたすら取引アルゴリズムを書かせるのはどこか違和感があると言う。「火星探査ミッションとか、もっとそういうことをしてもらうべきだと思うのだけど」。それでも、彼は毎年のように同じことを繰り返している。

シリコンバレーの若者たちは、ほとんどの場合、超優秀な大学を卒業し、普通のアメリカ人が10年かけても稼げないような給料をたった1年で稼ぎ出す。夏期研修生――つまり、エンジニア以外の人――ですら、テクノロジー会社に行けば、月7000ドル（70万円）以上の収入に加え週末に実家に帰るための航空券等の手当てをもらうこともある。競売戦争の渦中で、新卒エンジニアに万や十万単位でボーナスが支払われる。グーグル社は、適材を求めて、スタンフォード、バークレー、カーネギーメロン、MIT等々のトップ大学を隅々まで調べつくし、十万ドル（1000万円）単位の初任給とボーナスをオファーする。フェイスブック社は、トップ校でハッカソン[3]を開催し、教授たちと親交を深めており、学生にとって当然の就職先となり、最も目立つ雇用主となるよう、これでもかというほどの投資を行っている。シリコンバレーにおける平均所得は20万ドル（2000万円）に近づいている。一層潤沢なエクイティによる報酬（すなわちストックオプション）がそれに上乗せされるのは言うまでもない。

秀才たちは当然、このような風潮を敏感に察知している。スタンフォード大学では、人文系を専攻する学生の割合が、かつては20％だったものが２０１６年には7％にまで急落した。歴史学科や英文学科では、かつて人気を誇っていた講義に学生が来なくなり、パニックが起きた。スタンフォード大学は「スタンフォードテクノロジー研究所」になったんだよ、と事務員が私にジョークを言ったこともあった。一流大学の卒業生の進路について、最新のデータを次頁にまとめておく。

国立大学の卒業生たちは皆、同じ場所で同じことをしている。私の母校、ブラウン大学の場合、２０１５年の卒業生の80％が、ニューヨーク、ボストン、サンフランシスコ、そしてワシントンD.C.の4都市のいずれかに行った。同じように、ハーバード大学の２０１６年度卒業生の半数以上は、ニューヨーク、マサチューセッツ、またはカリフォルニアへ引っ越す予定を立てていた。同年、イェール大学4年生の74％も、ニューヨーク、カリフォルニア、コネチカット、マサチューセッツ、そしてワシントンD.C.のいずれかへ就職した。MITの卒業生は、マサチュー

▼3：hackathon hackingとmarathonを掛け合わせた造語で、ソフトウェア開発者たちが集まってマラソンのごとく集中的にプログラミングをするイベントのこと。

大学卒業生の主な就職先

大学	金融部門	コンサルティング	テクノロジー及び工学部門	大学院	法務部門	医科大学
ハーバード	18%	21%	18%	14%	13%	16%
イェール	16%	13%	15%	12%	15%	17%
プリンストン	15%	9%	9%	14%	11%	12%
スタンフォード	11%	11%	16%	22%	6%	17%
ペンシルベニア大学	25%	17%	15%	12%	9%	13%
MIT	10%	11%	51%	32%	0.4%	5%
ブラウン	13%	10%	17%	15%	9%	17%
ダートマス	17%	14%	8%	16%	10%	14%
コーネル	19%	16%	18%	19%	9%	17%
コロンビア	23%	11%	19%	19%	12%	16%
ジョンズ・ホプキンズ	14%	19%	13%	28%	7%	31%
シカゴ大学	27%	11%	16%	14%	11%	11%
ジョージタウン	23%	17%	9%	7%	20%	15%
平均	18%	14%	17%	17%	10%	15%

Source: The Career Services Office of the college.
出典：大学キャリア支援室

セッツに留まるか、カリフォルニアまたはニューヨークへ引っ越すことを好むようである。スタンフォード大学の2015年度卒業生の場合、カリフォルニアにとどまることを選ぶ人が圧倒的に多かった。

つまり、私たちの国立大学は全国75％の地域にとっての人材流出装置となってしまっているのである。例えば、ウィスコンシン、バーモント、ニューメキシコ等の出身の野心家たちは、ペンシルベニア州立大学やジョンズ・ホプキンズ大学に進学した後、恐らくニューヨーク、カリフォルニア、そしてワシントンD.C.のような場所へ引っ越したきり、故郷の州には二度と帰ってこないだろう。

金融部門とテクノロジー部門に、優秀な教育を受けた人材のほとんどが吸い取られてしまっている。いわば、国土の両端に設置された2つの大砲が、利益率と効率性の向上を推進し続けているのである。本来ならば、テクノロジー、資産益（キャピタル・ゲイン）[4]、そして円滑な事業普及は、普通のアメリカ人にも恩恵を授けるはずだった。残念ながら、こうした恩恵は機会の劇的な減少という欠点によって帳消しにされてしまっている。お買い得なTシャツ、景気の良い株式

▼4：capital gains　株式や不動産などの保有資本の価値が、購入価格に比べて高くなることで得られる利益や所得のこと。

大学卒業後の人気就職先州

大学	ニューヨーク	マサチューセッツ	カリフォルニア	ワシントンD.C.	合計
ハーバード	24%	20%	15%	該当なし	59%
ペンシルベニア大学	38%	該当なし	11%	6%	55%
MIT	8%	44%	23%	該当なし	75%
スタンフォード	7%	該当なし	75%	該当なし	82%
ブラウン	36%	20%	19%	8%	82%
ダートマス	25%	16%	15%	6%	62%
ジョージタウン	30%	3%	6%	24%	63%
イェール*					74%

*アメリカ国内在住のイェール大学最終学年生の74.2%は、次のいずれかの州への就職内定を報告している—ニューヨーク、カリフォルニア、コネチカット、マサチューセッツ、またはワシントンD.C.

Source: The Career Services Office of the college.

出典：大学キャリア支援室

市場、そして多彩なアプリがあっても、そもそも株式を持っていなかったり地元の工場や商店街が閉鎖に追い込まれたりしている人たちにとっては焼け石に水である。

なぜこんなにも多くの秀才が、同じ場所で同じことをしているのだろうか。彼らは成功への願望に突き動かされているが、人材供給ルートの構造も相まって、「成功」の明確な定義が限定されてしまっている。お金、地位、訓練、恋愛の充実、同調圧力、そして立身出世という基準は、全員を同じ方向へ動員するらしいのである。

このような均一性のもう一つの原動力として、経歴至上主義や市場至上主義へと向かわせるような不安と競争のまん延がある。一歩間違えただけで最悪の経済社会的な惨事が身に降りかかるのではないかという空気がある。そのため、若者たちにとって大学はもはや知的探究の場ではなく、自分の将来の可能性や人生の大部分を決定づける大規模な選別装置となっている。

学生たちが高給職に就くよう圧力を受けている理由の一つに、記録的に高い奨学金負債がある。特に過去10年間で、学生ローンの負債総額は他の負債と比較して爆発的に増えた。アメリカでは最近、学生ローン総額が１兆４０００億ドル（１４０兆円）を突破した。それは２０１１年には５５００億ドル（55兆円）であり、１９９９年にはたった９００億ドル（９兆円）でしかなかった。大学卒業時の未返済負債の平均金額は3万７１７２ドル（３７１万７２００円）であり、借金を抱えている学生の数は４４０万人にのぼる。債務不履行率も確実に伸びてきており、11・

学生ローン負債とその他の家計負債の累積成長の比較（2003年～2017年）

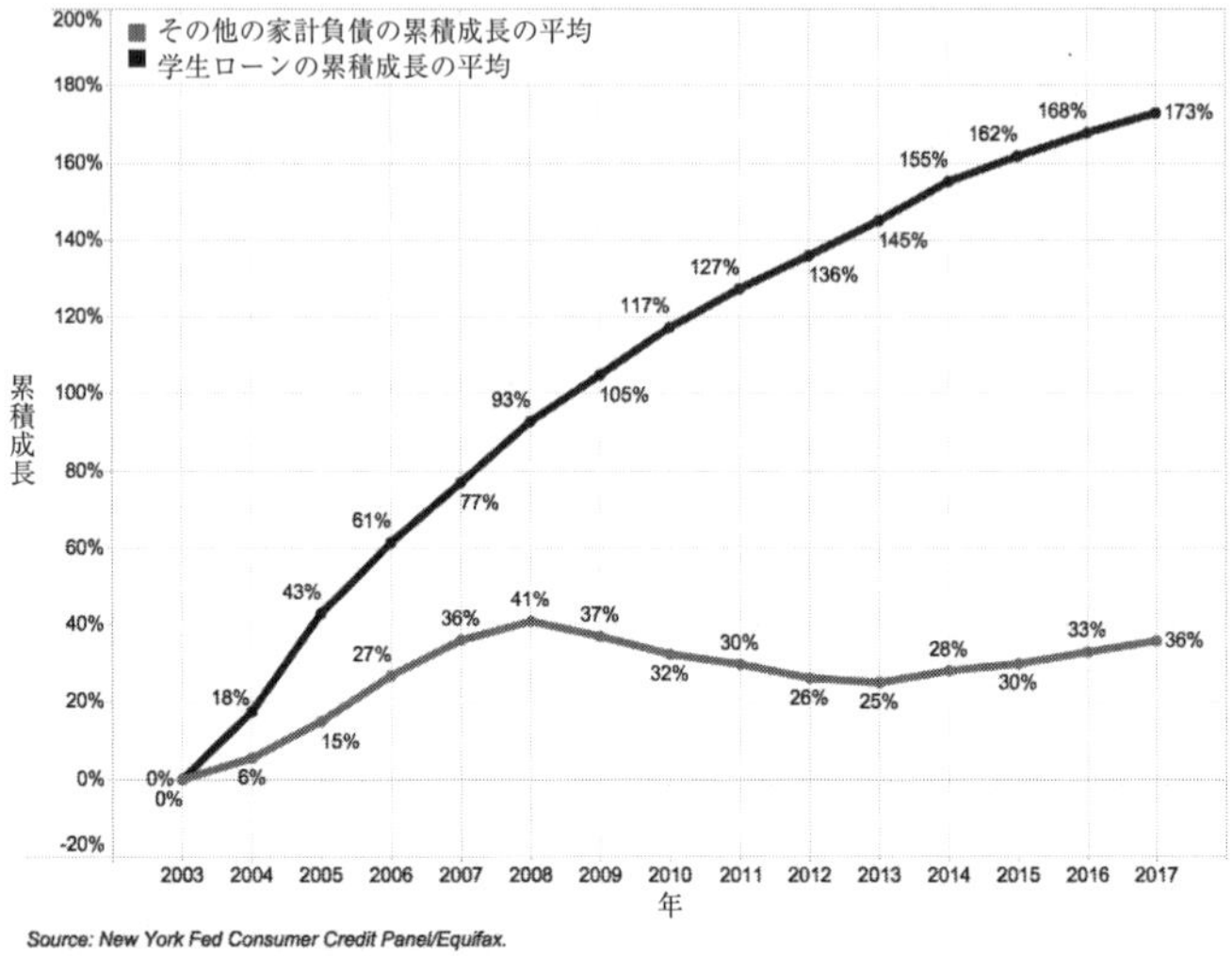

Source: New York Fed Consumer Credit Panel/Equifax.

出典：ニューヨーク連邦消費者信用委員会

2%に達している。

裕福で高学歴な家族の子どもたちでさえ、異常なまでに強い不安と憂鬱を感じている。大学生の処方薬の使用量も、記録的な高さとなっている。[i] 大学内の相談室の利用量も記録破りで、人手不足で悲鳴があがっている。カウンセリングへの需要は、ここ10年間で進学率の5倍も増えている。南カリフォルニア大学は、設備の充実した私立校だが、ここでさえも緊急ではない受付の場合待機期間は6週間~8週間である。他の多くの大学もまた、需要を満たすことができずに同じような困難を抱えている。スタンフォード大学学部長のジュリー・リスコット=ヘイムスは、2015年の著作の中で、学生たちの性格の変化について見解を述べている。彼女によると、一世代前の学生は自立した若い成人として振舞っていたが、今の学生は「壊れやすく」「立ち振る舞いに力がない」[5]らしいのである。2014年にアメリカ大学保健協会（ACHA）が10万人の大学生を対象に行ったアンケート調査[ii]によると、自分が今やるべきことの重圧に押しつぶされそうだと感じている人たちが86％、不安に押しつぶされそうだと感じている人たちが54％もいた上、過去12ヶ月間で自殺を真剣に考えたという人たちはなんと8％もいた。

恋愛関係にも変化が起きている。多くのキャンパスでは性差が広がっており[iii]――全国的には、57％対43％という割合で女性が男性に数で勝っている――結果として「フックアップ文化」[6]が奨励され、他者とのつながりを実感することができなくなってきている。学生たちの3人に1人が、

▼5：existentially impotent　ちょっと違和感のあるフレーズで、英語として意味が通っているか微妙なので、字義通りの訳ではなく意訳という形をとった。

▼6：hookup　主にセックス目的で、気軽に異性に話しかけて関係を持つこと。また、セックスをしても、真剣な恋愛関係には発展させないようにすることを指す言葉。日本語の「セフレ」よりもさらに気軽な関係である。ウェードの言う「フックアップ文化」とは、フックアップが容認されるだけではなく、フックアップこそが性生活の常識であるとする文化そのものである。そのため、フックアップ文化の中で生きる人たちにとっては、真摯な関係はタブーとされており、欲望以上の何かを性生活に持ち込むこと自体がおかしいとされる。

過去にもった親密な関係について「悪夢のようだった」「手に余るものだった」と言っており、過去1年間でセックスを強要されたりレイプされたりしたことがあると答えた学生は10％もいた。学者のリサ・ウェードいわく、現代の恋愛環境では、関係が終わった後は、数日間にわたって相手をおとしめ、「勘違いさせない」ようにするという慣習が支配的だそうだ。たった数世代前までは、愛や、場合によっては恋人や結婚相手を見出すためにあるはずだった環境が、今では明朝には相手を無視できるだけのデタッチメントを証明する場と成り果てているのである。

私が大学に出願したのは1992年のことである。スタンフォード大学とブラウン大学から合格通知が届いたとき、私の両親は心から喜んでくれた。当時の合格率は、スタンフォードが21％、ブラウンが23％だった。今では、スタンフォード4・8％、ブラウン9・3％というところまで厳しくなっている。当時は難関校と呼ばれていた大学も、今では生まれた日から入念に将来を計画され、英才教育を受けた子どものみが入れる場所となってしまっている。このような競争は絶え間ない前進を要求する。「名のある人物にならないといけない、という圧力を、常に感じるよ」とVFAの卒業生の一人は語る。投資銀行で研修生として働いた後、現在はスタートアップで仕事をしている人である。「お祝いの席でさえも、次の競争への序章にすぎないんじゃないかっていう気分にさせられたものさ。友達もみんな野心に満ちているけど、はけ口がみつからない。直感だけど、自分の幸せを犠牲にしてもう少しだけ速く走ろうと、みんなあくせくしている気がするね。その先に何があるのかは、誰もわかっていないけれど」。

「横綱になれないのなら、土俵に上がる意味すらない」。そう言ったのは、ウェストチェスター郡で育ち、最近ノースウェスタン大学を卒業した学生である。

もちろん、このような従属を嫌い、選択と冒険の自由を希求する若者たちも存在する。プリンストン大学の4年生が一度私にこう言ったことがある。「一度入学すると、みんな危ない橋は一切渡りたくないと思うようになる。具体的な行動を起こすよりも、失敗を避ける方が先決になってしまうんだ」。別の学生はこうこぼした。「とにかく、大学生活は忙しすぎるよ。立ち止まってゆっくり考える時間があったらどんなにいいだろう」。まるで考えることと大学に行くことが全く別次元の話であるかのような言い方である。

ウィリアム・デレズウィッツ[7]は、『優秀なる羊たち』（邦訳、米山裕子訳、三省堂）において、今の野心家の世代は「理由がわからないまままただ成功を追い求める」のだと言う。そして、次にすべきことがわからなくなった途端、彼らは立ち往生してしまう。私も若い頃はただ良い成績をとるためだけに毎日必死に勉強したものだ。「優」がもらえると、30秒くらい意気揚々としたが、その後すぐにむなしさが襲ってくる。成功への渇望に伴う不安を、私は「達成の悪魔」と呼んで

▼7：William Deresiewicz　作家・ジャーナリスト。元イェール大学教授。

いる。達成への渇望は、私だけでなく、数千人の学生が抱くものである。その背景には、家族からの圧力、疎外感、そして自分は頭脳明晰で、才能があって、将来何か大きなことをするために生まれてきたのだという自己イメージがある。こうした感覚の底には、勝者の輪から脱落した者には想像を絶するような悲惨な運命が待ち受けているのだという恐怖がうごめいている。

「甘やかされた大学生が憂鬱になったからどうしたというのだ」と思う方もいるかもしれない。問題の本質を理解するためには、例えば、18歳～30歳の人たちによる民間企業の所有率は1989年と比べて60%以上も下がっている[iv]、という統計を考えてみよう。『ウォール・ストリート・ジャーナル』誌には「絶滅危惧種――アメリカの若手起業家」と題された記事が掲載されたこともあり[▼8]、ミレニアル世代は事業立ち上げという点では近代史上最も起業をしない世代となりつつある。憂鬱で、借金を抱え、リスクを嫌う若者たちは、新しい会社を立ち上げようとは思いにくいらしい。その影響はこの先数十年にわたって続くだろう。

さらに突き詰めて考えてみると、大衆を蹴散らして教育実力主義の頂点に上り詰めた勝者たちでさえこれほどまでに不幸な思いをしているというこの現状自体が、どこかとんでもなくおかしい。「そもそも私たちは何のために闘争と競争をしているのか」と、誰もが自問している。答えを知る者はいない。「海岸部市場の一族に入り、必死で働くため」というのが一応の答えとして出回っているが、機会は日に日に減っている。そして、この答えが気に入らない場合、代案はほとんどない。

２０１１年にＶＦＡを始めたとき、私は新しい答えを提示したいという思いを抱いていた。全国の多様な地域で新事業を構築していくという新しい道である。それは、生産的なだけでなく、人格陶冶にもなるはずだと思った。ＶＦＡの存在意義表明（ミッション・ステートメント）には、次のような言葉がある。

価値の創造、リスクと報酬、そして公共善（コモン・グッド）を含む「達成の文化」を回復すること。

また、ＶＦＡへの参加を希望する者には、次の信条に従うようお願いをした。

自分のキャリアには、自分の価値観を反映させる。

リスクをとる覚悟がなければ、勇気があるとはいえない。

▼８：millennials　１９８０年〜２０００年までの間に生まれた人たちを指す言葉。

価値の創造というものさしで、成果を評価する。

自分や他者のために、機会を創造する。

いついかなるときでも、高潔な態度で行動する。

なるほど、ひどく高尚で理想主義的な信条かもしれない。２０１２年に、１期生たちの前でこのような価値観について話したとき、たしかに私は少し照れくさい気持ちになった。心配は無用だった。ＶＦＡのもつ使命感と共同体感覚は、喉が渇ききった人たちにとっての水のようなものだった。ＶＦＡの卒業生たちは、共通の価値観と、共に困難を乗り越えようと頑張った経験とによって、強い友情や人間関係を築き上げてきた。個人の進路や決断を後押しすることで、ＶＦＡはたくさんの人たちが抱えていた空虚感を払拭した。問題は、ＶＦＡのメンバー一人ひとりの後ろには、同じものを求めている若者たちが１万人ずつ列を作って待っているという現状である。

カプセルの中の日常

全国の若者たちと10年間にわたって仕事をしてきたが、それでも私はマンハッタンやシリコンバレーに住み続けてきた。こうした場所を私は「カプセル」と呼んでいる。カプセルの中の日常や職業は実に摩訶不思議なものである。

最近、不動産投資会社で働く友人と夕食をとる機会があった。場所はマンハッタンの日本料理店。近況報告を交わした後、私は彼に、最近また豪華ホテルを買っているのかどうか尋ねた。数年前にホテルを割引価格で紹介してくれたことがあったからである。

「リスクを引き受ける意欲が失せてきてしまってさ。最近、僕らが何を買っているか予想できる？　トレーラーパークだよ」と彼は答えた。

私は興味をかきたてられた。「そうなの？　それはまたなぜ？」

彼はこう答えた。「投資先としてなかなか良いんだよ。借り手の方は、移動式住居を停めておくための場所代と水道料金や電気料金なんかを払う。僕らの仕事といったら、たまに掃除をして水道の蛇口を点検するくらいなものさ」。

犯罪は起きないのか、と私はきいてみた。

「犯罪率はとても低いよ。賃料を滞納した場合、1日以内に通告が行くようになってる。僕らの監視の厳しさを、みんなよくわかっているんだ。それに、これよりも安く暮らせる場所は他にはない。多くの人たちは、トレーラーパークを追い出されてしまったら、あとは路頭に迷うしかないんだ。だから賃料の支払いに全力を尽くしてくれる。僕らにとっては、安定した優良投資先ってわけだ」。

「なるほど、面白い。それで、成長戦略はあるの？」。

彼は肩をすくめた。「そうだなあ。そのうち賃料を上げるかもしれないね」。

自動化とは全く関係のない話だが、私たちの活動を示す絶好のやりとりだと思ったので、紹介した。つまり私たちは、市場効率性を最大化し、それと引き換えに料金を徴収し、苦しみを甘受するのである。▼9

私の友人の多くは、テクノロジー部門で働いており、自分たちが他人の雇用を自動化によって奪っていることを自覚している。このことを営業文句に使う人すらいる。労働者の数を減らすことでいかにコストが削減できるか、大っぴらに語る人たちもたくさんいる。

私の知り合いのテクノロジストや起業家たちは、大半が善人である。「普通の雇用を削る仕事」と「豊かな機会を創造する仕事」のどちらかを選べと言われたら、彼らはこぞって後者を選択するだろう。そのためなら多少の減俸もいとわないという人すらいる。しかし、残念ながら、これは架空の選択肢でしかない。彼らは自分の与えられた仕事を精一杯こなし、あとは市場に委ねるのである。自分の成功と引き換えに数十万人のアメリカ人が職を失うという事実に、胸を痛めることもあるかもしれない。しかし、彼らは進歩主義者であり、自分たちの仕事も大局的に見れば善であるはずだと信じている。

反論したくもなるだろう。しかし、立ち止まって考えてみてほしい。そもそも、自分の行動のもつ社会的な影響を解析するのは、革新者の仕事ではない。彼らの仕事は、費用対効果を最大化するための革新を市場で創造し、そこに資金提供をすることなのである。それ自体すでにかなり難易度の高い仕事ではないか。

社会について考えるのは、私たちの仕事である。つまり、私たちの政府やリーダーたちの仕事である。

残念ながら、こうした議論について、私たちのリーダーたちは遅れをとりすぎている。彼らはプレスリリース戦争と、テレビ番組出演と、資金集めのための晩餐会とで、てんてこ舞いなのである。また、ほとんどの場合、彼らはテクノロジーについての知識に乏しいので、革新者たちを

▼9：take tolls　多義的な言い回しで、賃料のような料金の徴収を意味すると共に、人間の死や苦しみなどを表す言葉でもある。この多義性をキープするために、ここでは2節に分けて翻訳をした。

担ぎ上げて、何とか自分たちの側につけようとする以外にできることがない。一方、テクノロジストの側はといえば、政府を邪魔者扱いする傾向があり、できるだけ政府を無視し、必要とあらばロビー活動を行って手なずけつつ、自分の世界で色々なものごとをより良く、より速く、より安く、より自動的にしていくのである。

ここには惨事の材料が整っている。テクノロジーが私たちの経済や社会を変革していく傍ら、その影響に対して政治家たちは効果の薄い対策を数年遅れで実施したり、最悪の場合、現実を完全に無視したりしている。

もちろん、カプセルの住人たちにも苦労はある。私たちも将来への不安を感じている。身動きができないまま、自分の子どもたちのためにとピラミッドの頂上で競争を続けている。家族か業務かという選択を常に迫られており、少しでも休みをとったらたちまち競争に負けるのではないかという恐怖に苛まれている。女性たちは、子どもと過ごす時間――あるいは、育児にかける時間――をとるか、職を維持するかという問題を常に突きつけられている。男性たちは、走り続けるか、追い越されるか、人生の選択を迫られている。子どもたちも、片一方の親だけとしか関わらなかったり、場合によっては両親に全く関わらなかったりして育つことに慣れていく。私たちは、最悪の事態が起きたらどの外国に逃げようかなどといったことを、内輪で当然のごとく語る。そして、超高額なカプセルの中に住むお隣さんたちと自分を比べ、不満を募らせる。

　時々、より和やかで子どもに優しい環境へと移住する人もみかける。羨望のまなざしを彼らに向けつつも、私たちは諦めずに頑張っている自分たちを自画自賛する。建前の上での人情には限界がある。私たちは戦士なのだから。私たちの組織に非戦闘員は必要ない。長時間労働をしつつ、常時臨戦態勢を保ち、疲れを知らない、そんな自分たちに誇りをもつ。

　カプセルの中では、市場がすべてを支配している。例えば、人格とは何か。それは、英才教育プログラムで試験に備えて子どもたちに読み聞かせる本に出てくる観念にすぎず、あるいは、上司や部下とうまく折り合いつけるための手段であり、個人の人脈を広げるための効果的な方法のことである。程度の差こそあれ、私たちは皆、自分たちが革新と効率性の波にもまれる奴隷であることを自覚している。水位が上がれば、私たちは抗議の声を上げつつ高地を目指して這いのぼる。そして、なるべくお互いの邪魔にならないようにしながら、できる限り「しなやか」で「売れる」人材であり続けようとする。刹那的な慈善行為こそ、私たちの十八番である。救いの手を差しのべはするが、痛みを分かち合ったり自分の地位を犠牲にしたりするところまではいかない。そんな初歩的な間違いは犯さない。

　私たちの多くは、カプセルの中の実力主義社会を生き抜いており、そこから得た教訓を内面化している。実力主義制度の基盤となる論理は次のようなものである。あなたの成功は、あなたの頭脳と努力と道徳心の賜物である。あなたの貧困や失敗は、あなたの怠惰と愚かさと陳腐な性格が招いた結果である。頂点に君臨する者たちは、そこにいる資格を持っているのであり、底辺にいる人たちは自分以外の何物も恨んではならないのである。

このような前提がいかにひどく間違ったものであるかを、私は実体験から知っている。子どもの頃の私には、厳しい両親に育てられ、標準テストの解答用紙を埋めるのが上手だったという以外は、ほとんど何も特権がなかった。ジョンズ・ホプキンズ大学の秀才若者センター（Center for Talented Youth）に行くことができたのも、学習基礎能力試験（ＳＡＴ）の点数が良かったからである。また、フィリップス・エクセター・アカデミーへ進学できたのも、中等学校入学検定試験（ＳＳＡＴ）の点数が良かったからである。スタンフォード大学とブラウン大学に合格したのも、ＳＡＴの点数のおかげである。コロンビア大学法学部に行くことができたのも、法学系大学院共通入学試験（ＬＳＡＴ）の点数が良かったからである。そのおかげで、数十万ドルの高給職にすぐに就くことができた。教育会社のＣＥＯになることができたときでさえも、ビジネススクール入学共通試験（ＧＭＡＴ）で良い点数をとったことが理由であると言えるかもしれない。

テストの成績は、人格、道徳、そして労働倫理とはほとんど何の関係もない。テストで点をとるのが上手だという以上の意味は、そこには一切ない。私よりもたくさんの努力をしてきたにも関わらず、私よりも悪い成績をとった人たちはたくさんいる。努力に努力を重ねて復習をしたクラスメートが、テストの結果を見て泣いていた場面を、私は今でもよく覚えている。

アメリカでは、努力と人格が成功を生むのだといわれている。それは違う。実際の成功は、ほとんどの場合、テストで点数を稼ぐ能力と家庭環境の結果であり、そこに何人か例外的なケースを混ぜることで公平性という建前が維持されているだけである。学校の勉強やテストの点数によって定義された狭義の「知性」が、今では人間の存在価値そのものを表すようになってしまった。そのすぐ後には効率性がつづく。既存の制度では、ほんの一握りの才能が他のどんなものよりも高く評価される。私は特定の能力を持っていたおかげで、上へと押し上げられた。他の人たちは、既存の学校制度では全く評価されない能力に長けていたがために、人生の可能性の地平を皆そろって下げられてしまった。意気消沈して、自分は貧しくても仕方がない、自分には豊かになる資格がないのだと感じるようになった人たちを、私は数え切れないほどたくさん見てきた。

J・D・ヴァンス[10]は、ベストセラーの自伝『ヒルビリー・エレジー』の中で、オハイオ州ミドルタウンでの生い立ちについて回想している。[v]

はっきり言われたわけではない。先生たちは、馬鹿で貧しいお前たちには可能性がないとは

▼10：James David Vance（１９８４－）アメリカの作家。回想録『ヒルビリー・エレジー』（邦訳。関根光宏、山田文訳、光文社）で知られるベンチャーキャピタリスト。

言わなかった。それでも、その考えは、まるで空気のように僕らのまわりに充満していた。大卒の親族をもつ人など一人もいなかった。……何か大きなことをやってやろう、などと思う生徒も一人もいなかった。まわりの人間に、大きなことをやっている人が一人もいなかったからだ。……成功者には2種類いる、という通念は、今でも健在だ。1つ目は、幸運な人たち。裕福で、人脈の厚い家族に生まれ、赤ちゃんの頃から明るい将来が約束されているような連中だ。2つ目は、実力に恵まれた人たち。生まれつき頭が良くて、わざと失敗しようとしてもできないような奴らだ。……ミドルタウンの普通の住人にとって、努力なんて、生まれつきの才能に比べたら何の意味もない。

ミドルタウンの人たちは、現実をよく分かっていた。SATは、第二次世界大戦中に頭脳明晰な子どもを戦場に送り込まないようにするために導入された。今では毎年が戦時中なのである。

数年前、私の息子は自閉症スペクトラムであるとの診断を受けた。彼はとても温厚で、高い身体能力を持っている。きっとすばらしく充実した人生を送るだろうと私は信じている。幸いなことに、私たちは必要なときに必要なだけ息子の世話をすることができる。しかし、このような幸運に恵まれていない家族もアメリカにはたくさん存在する。

そもそも、実力主義とは真に受けるようなものではなかった。[vi] 実力主義という言葉は、

１９５８年にマイケル・ヤングがイギリスを風刺するために冗談半分に使ったのが初出である。当時、「人間の幸不幸が知能だけで決定されてしまう世界は、捕食的で、病的で、非現実的であるとされていた」とジャーナリストのデビッド・フリードマンは洞察している。今日《こんにち》では、私たちはこれを現実化しただけでは飽き足らず、積極的に肯定し、崇拝している。市場の論理は、万人を魅惑する。万物にちょっとした正当性を与える。虐げられた人たちの苦しみを受け入れるのが簡単になる。結局は自己責任だろうと言えるようになるからである。さらに驚くべきことに、苦しみを受ける側も自己責任論に賛成し、自分のせいで自分はこうなったのだと思うようになる。

彼らは間違っている。知能と人格とは、全くの別物である。両者をあたかも同じものであるかのように扱ってしまっては、破滅の道を歩むだけである。市場は、個人を個人たらしめる要素には一切目もくれずに、今まさに私たちに襲いかかろうとしている。

数十年間にわたって、私は高い学歴を誇る人たちに囲まれて育ち、仕事をしてきた。誓ってもいいが、このような人たちは、みんながみんな素晴らしいわけではない。カプセルの中の住民たちは、世界の秩序性を信じすぎている。そのため、例えば、彼らは計画を練りすぎる。頭の良さを判断力と混同する。頭の良さを人格と混同する。資格を過大評価する。心ではなく、頭で動く。地位と承認を求める。誤った目的に従ってものごとをまとめてしまう。20年というスパンではなく、２年という区切りでものごとを考える。カプセルの他の住人たちといつも一緒にいたいと思っている。他の人たちの成功を妬む。頭の良さこそが地位を決定するべきだと考えている。行動よりも思想こそが大切なのだと思っている。進歩が感じられないと落ち着きを失う。総じて、不幸である。間違いを犯したり、馬鹿だと思われたりすることを恐れる。何かを売り込むことに屈辱を感じる。肝が据わっておらず、言い逃れをする。市場を崇拝する。とにかく心配をしすぎる。カプセルの住民たちには、他の人たちと同じように、長所や短所があるのである。

子どもの頃、私は他の人たちから受け入れてもらえればそれで幸せだった。しかし、頭の良い人間はその他大勢をおきざりにするべきだ、とも教わった。こうした教訓を振り払い、人間性に立ち返るべきではないか。選別され、社会適合される前は、私たちは皆同じ人間だったではないか。私たちは、何よりもまず母であり、父であり、兄弟姉妹であり、皆自分や自分の家族の幸せを願っているではないか。

時間は刻々と過ぎていく。年月が経てば経つほど、別々の人生を歩む人たちが共通のアイデンティティの元に結束していくことはどんどん難しくなっていく。今ではすっかりカプセルの住人となっている人たちも、元々は全国各地で生まれ育ってきたのである。休日や冠婚葬祭の際には、今でもなお家族のもとへ帰るのである。私と同じように、彼らもまた、普通の中産階級の郊外に生まれ育ち、多様な人たちの様々な人生体験への深い理解を持ち続けている。商店街に愛着を感じてもいる。

世代が変わるにつれて、こうした性質はどんどん失われていく。生まれたときから雲の上の世界で激しい競争にさらされながら、マウンテンビュー、アッパー・イースト・サイド（ニューヨーク北東部）、そしてベセスダといった地域で育ち、エリート校へ進学し、他の地域とのふれあいがほとんどないようなスマートで教養の高い人材が、大量に生産されている。

私が子どもの頃は、頭の良さと見た目の良さとの間には反比例の関係があったように思える。頭脳明晰な子どもたちはブッキッシュでぎこちなく、社交性のある子どもたちは容姿端麗で人気があった。この2つの要素が同じ人物の中で共存することは滅多になかった。私が通ったキャンプは、名実共にガリ勉キャンプだった。

今日では、ほんの一握りの都市で選択的な交配が行われたおかげで、知能、容姿、学歴、そして富は、すべて同じ家族や界隈に集中するようになった。友人の子どもたちを眺めてみると、ユニコーンの群れを見ているような気持ちがしてくる。彼らは優秀で美しく、社交性にたけ、早熟の生き物であり、生まれたときからずっと世界で最も優れた環境を与えられ続けてきた。彼らが、10年後や15年後に国内の他の地域を訪れる場面を想像してみると、他国に来たよそ者のようにもてなされ、彼ら自身もまた外国人のような心地をさせられるのだろうということが容易に予想できる。彼らはインターネット上で充実した生活を送り、自動運転ではない車が存在した時代もあったのだということすら忘れるだろう。前の世代の人たちと自分たちとの間には、何一つ共通点がみつからないと感じるだろう。国家共同体と自分とのつながりは、限りなく希薄になるだろう。一般大衆の苦しみに共感し、身を削って問題解決に取り組むような姿勢は、この先どんどんなくなっていくだろう。

イスラエルの学者、ユヴァル・ノア・ハラリは、「今日、私たちが動物を扱うような感覚で、将来、私たちは愚かな人たちを扱うだろう」と述べている。[vii] このような将来像が現実のものとなってしまわないようにものごとを修復するためには、今すぐ動き始めるしかない。

第10章　欠乏の精神と豊穣の精神

起業について、クリーブランドのとある高校で話をしたときのことだ。たくさんの親御さんが来校していたが、その中に次の質問をしたお父さんがいた。「自分にも会社を立ち上げることはできる、とあなたが思えるようになったきっかけは何ですか」。

私は少し考えた後、こう答えた。「子どもの頃、両親に、他の人にできるならお前にもできるはずだと、耳が痛くなるほど言われました。おかげで、他の人が会社を立ち上げるところを見たときに、それならば自分にもできるはずだと思えたのです」。

初めて会社を立ち上げたのは２０００年、25歳のときだった。社名はStargiving.com。ファンドレイジングのためのウェブサイトであり、有名人が支持するチャリティに特化した。あの頃経験した困難は、当初の私の想像を絶していた。10ヶ月間、毎月2万５０００ドル（２５０万円）のペースで計25万ドル（２５００万円）を集め、ウェブサイトを公開した。早い段階から興味を持ってくれたメディアもあったが、私たちはすぐに勢いを失った。インターネット・バブルがはじける中、私たちは資金不足に陥り、投資家たちの関心も薄らいでいった。もはや将来性がないということに気がつき、私たちは1年半後に会社をつぶした。

こうして、仕事の世界で初めての挫折を味わい、私の自尊心は大きな打撃を受けた。知人は皆、私が会社を立ち上げようとして失敗し、破産したということを知っていた。その頃はまだ、法律学校に通うために組んだ借金が10万ドル（1000万円）未返済だった。学生ローンを「愛人」と呼んだ。毎月小切手を切るたびに、別の街に住む家族を扶養しているかのような気持ちにさせられたからである。自分に自信が持てず、他の人たちに会ったり両親と向き合ったりするのが辛かった。

初めての起業について、今振り返ってみると、会社を立ち上げたり失敗から立ち直ったりする上で自分がいかに恵まれた環境にいたのかがよくわかる。もちろん、当時の私は大変な思いをした。25歳の若さで多額の学生ローンの借金を抱え、がむしゃらにあがいていた。しかし、私は非常に高い学歴をもっていた。共同創立者をみつけることもできた。デイヴィス・ポルクの同僚が、仕事を辞めて一緒に会社を立ち上げてくれたのである。貯蓄もあり（すぐになくなったが）、利用可能な融資もあった。裕福な人たちに賛同してもらい、数十万ドルのエンジェル投資[1]を受けることもできた。困窮した際には、友人の家に同居し、家賃を節約することもできた。家族への責任もなかった。子どもや配偶者もいなかった。両親は金銭的なサポートを必要としていなかったので、親孝行をするためには、私の人生設計への批判の声を定期的に聞くだけでよかった。すべてが失敗に終わっても、再就職することができるはずだという自信もあった。それまでの人生の成功体験は、起業を成功させる自信にもつながった。また、失敗しても大丈夫だと（正しく）思うこともできた。

私のこの体験談は豊穣の物語であり、私たちにとって馴染みの深いものである。かつてのアメリカでは事業立ち上げが活発に行われ、人々は未来に希望を持っていた。残念ながら、今のアメリカ人の大多数にとって、これは遠い過去の物語となってしまっている。

これまで私は、全国で起業家を目指す若者たち数千人と出会い、一緒に働いてきた。特権的な経歴をもたない人もたくさんおり、彼らは起業の成功は個人や家族の資力に深い関係があるものだと感じていた。特権なくして起業はありえないとも感じており、経歴、階級、ジェンダー、人種、学歴、そして地域のせいで、自分たちのような「その他大勢」には起業は無理だ、とも信じていた。

残念ながら、彼らの考えはかなりのところまで正しい。

▼1：angel investment　裕福な個人による太っ腹な投資。特に、経験の浅い起業家による高リスクなスタートアップへの投資を指す場合が多い。「エンジェル＝天使」という比喩は、成功の見込みが不確かなアイデアにお金を与えてくれるということで、投資家の慈悲深さを表す比喩である。

社会経済的環境と起業の成功との間には、深い相互関係がある。イギリスで行われた調査によると、起業家たちの間で最も一般的な共通点は、家族、遺産、家系、そしてその他の人脈から来る資金である。[i] また、アメリカのアンケート調査では、２０１４年のスタートアップの80％以上は自己出資によってスタートを切っていた。[ii] つまり、起業家自身が資金をもっており、それを直接投資することができたのである。さらに、最近のアメリカの人口研究調査では、伸び盛りの起業家の大半は白人（84％）かつ男性（72％）であり、[iii] 突出した学歴と高い自尊心をもっていた。調査の筆者の一人いわく、「裕福な家族による資金のバックアップがない限り、起業家になれるチャンスは一気に下がってしまう」。

私は全国各地で数百人の起業成功者たちと仕事をしてきたが、たしかに、彼らのほとんどは金銭的に余裕がある環境から来ていた。はっきり言うと、すでに成功の道を歩んできた人の方が、はるかに楽に会社を立ち上げることができる。資力に加え、彼らには豊穣の精神があるからである。成功体験をもっていると、自分には何でもできると思えるようになる。

もちろん、起業家として成功するために必要な要素を矮小化するつもりはない。誰であれ、事業を立ち上げるのはものすごく困難なことである。数々の障壁や試練を乗り越え、長時間労働に耐えなければならない。人並みはずれた努力、粘り強さ、そして心の誠実さがなければ、有意義なビジネスや組織を作り上げるのはほぼ不可能である。個人経営のダイナーをはじめ、ありとあらゆる事業部門の起業家たちには本当に感服させられる。また、起業家たちはみんながみんな余裕の人生を歩んできたわけではない。のけ者にされたり、いじめられたり、うまく集団に馴染めなかったりしながら子ども時代をすごした人たちもたくさんいる。例えば、イーロン・マスク[▼2]は移民としての実体験をそのような文脈で語ったことがある。中には、家庭内でトラウマとなる出来事があり、その傷跡を雑草魂に変えた人たちもいる。バーバラ・コーコランとデイモンド・ジョンは、失読症を抱えて育った体験を語っており、周りからは、学校に行っても成功できないぞと言われ続けてきたという[iv]。移民の起業率の高さも、自分には他に道がないという思いの表れである。

とはいえ、起業というものはその構造上有意義なリソースを調達し、金銭を一時的に度外視し、リスクを引き受けることができる人たちにとって圧倒的に有利にできている。国内のスタートアップ社会には、アメリカの人口の多様性がそのまま反映されているとは到底言えない。女性が大卒者の60％を占めるところまで来ており、27年後には白人以外の人種がアメリカのマジョリティになろうとしている中で、テクノロジー部門では（人柄が良くて）高学歴な白人男性が支配

▼2：Elon Reeve Musk（1971－）南アフリカ共和国・プレトリア出身のアメリカの実業家、投資家、エンジニア。テスラの共同設立者およびCEO。

的である。成長性のある事業を立ち上げたいと思っている女性や有色人種の人にとっては、各段階で困難が待ち受けている。個人貯蓄の低さ、資本の利用可能性の低さ、白けた投資家、薄気味悪い投資家の存在、規範や師匠となるような人物の不足、私生活でこなすべき仕事の多さ等々が挙げられる。VFAではこうした問題に取り組んでいる。最近では卒業生の47％が女性であり、25％が黒人またはラテンアメリカ人だった。

起業家ほど豊穣の精神を地で行く人たちは他にいない。シリコンバレー、TED、[3] アスペン研究所――エネルギーあふれる場所には、その気になればなんでもできると信じている人たちが集まっている。そして彼らは、実際に奇跡的なものごとを成し遂げた経験がある場合が多いのである。こうした集まりで新しい会社や組織の立ち上げの話をすると、人々は当然のごとくうなずき「やってみよう」と言ってくれる。まるでアイデアのための燃料が空気中にあふれており、資金もザクザク出てくるのだといわんばかりに。

私も去年、TEDに参加してきた。TEDは、恐らく世界で一番参加するのが難しい会議である。友人のつてで招待を受け、参加費として8500ドル（85万円）を支払った。交通費は、もちろん別途負担である。会場に到着すると、「瞑想テント」なるものが設置されているのをみつけた。友人が試してみたいと言ったので、一緒に中に入り、心安らぐポッドキャストを聴いた。腰を下ろしたとき、スタッフから黒い封筒を渡された。中にはテントのスポンサーであるルルレモンのギフト券が150ドル（1万5000円）入っていた。私はすぐに気分が良くなったが、瞑想のおかげだったのか、それとも座った瞬間に150ドルのギフト券を渡されたからなのかは定かではない。

豊穣の環境とはそういうものである。つまり、一見すると何の理由もなくお金が貰えたり、よいことが起きたりするのだが、本当は自分が今座っている場所がその理由なのである。

欠乏はあなたの思考方法を変えてしまう

以上のような生き方を、今度は普通のアメリカ人の人生経験と比べてみてほしい。終わりなき欠乏の中で生きている標準的なアメリカ人は、その日暮らしをするのがやっとであり、万が一の備えもなく、出費を何とか賄おうとするうちにゆとりを失い、借金で借金を返している。彼らの給料は、単に低いだけではなく、量の増減も激しい。不安定なシフトの他に、肉体労働やベビーシッターのような時間労働をして現金を受け取っているという現状が一因としてある。JPモル

▼3：TEDとは、ニューヨークを拠点とする団体で、画期的なアイデアの提唱者や、各業界の第一人者を招いて、スピーチイベントや映像を作っている。日本からも、近藤麻理恵、羽生善治、そして茂木健一郎をはじめ、たくさんの著名人が参加している。

ガン・チェースの顧客数万人を対象にした調査では、年収3万5000ドル（350万円）の顧客の平均所得変動性（ボラティリティ）は30％〜40％であり、それ以下の年収の場合、振れ幅はさらに大きくなった。つまり、ある月は2000ドル（20万円）、翌月は3000ドル、その翌月は1800ドル、といった稼ぎ方を彼らはしているのである。「1970年代以降、安定的な生活賃金が保障されるようなステディな雇用はどんどん希少になってきている」と、ジョナサン・モーダックは言う。彼は低所得・中所得世帯235戸を対象に行われた綿密な研究調査である「USファイナンシャル・ダイアリーズ」（FD調査）のディレクターである。「こうした変化によって、より多くの家庭が所得変動性に悩まされるようになった」。JPモルガン・チェースの調査に戻ると、同社の顧客の約80％は、月収と出費の差額を埋めるために十分な現金を持っておらず、さらには医療や車の修理のような予期せぬ出費が一度でも発生してしまえば、その年の家計簿が凍りつくような状態だった。また、所得変動性が問題にならない所得レベルは年収10万5000ドル（1500万円）であるとされたが、これはほとんどの家庭にとって手の届かない数字である。

多くの人たちにとって、勤め先の販売店、飲食店、建設現場等でのシフトが確定されていなければ、家計を計画したり予算を組んだりするのは無理である。時間労働者の41％は、1週間前にならないと翌週のシフトが確定されないと言っており、また、もしシフトを変更したいと申し出た場合、翌月には時間数を減らされてしまうという人も多い。そのため彼らは、労働スケジュールと収入との両面で終わりなき不安定状態に置かれている。ある調査では、標準的な労働者は、スケジュールの変動性を恐れるあまり、もし安定的に仕事ができるのであれば所得を20％カットされてもよいと答えたほどである。[vi]

欠乏は人間の世界観にも深い影響を与える。プリンストン大学心理学教授のエルダー・シャフィールとハーバード大学経済学教授のセンディィル・ムッライナタンは、さまざまな欠乏状態が貧しい人たちに及ぼす影響を調べるためにいくつかの研究調査を行った。[vii] 研究結果によると、貧しい人たちと裕福な人たちとは、流動的知性（ＩＱに相当する一般測度）テストでほぼ同レベルの成績をあげた。しかし、テストの直前に予期せぬ出費として自動車の修理費３０００ドル（30万円）を調達するよう求められると、貧しい人たちはＩＱ換算で13ポイントも、つまり1標準偏差も成績が下がった。つまり、架空の出費の処理について考えさせられるだけで、彼らはＩＱテストで力を発揮できなくなり、「優」が「可」に、「可」が「ほぼ不可」に落ちたのである。また、架空の出費を引き金とした欠乏は、裕福でない被験者たちの間では自己制御テストにおける正答率を83％から63％にまで下げた。これに比べ、裕福な人たちの間には一切変化がみられなかった。

欠乏の精神は単なる「ストレス」を超えるものである。ゆとりをむしばむことで、理性を弱め、人間を衝動的にする。別の研究で、シャフィールとムッライナタンは、2つの被験者グループに向けて、2桁の数字か8桁の数字を暗記するよう促した。その後、両グループはケーキとフルーツの差し入れを受けた。8桁の数字の暗記に取り組んでいたグループの方が、ケーキをたくさん食べた。また、異文化人が被験者の口に合わない伝統食を差し入れすると、8桁のグループの方が失礼な態度をとったり人種差別的な言葉を発したりする率が高かった。より簡単な知的作業に取り組んでいたグループには、ゆとりがあり、泰然自若の構えを崩さずにいることができた。

私たちは誰でも、欠乏への対処が下手である。例えば、オフィスのデスクに座って平静を保つ自分を想像してみてほしい。突然、ドアが開き、同僚が駆け込み、忘れているかもしれないがあと5分で会議が始まるぞ、急いで市内の目的地まで行こう、と言ってきたとしよう。あなたはハッとしてすぐさま行動を起こすだろう。何か準備する必要があったか急いで考え、準備を整える。出かける途中で鍵や何かを忘れる可能性もある。行き先までの細かい道順を調べていては時間がかかるので、おおまかな方角だけ確認して出発するかもしれない。「今向かっています。少し遅れます」と先方に慌ててメールを送るだろう。そして、一体なぜ会議のことをすっかり忘れていたのだろう、誰かがミスを犯したのではないかという考えが頭をよぎる。落ち着きを失ってしまい、会議に出る前に、平静を取り戻そうと深呼吸をし、人前に出ても大丈夫なように心を静める必要が出るかもしれない。

あるいは、とてつもなく忙しくて、昼食をとる時間がなかった日を考えてほしい。午後になるとあなたの空腹は限界に達するが、会議が立て続けに入ってしまっている。注意が散漫になるまでにそう時間はかからず、あなたの頭の中は、他の人たちが言っていることではなく、グラノーラバーを持っている人はいないか、近くに自動販売機はないか、といった考えでいっぱいになる。ダイエットをしている人たちは、様々な知的作業において注意が散漫になり、成績が低くなる傾向があるという研究結果もたくさんある。寝不足の人たち、孤独な人たち、目の前にスマートフォンを置いている人たち、そしてお金について考えるよう促された貧しい人たちについても、それぞれ同じ結果が出ている。

欠乏の諸形態は互いにつながりあっていることが多い。例えば、車の修理代を払うことができない人は、公共交通を使って出勤する方法を探すかもしれない。すると、子どもを学校に迎えに行く時間に間に合うように帰宅できるかどうかを調べ、放課後保育の予約をすべきかどうか考える必要が出てくる。貧しいと、こうした選択の一つ一つを考えることで頭がいっぱいになってしまい、人生そのものが食い尽くされてしまう可能性もある。出費をするたびに、別のところで節約をするしかなくなり、判断や計算の一つ一つが重みを増す。

プリンストン大学心理学者のシャフィールはこう洞察している。「多くのアメリカ人が、金銭面で心配事を多く抱えて、困窮しており、ゆとりを奪われてしまっている可能性がある。新しい問題が浮上するたびに、私たちは他のことに使うことができたはずの知的能力を奪われる。一連の研究結果からは、金融危機の後……アメリカ全体として流動的知性が失われた可能性も指摘できる。……アメリカ人は、もはや視界の隅にあるものごとにまで関心を向けることができなくなっている」。

インターネットの時代となっているが、興味深いことに、世界中の情報にアクセスできるようになったにも関わらず、私たちの知性はほとんど向上していないようにみえる。むしろ、その逆が起きている。私たちの多くは、時間、お金、共感力、注意力、ゆとり等々の欠乏に悩まされている。自動化の大いなる倒錯とでも呼ぶべき現象だが、テクノロジーの進歩によって豊穣の感覚が私たちの中に根ざすかと思いきや、逆に国民の大半が経済的な不安定に苦しめられるようになったのである。ステディで安定的な雇用がますます希少になっていくにつれて、私たちの文化はより愚かに、より衝動的になっていく可能性が高い。それだけではなく、ゆとりを奪われ続けつつ、それでも経済の潮流になんとか乗り遅れないようにと島から島へとジャンプするにつれて、人々の間には人種差別や女性蔑視がさらに広がっていくだろう。欠乏の精神を払拭し、人々がより優れた判断をすることができるようにするのは、民主主義社会の義務であるという議論も成り立つだろう。

欠乏の文化は、ネガティブな文化である。人々の思考は、うまくいかない方へばかり動いてしまう。そして互いを攻撃しあう。部族主義[4]や断絶が一気に高まる。理性の基盤が崩れる。判断力も落ちる一方となる。持続的な楽観主義から生じる行為——結婚をしたり、事業を立ち上げたり、転職のために引越しをしたりすること——も少なくなる。あなたも身に覚えがあるかもしれない。それもそのはず、様々な数字を調べてみると、アメリカでは実際にこうした傾向が顕著になっているからである。私たちの国は、豊穣の地から自己責任の地へと急速に変貌している。

豊穣と欠乏の精神の分かれ目は、あなたの居住地域にも深く関係している。地域ごとの経済のダイナミズムには本当に大きな格差があり、将来の展望も完全に異なっていることが多い。あなたの暮らしは、あなたが今たまたま住んでいる場所によって大きく左右されるのである。

▼4：tribalism　ここでいう「部族」は、実際の部族というより、グループ一般を指す。部族主義（トライバリズム）とは、人々が自分の頭で考えることをやめ、様々なグループに入り、他のグループへの攻撃に明け暮れている状態のことである。

第11章　地理が運命を決める

雇用が消える場所

雇用が失われると、地域の衰退は一気に加速する。

オハイオ州ヤングスタウンは、ブルース・スプリングスティーン[1]の名曲で一躍有名となったが、雇用喪失の打撃を受けたポスト工業化都市の典型として知られている。同市は、20世紀初頭から半ばにかけて、鉄鋼業の中心地帯として隆盛を極めた。ヤングスタウン鋼板製管工場[2]、USスチール、そしてリパブリック・スチールは、それぞれ市内に巨大な製鋼工場を建設し、数千人もの労働者にパンを与えた。市の人口も、1890年には3万3000人だったものが、産業の急成長に伴って、1930年には17万人にまで伸びた。優良雇用があり余っていたため、ヤングスタウンの所得中央値は全国でも指折りの高さとなり、住宅所有率も全国第5位だった。「マイホームの都」という愛称がついたほどである。また、同市の鉄鋼業は、アメリカの国防にとっても最重要な要素の一つとして捉えられていた。１９５２年の朝鮮戦争時に組合労働者たちがストライキを起こしたとき、トルーマン大統領は、生産量を落とさないためにと、シカゴとヤングスタウンでヤングスタウン鋼板製管工場の国有化を命令したほどである。

20世紀を通して、ヤングスタウンの文化は、誇りと活気にあふれていた。都心部には、大きなデパートが2つあり、また4つの大型映画館ではいつも最新作品が上映されていた。公共図書館や美術館もあり、立派な大講堂が2つもあった。また、市では毎年、貧しい人たちを支援するための「共同基金」（コミュニティー・チェスト）が実施された。市のアイデンティティにとって、鉄鋼業はなくてはならないものだった。地元の教会には鉄鋼労働者が描かれ、その横に「主の御《み》声《こえ》は力をもって響き」[3]という聖句が引用されていた。

▼1：Bruce Springsteen.（１９４９－）アメリカ合衆国出身のロックミュージシャン、シンガーソングライター。
▼2：Youngstown Sheet and Tube　英語社名
▼3：新共同訳。詩篇29編4節。英語では「The voice of the Lord is mighty in operation」で、「in operation」が鉄鋼業の「経営」や「機能」を連想させる。残念ながら、和訳ではこの連想は失われてしまっているが、それでも力強いイメージであることに変わりはない。

１９６０年代と１９７０年代を通して、鉄鋼業は世界的な競争にさらされるようになっていった。ヤングスタウン鋼板製管工場は、ニューオーリンズに拠点を置く造船会社ライクス・コーポレーションと１９６９年に合併した。企業所有権が市から離れる中、工場へは再投資が行われなかった。労働者たちは勤め先の製鉄所が旧式であることを知っており、追加の投資を求めて休みなく運動を続けた。そして、１９７７年9月19日「ブラック・マンデー」に、ヤングスタウン鋼板製管工場は市内の大型製鉄所の閉鎖を表明した。リパブリック・スチールとＵＳスチールもその後に続いた。たった5年間で、市は5万件の雇用と13億ドル（１３００億円）の製造業所得を失った。ヤングスタウンとその周辺部に起きた現象を表すために、経済学者たちは「地域不況」という新語を作った。

地元の教会や組合のリーダーたちは、製鉄所の閉鎖に応じて団結し、国内啓蒙活動、立法計画、そして企業本部の占拠というような抗議活動を通して連合を築いた。彼らの努力は功を奏し、連邦議会は工場の閉鎖の猶予期間を延長する法律を可決させた。また、同連合は労働者による製鉄所の占拠も企てた。政府によるローン制度のおかげで、製鉄所の元労働者たちの中にはヤングスタウン州立大学で再訓練を受けることができた人もいた。

しかし、こうした努力も住民の暮らしを守る上ではほとんど効果がなかった。製鉄所は閉鎖したきりで、地元の失業率も１９８３年に24・9％という恐慌時代に匹敵する高さにまで急上昇した。記録的な件数の破産や抵当流れ[4]がこれに続き、不動産価格が暴落した。放火が日常茶飯事となり、1980年代前半には、1日平均2軒の家に火が放たれたが、中には保険金目当てで住宅所有者が自ら放火をするケースもあった。市は心理的・文化的な崩壊によって一変してしまった[i]。うつ病、児童・配偶者虐待、薬物・アルコール乱用、離婚、そして自殺の件数が上がった。地域の精神衛生センターの取り扱い件数も10年で3倍に増えた。1990年代のヤングスタウンにおける殺人発生率は、全国平均の8倍、ニューヨークの6倍、ロサンゼルスの4・5倍、そしてシカゴの2倍だった。

1990年代を通して、市内の政治やビジネスのリーダーたちは、経済発展につながるような新しい機会を模索し続けた。まずは倉庫業が注目された。次はテレマーケティング（電話営業）だった。続いて、マイナーリーグ・スポーツ。その次は刑務所業だった。4軒が地域内に建てられ、1600件の雇用が創出されたが、これに伴って様々な問題が発生してしまった。住民の多くは、ヤングスタウンに「流刑地」のイメージが定着してしまうのではないかという懸念を示した。民間企業が運営していた某刑務所では、あまりにもずさんな管理がされていたため、

▼4：foreclosure　債務者が借金を返せなくなり、抵当物が債権者の所有下に置かれること。ここでは、抵当は住居であることが多い。つまり、家を買い、ローンを組んだものの、失業によってローンが返済できなくなり、家を銀行に奪われてしまうという状態である。

1998年7月某日、5人の殺人囚を含む囚人6名が真っ昼間に脱獄し、しかも管理員たちは他の囚人が声を上げるまではそれに気がつかなかったという。全国のメディアがこぞってヤングスタウンに押しかけ、刑務所会社は謝罪をし、脱獄囚の捕囚にあたって警察が残業した対価として市に100万ドル（1億円）を支払った。郡内の別の刑務所では、1999年初頭に、従業員と予算の不足を理由に囚人数百名を釈放した。また1999年には、20年間にわたる調査の末、地元職員70名が汚職の疑いで起訴された。被告には、警察長、郡保安官、郡建設局長、そしてアメリカ連邦議会議員が含まれていた。

2011年のブルッキングス研究所の調査結果によると、ヤングスタウンは集中貧困状態[5]で暮らす市民の割合が全国100大都市圏において第1位だった。2002年に、市は「ヤングスタウン2010年」計画を発表した。2010年計画は、ピンポイントな投資を行ったり、過疎地区の住民をより生きやすい界隈へと移住させたりする「スマートな縮小」を目指した。全国メディアは、2010年計画をポスト工業化都市の雛形として持ち上げ、市長も計画を宣伝するために全国各地を巡った。私も2010年計画のもつ現実主義は良いと思う。しかし、計画の実施は困難を極めた。過疎地区からの市民の移住は失敗し、取り壊し計画も完了されることがなかった。ヤングスタウンは、1980年以降アメリカ国内で最も収縮率が高い都市である。2000年には、人口が8万2000人にまで下がった。今ではそれがさらに6万4000人にまで落ち込んでおり、地元の大学が最大の雇用主となってしまっている。「ヤングスタウンの物語は、アメリカの物語でもある。雇用の喪失が、いかに文化的な結束を壊すのかを示す好例だからだ。文化の崩壊は、経済の崩壊よりも深刻ではないか」と、ヤングスタウン州立大学労働研究学教授のジョン・ルッソは言う。ジャーナリストのクリス・ヘッジズも、2010年に声をそろえてこう言った。「ヤングスタウンは、アメリカ国内の多くのポスト工業化地域と同じように、見捨てられたガラクタ置き場と化している。地域社会が機能不全に陥ると、犯罪行為や、そこから引き起こされる様々な心理的・犯罪的な問題がまん延するのである」。若者の多くは、ヤングスタウンを去り、より良い機会を求めて他の地域へ移って行った。ドーン・グリフィンは、地元に残ることを選んだ住民の一人だが、シングルマザーとして3人の子どもをもつ彼女はなかなか就職ができずにいた。故郷への愛着はあるが、それでも、もはや彼女自身や子どもたちにとっての機会が地域には存在しないため、彼女は数年以内に引越しをしようと考えている。彼女は、自分の子ども時代に父がまだ製鉄所で働いていた頃の良き思い出を哀愁を込めて振り返った。「あの頃は裕福な気持ちがしたわ」[ii]。彼女は今でも自分の故郷の街の行く末を気にかけている。「もうここにはコンクリートの塊以外は、何も残されていないのよ」。

▼5：concentrated poverty　ある一定の区間内における貧困の集中度のこと。

雇用の喪失が引き金となって起こるこのパターン——社会の分裂、犯罪の増加、公務員の汚職、経済発展への絶望的な取り組み、人的資本の流出——は、何もヤングスタウンに特有のものではない。似たような形で産業を失った他の都市においても同じ傾向がみられる。

インディアナ州ゲーリーも、製鉄所の閉鎖によって雇用を失った製鋼都市である。同市は、1960年代にはマイケル・ジャクソン[6]やジャネット・ジャクソン[7]の故郷でもあり、地元住民の多くはこの上なく理想的な子ども時代をすごした。しかし、衰退の後、同市は「殺人都市」の異名を持つようになり、1993年には世帯当たりの殺人率が全国トップとなってしまった。1992年には、地元警察官20名が恐喝と薬物取引による連邦法違反の疑いで連邦政府に摘発され起訴された。1996年には、新規雇用を獲得するために、市はカジノ船2艘を歓迎し、ミシガン湖畔でのギャンブルを合法化した。2003年には、マイナーリーグ野球スタジアムに4500万ドル（45億円）を投資して経済の活性化を図ったが、無残な結果に終わった。2014年には、連続殺人犯がゲーリーで7人を殺害し、遺体を廃家に捨てたと自白した。今では、住民の40％が貧困にあえいでおり、市内の家屋4万軒の25％以上が廃家となっている。市は遺棄された家屋を取り壊す資金すら持っておらず、多くの地区で各種制度の縮小を検討している。人口も1960年に17万3320人でピークを迎えた後、2016年現在では約7万7000人にまで落ち込んでいる。

85歳の元製鋼所工員、ルーベン・ロイは、かつてのゲーリーがいかに見栄えがよかったか、彼が働き始めた頃はいかに簡単に仕事がみつかったかをこう回想している。[iii]「駆け出しの頃は、シャベルですくったり、つるはしで突いたりして働いたよ。そういう仕事はもうなくなっちまったがね。今じゃあ、機械が何でもすくったり突いたりしてるだろう。時代が変わったってわけさ。俺が若かった頃は、強い身体さえあれば頭が悪くても仕事にありつけた。それが今じゃあ、身体は弱くても頭の切れる奴が出世する。子どもたちにも、外へ出ろって言ったよ。しっかり勉強して、仕事や出世のチャンスがある場所に行けってね。だから、もうあいつらはゲーリーにはいないんだよ」。

イマニ・パウエルは、地元のバッファロー・ワイルド・ウィングス[▼8]で働く23歳のレストラン店員である。彼女はアリゾナで1年間大学に通った後、母と姉妹の側で暮らすためにゲーリーにと

▼6：Michael Joseph Jackson（1958－2009）アメリカ合衆国出身の総合芸術家。歌手、作曲家、舞踏家、平和活動家。キングオブポップとよばれる。
▼7：Janet Damita Jo Jackson（1966－）アメリカ合衆国のシンガーソングライター、女優。兄の1人はマイケル・ジャクソン。
▼8：Buffalo Wild Wings　アメリカのチェーン店。鳥手羽にバーベキューソースをからめた「チキン・ウィングス」が定番メニュー。

んぼ返りした。「本音を言うと、もっときれいな場所に引っ越したいわ。廃家におびえるのはもうたくさん。とにかく廃家だらけでしょ、ここは。側《そば》を歩くだけでも背筋が寒くなるし、自分も殺されてあの中に捨てられるんじゃないかって思っちゃうのよね。ゲーリーに住んでいる人たちは、みんな複雑な思いを抱えているの。ここにすっかり馴染んでいるから、他の場所には行きたくないって思うのよ。自分のやりたいことをするために、どこか他の場所に行く？　それとも、家族のもとに残る？　住めば都、なんていう言葉もあるけど、こんなどうしようもない場所じゃあどんなに頑張っても無駄なのよ」。

ニュージャージー州カムデンも、産業の衰退がもたらす変化を示す好例である。カムデンの企業は、1950年代には、造船業や製造業といった部門で製造労働者を数千人も雇っていた。また、カムデンは創業1869年のキャンベル・スープ[9]の発祥地でもある。1950年に製造業雇用が4万3267件でピークに達して以来、カムデンの雇用基盤は衰退し、1982年には製造業部門雇用が1万200件しかなくなってしまった。これに応じてカムデンは、1985年には刑務所を、1989年には巨大なゴミ焼却場を開設した。1981年から2000年の間で、カムデン市長3名が汚職の罪で刑務所に入れられた。2006年現在、住民の52％が貧困状態、市の世帯所得の中央値はたった1万8007ドル（180万700円）であり、カムデンはアメリカで最も貧しい市となった。2011年のカムデンの失業率は19・6％だった。2012年にはアメリカで最も高い犯罪率を記録し、住民10万人当たり２５５６件の暴力犯罪があったが、これは全国平均の６・６倍である。人口も、１９７０年の10万２５５１人から、２０１６年には７万４４２０人まで落ち込んだ。「１９５０年から１９８０年までの間で、（カムデンでは）社会病理的な傾向が日常生活の一部としてみられるようになった」[iv]と、ラトガース大学歴史学教授のハワード・ジレット・ジュニアは言う。「カムデン市及び大多数の地元住民は、没落の後、金銭的な見返りと同じくらい人間の命や生き方にもまた投資をする、あのつかみどころのない『都市再生』という流れの中で、必死に泳いでいるのである」。

『ローリング・ストーン』誌において、マット・タイビは、カムデンを「職や良質な食糧が不足し、銃で武装された若者たちに取り仕切られている大都市圏」と描写し、市内の人口の30％が18歳以下であるという点を指摘した。[v]２０１０年から２０１３年までの間で、ニュージャージー州はカムデンの各制度への援助を削減し、結果として暴力犯罪が飛躍的に増えてしまった。警察長のＪ・スコット・トムソンは、市内の犯罪率は「ホンジュラスとソマリアの間くらいだよ」と言った。

２０１３年後半には郡が治安の維持を担うようになり、４５０万ドルの警備センターに加え、

▼９：Campbell Soup　スープ缶の有名会社。アンディー・ウォーホルの芸術作品にも引用された。

防犯カメラを121台、また銃声を察知できるマイクロフォンを35台設置した。おかげである程度の治安が回復され、暴力犯罪の件数も減った。

もちろん、こうした大まかな描写では、各地域社会のもつ歴史を汲みつくすことは到底できない。例えば、衰退に伴う「白人流出」（ホワイト・フライト）が各都市の人種関係[10]に及ぼした変化もここでは省略した。また、現場で毎日より良い明日のために努力を続ける英雄たちについても手短に扱うにとどまった。私個人としては、当然ながら、地元に残った人たちを応援している。

まとめよう。地域の雇用が失われると、地域社会が崩れる。公共部門や公共機関は、有効な対策をほとんど備えていない。地域社会の崩壊が一度深刻化してしまえば、これを元に戻すのは至難の業であり、不可能ですらありえる。道徳、信頼、そして結束——文明の要となる要素——を回復するのは非常に難しい。むしろ、経済困窮にはいつも公務員の汚職が伴うようだという点を強調しておきたい。

起業家ならば誰でも、成長企業の一員でいることと、縮小と失敗の道をたどっている企業の一員でいることとの違いを経験しているはずである。成長している組織の人たちは、楽観的で、想像力豊かであり、勇気を持っており、懐が深い。逆に、縮小の中にいる人たちは、ネガティブで、計略的で、自己中心的で、汚職に走りやすくなる。失敗の道を歩むスタートアップを観察すると、人間の負の側面がよくみてとれる。それは地域社会においても、より大規模になるだけで、基本的に同じである。

アメリカの精神には、すべてのものごとは自ずと修正されるはずだという神話が深く根付いている。下がったものは再び上がり、上がりすぎたものはひとりでにまた地面に降りてくる、とでもいうように。しかし、上がったり下がったりしたまま、元に戻らないものもある。特に、多くの人たちがその場から離れて行ってしまった場合そうである。無理もない――引越しできるのに、わざわざ「殺人都市」にとどまろうなどと思う親はいないだろう。

ヤングスタウン、ゲーリー、そしてカムデンは、どれも極端な例ではある。この3都市で起きたことが、そのまま全国の他の各都市でも反復されるとは考えにくい。それでも、雇用なき未来が訪れたとき、空洞を埋めるすべを持たない地域社会に何が起こるのかを垣間見ることができるという意味では、参考になる例である。

▼10：racial dynamics　人種間における関係を広く表す言葉。力関係だけでなく、人種間の対立構造や、日常的な人種間の交流等々のような、様々な関係を指す。

「変革」が放送禁止用語[11]になる場合

オハイオ州に通い始めて間もない頃、人柄の良い女性にこう言われたことがあった。「ホント言うと『変革』っていう言葉はこの辺りじゃあ放送禁止用語なのよ。ここ20年間で起きた変革といったら、ろくなものがなかったからね」。私には彼女の言いたいことがわからなかった。なぜ人がこれほどネガティブな展望をもつことができるのか、理解しきれていなかったのである。

数ヵ月後に、サンフランシスコで、私はベンチャー投資家のジャレッド・ハイアットと、アメリカ中西部の活性化について話をしていた。「僕はオハイオの生まれだけど、家族でそこに居残った人は一人もいないよ。みんな故郷を離れたんだ」と彼は言った。エクセターの同級生で、クリーブランドから来た共通の友人についても話をした。彼はイェール大学を出た後シリコンバレーに行き、今はフェイスブック社で働いている。

スタートアップの世界には、こんな格言がある――会社がうまくいかなくなると、一番優秀な人が一番初めに辞めるものである。自分にとっての機会を見定める上で、彼らは特に高い水準を持っており、新たな環境に移っても活躍できるという自信もとても強い。彼らのスキルへの需要も高く、一つの場所に長くとどまる理由が彼らにはほとんどない。

あとに残された人たちは、自信や適応能力が比較的低いことが多い。会社が悪循環に陥る理由の一つが、まさにこれである。不吉な兆しをみつけるや否や、最優秀の人材は一目散にその場を去り、会社の衰退に拍車がかかる。

同じことは、多くの場合、地域社会についても言える。雇用や景気が失われていくとき、最初にその場を去るのは、他の地域で最も潤沢な機会をもっているような人たちである。そもそも、引越しは大きな選択である。友人や家族のもとを離れるためには、かなりの勇気、適応能力、そして楽観が求められる。最優秀な人たちが真っ先に去って行き、残された人たちにとって努力目標としてあるのは、より良い環境を求めて外へ出るということだけ――そんな場所での生活を思い描いてみてほしい。時と共にネガティブな展望を抱くようになっても仕方がないだろう。プライドや閉塞感も一層強まっていくはずである。経済学者のタイラー・コーエン[12]の洞察によると、1970年以降のアメ

▼11：four-letter word　公の場では言えないような汚い言葉の意。

▼12：Tyler Cowen（Ph.D.）米国ジョージ・メイソン大学経済学教授・同大学マルカタスセンター所長。1962年生まれ。ハーバード大学経済学博士号取得。「世界に最も影響を与える経済学者の一人」（英エコノミスト誌）。人気経済学ブログ「Marginal Revolution」、オンライン教育プロジェクト「MRUniversity」を運営するなど、最も発信力のある経済学者として知られる。著書に

新規事業純立ち上げ数（1970年～2013年）

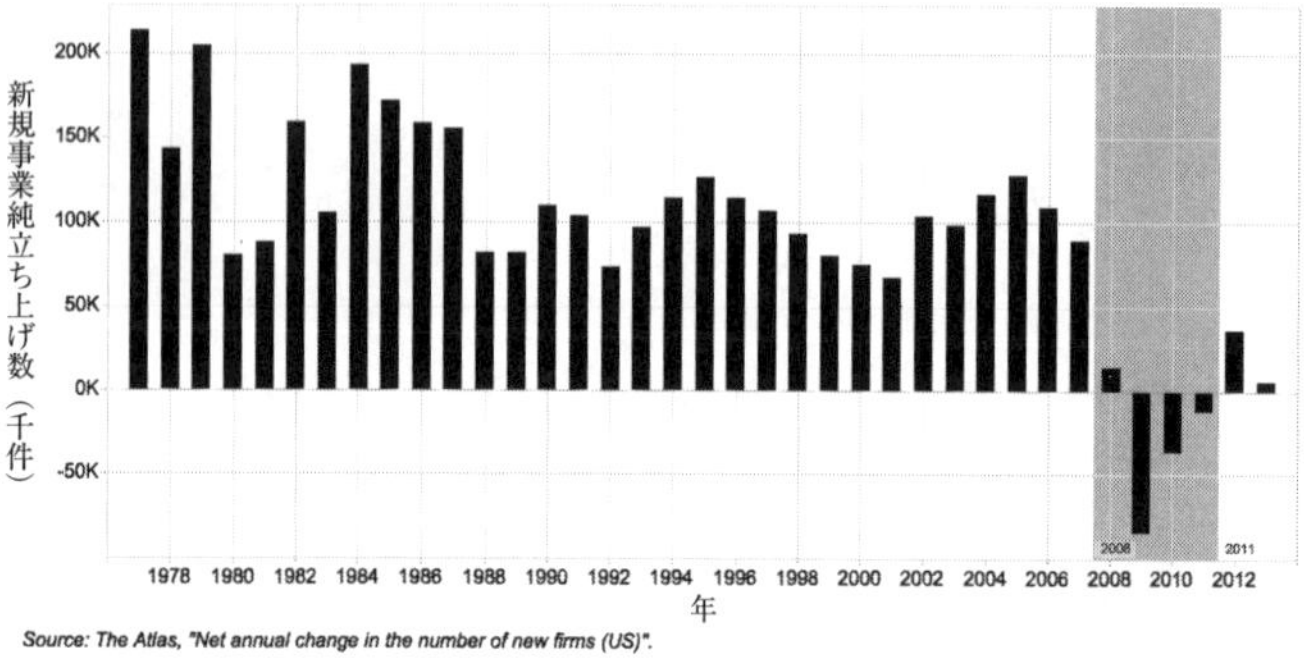

Source: The Atlas, "Net annual change in the number of new firms (US)".

出典：ザ・アトラス

リカでは、最も高学歴な都市と最も低学歴な都市との平均学歴の差は2倍も広がった。[vi] つまり、高学歴な人たちが特定の地域からどんどん離れ、いくつかの都市に集中するようになっていったのである。

ビジネスのダイナミズムも、実に不公平に分布している。２０１０年から２０１４年までの間で、アメリカ国内の郡の59%では、事業破産数が新規事業立ち上げ数を上回っていた。[vii] 同期間で、たった5つの都市部――ニューヨーク、ロサンゼルス、マイアミ、ヒューストン、そしてダラス――に、その他すべての地域を組み合わせた数よりも多くの新規事業が立ち上げられた。カリフォルニア、ニューヨーク、そしてマサチューセッツだけで、２０１６年のベンチャー資本の75%が占められ、[viii] その他の47州は残りの25%を巡って争う羽目になった。かつてアメリカの都市では、恐慌の間でさえも年間の新規事業立ち上げ数が破産数をほぼ必ず上回っていたものだ。ところが2008年以降、ダイナミズムの基本指標が総崩れとなった。過半数の都市で破産数が立ち上げ数を上回るようになり、この傾向は金融危機以降7年間続いた。ビジネスの潮はもはや満ちておらず、大都市部へと引いていってしまっている。

地域間の格差拡大は、過去40年間におけるアメリカ経済のダイナミズムの激減の一因でもある。同期間中、新規事業の立ち上げ率は大きく減少している。

さらに深刻なことに、州間の移住率や転職率も過去数十年間で最低の値となっている。年間の州間移住率は、1970年には3・5%だったものが、2015年には約1・6%にまで下がっている。地域格差の拡大は、人材の移動ではなく人材の不動と結びついているのである。

経済学者のラジ・チェティとナタニエル・ヘンドレンは、個人の将来の可能性がその人が生まれ育った場所によっていかに大きく左右されるかを複数の論文で示している。[ix] 低所得世帯の児童のうち、ある特定の郡——ノースカロライナ州メクレンバーグ郡、フロリダ州ヒルズボロ郡、メリーランド州ボルチモア市、そしてイリノイ州クック郡——で生まれ育った人たちは、より優れた地域で生まれ育った低所得世帯児童と比べて、成人後の所得が25%から35%も低かった。所得流動性[13]（インカム・モビリティ）が最も高い地域——サンフランシスコ、サンディエゴ、——で

全米ベストセラー『大停滞』『大格差』（以上NTT出版）、『フレーミング』（日経BP社）など。

は、小学校のテストの点数が高く、二人親世帯の割合も高く、市民・宗教活動への参加も熱心であり、富裕層、中産階級、そして貧困層の住居統合[14]もより盛んだった。流動性が低い地域の子どもがより流動性の高い地域へ移動すると、1年ごとに将来所得が上がり続けることがわかっている。それだけではなく、大学への進学率も上がり、一人親世帯となる可能性は下がり、より優れた環境で過ごした年数が多ければ多いほど期待できる所得も高くなったのである。

驚くべきことに、今のアメリカ人は新規事業を立ち上げたり、他の地域や郡へ移住したり、転職をしたりする割合が近代史上最も低くなっている。私たちの経済を正確に表す言葉は、「ダイナミック」ではなく「停滞」と「衰退」である。

経済の多様性

全国を旅する中で、私はアメリカの各地域の経済的な展望の格差にがくぜんとさせられてきた。頂点には、主要な中枢部や湾岸都市が君臨している。活気があふれ、競争が激しく、何もかも高価で、数々の有名企業がひしめき合っている。こうした地域では新しい建物が次々と建てられ、大学卒業生たちが流れ込み、文化的な活力がみなぎっている。また、有色人種や移民もたくさんいる。成長率は高く、新規事業立ち上げも日常茶飯事である。

ものの値段も高い。マンハッタンでは、1平方フィート当たり1500ドル（15万円）以上でアパートが売却されるので、2000平方フィートのアパートが300万ドル（3億円）もすることもある。アメリカの住宅価値の中央値は20万ドル（2000万円）であり、住宅の表示価格の平均値は約25万ドル（2500万円）である。つまり、マンハッタンの2000平方フィートのアパートは、他の地域の住宅の12倍から15倍も高値なのである。価格増はスーパーマーケットにまで波及し、例えばヨーグルト1食分が2ドルすることもある。また、都市に車で行くだけで15ドル（1500円）の通行料金がかかる。映画のチケットも1枚16ドル50セント（1650円）である。普通の自家用車を賃貸ガレージに駐車するだけでも月500ドル（5万円）かかる。家賃のような金額である。街を歩けば、卒業した大学の名前――イェール大学、ペンシルベニア大学、ミドルベリー大学――が入ったジャージやジャンパーを着た人たちがたくさんいる。

▼13：income mobility　モビリティは「移動性」と訳されることもある。

▼14：residential integration　隔離（segregation）の反対語。つまり、異なる階級に属する人たちが、同じ区域に混ざって住むこと。アメリカでは、富裕層がその他の階級と関わりたくないという理由で自らを隔離し、「柵で囲われた社会」（ゲーティッド・コミュニティー）を作ってしまうことが、社会問題になっている。また、これは階級間の流動性（モビリティ）が下がる一因にもなっている。住居統合は、こうした問題への一つの対策である。

サンフランシスコやシリコンバレーでは、母校の名前を大っぴらに宣伝する慣習はないが、それでも、ものの値段は同じくらい高い。パロアルトやアサートンでは、いたって普通の住宅に200万ドル（2億円）以上の値段がつくこともある。グーグル、フェイスブック、Airbnb、そしてアップルの本社は、社員専用の観光名所となっている。テクノロジー部門の標準的な労働者は、朝起きて、木漏れ日の郊外を車で走りぬけ、宇宙船のようなビルに乗り込み、グルメな食事を無料で堪能するのである。あるいは、都心部のオフィスまで自転車で行ったり、サンフランシスコからスモークガラス付の社用バスで通勤したりして、ヘッドフォンをつけ、一日中メールを打ち続ける人もいるだろう。そのほぼ全員が移住者である。

シンシナティやボルチモアのような中規模の都市では、雰囲気がだいぶ異なる。こうした都市は、2、3の全国機関——シンシナティの場合は、P&G、メイシーズ、そしてクローガー、ボルチモアの場合は、ジョンズ・ホプキンズ大学、ティー・ロウ・プライス、そしてアンダーアーマー——によって支えられている。こうした地域では均衡が保たれており、アンカー機関[15]が地域社会の成長に投資をする傍ら、その他の団体がその周辺で盛衰する。物価はわりと平均的である。新しい建物が建つたびに、詳細が住民全員に知れ渡る。ニュースで話題になるからである。時折、主要企業が一つでも落ち込み始めると、地元住民はパニック状態に陥る。大企業で働くために移住してくる人たちもいるが、住民や労働者の大部分は同じ地域で生まれ育った人たちである。シンシナティやボルチモアで育ち、大学に行った人は、よほどのことがない限り地元を離れることがない。こうした都市には、良い意味で気骨ある雰囲気が漂っており、心地が良い。日常性、機能性、そして物価の妥当性がそこには混ざり合っている。

次にくるのは、不況に苦しむ元工業都市である。デトロイト、セントルイス、バッファロー、クリーブランド、ハートフォード、シラキュース等々の都市がこの区分に含まれる。その多くは、20世紀半ばに発展を遂げた後、多種多様な課題と闘い続けてきており、時間が止まったような雰囲気がある。過疎が進む中で、大型ビルや地区が丸ごと放棄され、手付かずのままになっている。最も有名な例であるデトロイトでは、かつて170万人にまでのぼっていた人口が、今では68万人にまで減っている。

ポスト工業化都市には、大きな可能性が秘められてはいるものの、張り詰めた空気が充満してもいる。ネガティブな言動と自信の欠如が顕著なのである。住民の多くは、自分の住む場所について、へっぴり腰になったり、自虐的な冗談を言ったりする。地元の現状を過去や他所と比べているからである。私の友人にカリフォルニアからミズーリに移住した人がいるが、彼は「なんでまた、こんなところにわざわざ引っ越してきたんだ」と質問攻めに遭ったという。ワシントン

▼15：第4章「アンカーストア」の訳注を参照されたい（73頁）。

D.C.からクリーブランドに移住した人も、同じことを指摘しつつこう言った。「地元の人たちは、いい加減、へっぴり腰になったり、自虐的なことを言ったりするのをやめるべきだよ」。よりポジティブな姿勢として、例えば「売れるなら／なんでもするぜ／デトロイト」[16]という具合に雑草魂を磨く人たちもいる。前向きにつっぱる地域が私は好きだ。

一つ、驚いたことがある。ボルチモア、セントルイス、ニューオーリンズ、デトロイト、クリーブランド等々の都市には、必ずと言っていいほど都心部のど真ん中にカジノがドーンと建っているのである。私も何度か週日の夜に入ってみたことがあるが、あまりワクワクする場所ではない。お客のほとんどは、ギャンブルにのめり込んだらまずいのではないかと思わせるような人たちだった。

アメリカ中西部に車で出張に出ていたときのことである。私は中華料理店に入ってお昼を食べた。過去の繁盛の面影を残すお店だった。トイレに行くと、小便器の一つが割れており、ガムテープで修復されていた。「ちゃんと直すべきじゃないかな」と私はとっさに思った。しかしその後、料理店の店長の身になって改めて考えてみた。恐らく経営は火の車で、マージンは無に等しいにちがいない。小便器の修理に数百ドル（数万円）を費やしても、集客にはほとんど影響が出ないだろう。私は、店長が突然楽観的になって店の改装に数千ドル（数十万円）を注ぎ込む場面を想像してみた。地元は明らかに過疎が進んでおり、改装をしても事業が上向く保証はどこにもない。縮小が続く環境で経営をしなければならない場合、小使器の修復をガムテープで間に合わせるのは案外理にかなっているのではないかということに、私は気がついた。安易な楽観は裏目に出る。人や資源を失うことに慣れてくると、決断の仕方も変わってくるらしい。

最後に、周辺部の小さな街をみてみよう。こうした市町村は、まさに時代に取り残された場所である。経済活動はほとんどみられない。そして、人間が自然状態に近づいていくような、生々しい空気が流れている。住民は皆這いつくばって生きており、食いつなぐだけで精一杯なのである。

デイヴィッド・ブルックスは『ニューヨーク・タイムズ』の紙面で、こうした街を鮮明に描写している。[x]

今でこそ、こうした地域はもはや辺境の町ではないが、それでもなお伝統主義的な秩序と極端な社会的解体との狭間に紙一重で存在している。……地元住民の多くは、こうした地域社会を……資源の奪い合いの場として捉えている。厳しい世界、きれいごとが一切許されない

▼16：Detroit Hustles Harder　Tシャツや車などにプリントされるようになったスローガンで、直訳するなら「デトロイトが押し売りをさらに強引にすすめる」となる。元のスローガンの遊び心にちなんで、和訳は俳句風にしてみた。

世界、現実の隅々にまで争いが染み渡っている世界である。……最も重大な罪は、社会的な罪――不正や不作法等――ではなく、個人的な罪――怠惰、自堕落、暴飲、乱交等――なのである。もうずっと、街は混沌に蝕まれており……道という道で社会崩壊の兆しが見てとれる。障害者手当制度[17]を乱用する怠け者、軽々と子どもをつくる者、薬物を乱用する者、配偶者を虐待する者。

ニューヨーク、サンフランシスコ、そしてワシントンD.C.に住む人たちは、社会適合や組織順応の訓練を何重にも受けている。私たちはそのようにして、金融家、テクノロジスト、そして政策専門家になり、ものごとを抽象的に処理していく。私たちは観念的な話をするのが大好きである。高価な住宅に住み、次に越えるべき目標に照準を合わせている。不正や不作法の心配をする余裕があるほど恵まれている。

全国各地の小さな市町村やポスト工業化の地域社会に住む人々は、人間のもつ生々しさを肌身で感じている。彼らは自動化と機会の不足とによって家族生活を根こそぎ変えられてしまった。そのような地域に迫りくる未来は、いずれ私たちの身にも降りかかってくるだろう。

▼17：障害者を補助するために、社会保障障害保険（ＳＳＤＩ）と補足的保障所得（ＳＳＩ）という、2つの主要な社会保障プログラムがある。ＳＳＤＩ手当は、仕事を続けることが不可能であるか、「実質的な有給活動」の実行を妨げる「医学的に決定可能な」障害のある労働者に支給される。補足的保障所得（ＳＳＩ）は、65歳以上であるか、視力障害またはその他の障害を持ち、収入やリソースが限られている障害者に毎月手当が支払われるプログラムである。

第12章　男性、女性、そして子どもたち

自動化と経済変革は、全国各地の家族や人間関係を数百万人規模で大きく変えてきた。その実態は暗澹たるものである。

　2000年から2014年までの間で、アメリカでは500万件以上の製造業部門雇用が失われた。製造労働者の4分の3近くは男性なので、こうした変化は大学学位を持たない男性に特に手ひどい打撃を与えた。男性のための機会が減ったことによって、労働者階級の男性は結婚をしなくなった。MITで貧困を研究するデビッド・オーターは、製造業部門雇用が失われると痛手を負った地域社会における男性の婚姻率は低くなるということを示した。[i] 男性の平均実賃金も1990年から下がり続けている。[ii] また、ピュー研究所による調査では、多くの男性が金銭的な不安を理由に結婚をちゅうちょしたり諦めたりしているということが示された。同調査では、女性の側からは安定した職に就いているかどうかが配偶者を選ぶ上で最も重要な要素であるということがわかった。

18歳以上の既婚者の割合　最終学歴別（1970年～2015年）

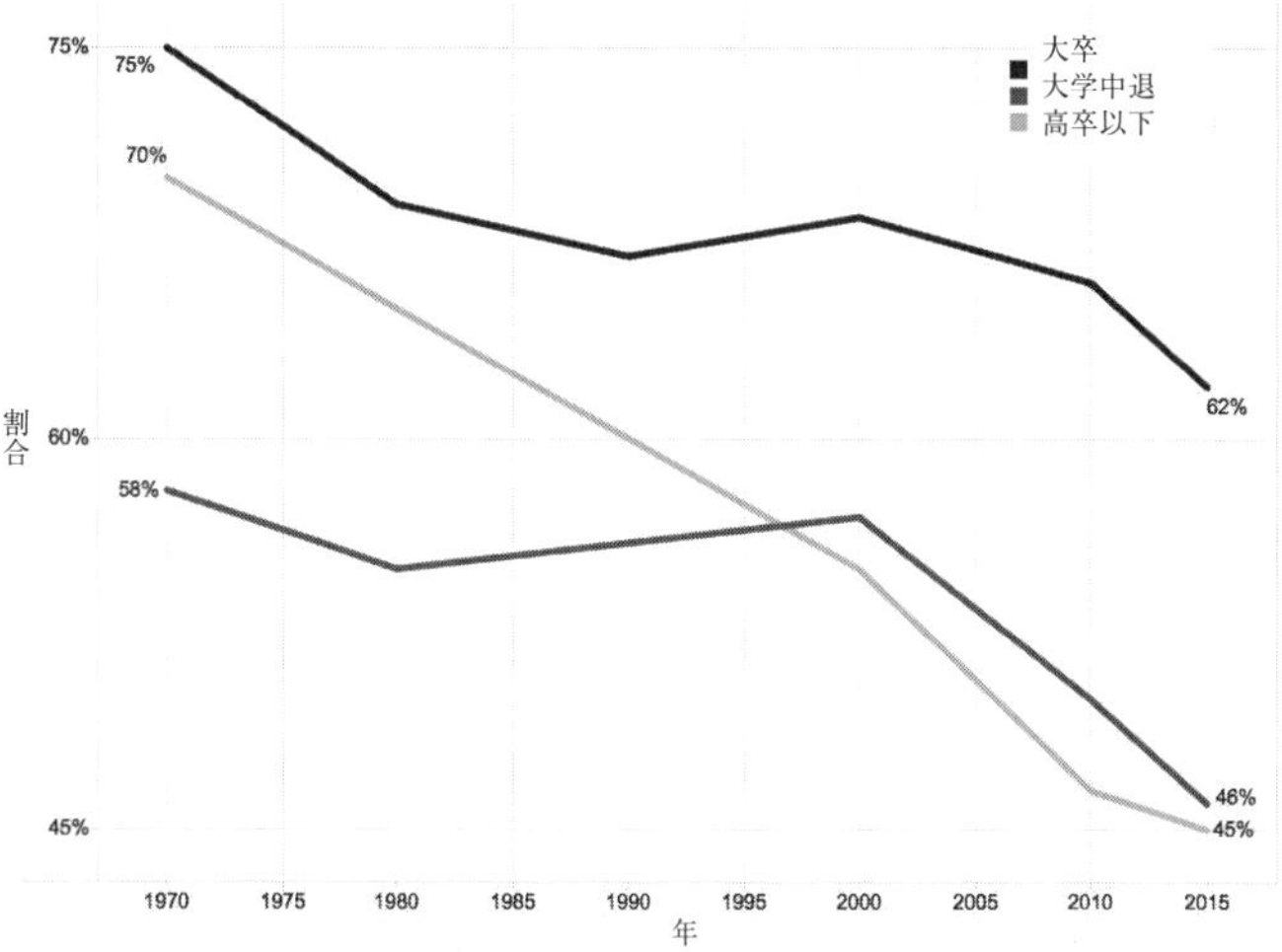

Source: The Pew Research Center analysis of 1970-2000 decennial census and 2006-2015 American Community Survey.

出典：ピュー研究所

そもそも結婚とは、楽観、安定、そして繁栄を前提とした行為である。お金もかかる。安定した職に就いていないと、こうした要件を満たすのは難しい。階級を問わず、過去40年間で結婚は減少傾向にあるが[iii]、大学に行っていない層ではそれが特に顕著である。労働者階級の成人の婚姻率は、1970年には70%だったものが、今日ではわずか45%にまで暴落している。衰退が加速したのは2000年代のことであり、製造業部門雇用が消え始めたのと同時期である。

　結婚の減少の背景には、実に様々な理由がある。労働力人口比率の向上と、男性に依存しなくなった女性の選択肢の増加を挙げる人たちもいる。文化的な慣習の変化をベースにして議論をする人たちもいる。いずれにしても、労働者階級の男性のための機会の減少が結婚をしようと思う人の減少に寄与していることはもはや疑いの余地がない。男性が直面している諸問題については、すでに優れた研究がたくさんある。２０１６年に『アトランティック』に掲載された「消えゆく男性」と題された記事によると、生産年齢（25歳〜54歳）のアメリカ人男性の６人に１人（総計１０００万人）は、失業中か、労働力人口からドロップアウトしている。[iv]

では、労働力人口からリタイヤした男性は、毎日何をしているのだろうか。多くの場合、彼らはテレビゲームにふけっている。国勢調査局の時間使用調査によると、大学学位を持たない若い男性たちは、かつて仕事にかけていた時間の75％をコンピューターの前で過ごしており、そのほとんどがテレビゲームである。[v]

今では、女性が大卒者の過半数を占めている。[vi]２０１７年には、大卒者の57％が女性であり、こうした傾向はこの先も続く。あなたが本書を手にとる頃には、男性２人に対して女性３人が大学を卒業するようになっているはずである。また、修士号をはじめとする大学院レベルの学位も、過半数が女性によって修得されている。これは国際的な現象である。先進国の大半で、女性が大卒者の過半数を占めるようになってきている。

労働力人口に参加する男性の数が減ってきているということは、それだけ結婚に適した男性の

婚外子（非嫡出子）の割合（1940年～2015年）

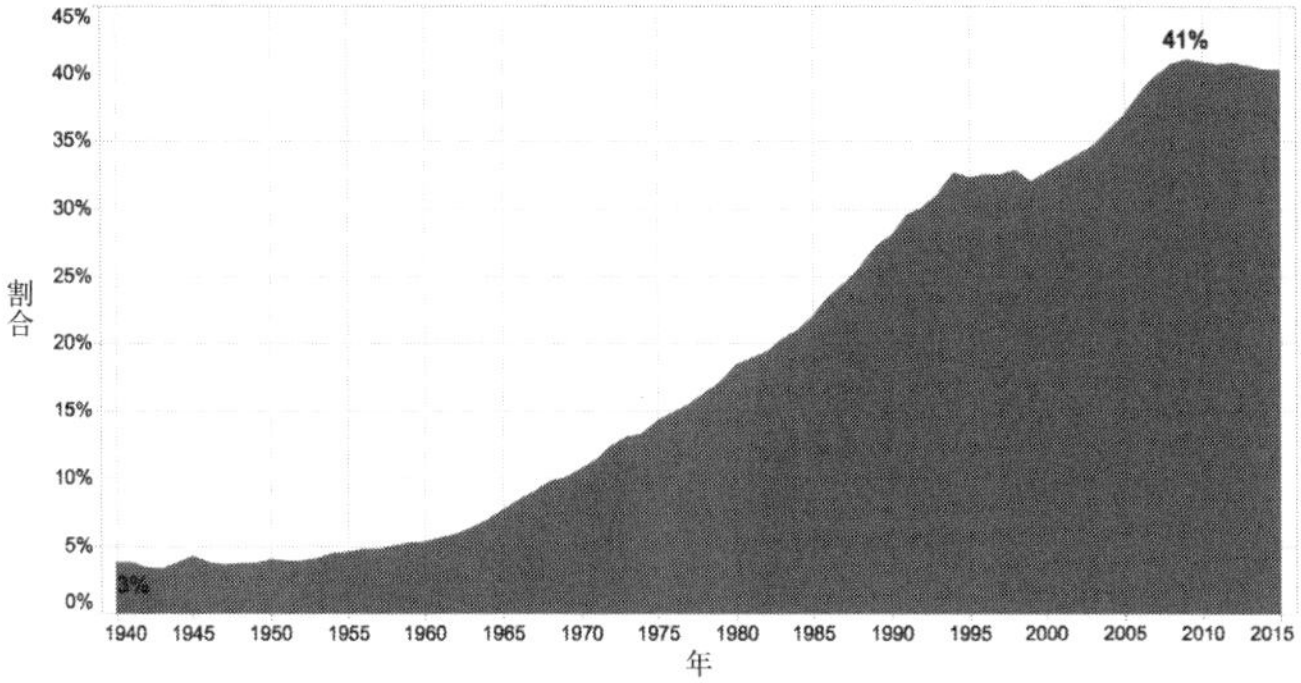

Source: The Center of Disease Control, Table 1-17. Number and Percent of Births to Unmarried Women, by Race and Hispanic Origin: United States.

出典：疾病管理予防センター

数も減っているということである。ジャーナリストのアライナ・セミュエルズが、労働者階級の女性に結婚についてインタビューを行ったとき、女性はこう答えた。「結婚したいと思えるような相手には、まだ一度も出会ったことがないわ」。大学教育を受けていない女性たちにとって、同学歴の男性は、就職できない限り安定的な配偶者にはなりえないのである。

婚姻率の低下は、一人親世帯で育つ児童の比率の劇的な増加を意味する。出生率は低下しているが、結婚しないからといって子どもができなくなるわけではない。未婚の母親のもとに生まれる赤ちゃんの割合は、１９８０年には18％だったものが、２０１５年にはその2倍以上の40％となっている。

シングルマザーとシングルファザーの比は、４対１以上にもなっている。18歳以下の子どもがいる一人親家族1100万世帯のうち、850万世帯はシングルマザーなのである。[vii] つまり「一人親」とは、ほとんどの場合「シングルマザー」を意味する。低学歴の男性を切り捨てて、扶養ができない状態にすれば、結果として多くの家庭が困難に陥り、親たちは育児ができなくなってしまう。「出生率と婚姻率が下がる傍らで、不利な条件下で生まれ育つ児童の割合は上がっている。その結果、子どもたちはひどく厳しい環境に暮らしている」と、貧困研究者のデビッド・オーターは製造業部門の衰退が男性や女性に与える影響についての研究調査を参照しつつ言った。

一人親世帯で生まれ育った場合、男の子の方が女の子よりも苦労するようである。結婚生活が安定している両親に育てられた子どもの方が学校での成績が高くなるが、父親の不在が男の子に与える影響は特に大きいという研究結果もある。[viii] 父親のいない男の子は、小学校以降で問題を起こす可能性が高く、「女の子と比べて両親からの働きかけ（あるいはその不在）に敏感に反応する」そうである。研究の著者たちはこうも述べている。「より多くの男の子が父親が家にいない状態で育ち、女性が（特に……労働者階級の地域社会において）より安定した成功者として脚光を浴びるにつれ、男の子も女の子も、男性の方が成功への意欲が低く、高等教育に進むための素質もないという考えを抱いてしまう。……大学教育も、女の子の場合は全員が、男の子の場合は一部の人が受けるものという風に捉えられてしまう。ちょうど、一昔前の文化的慣習の逆である」。

J・D・ヴァンスも、男の子は学校を軽んじるべきだという風潮についてこう洞察している。「子どもの頃、僕は学校での成功を女らしさと結び付けていた。[ix] 男らしさとは、力強くて、勇敢で、戦いをいとわず、後々女から慕われるようになることだと思っていた。成績優秀な男の子は、「女々しい弱虫」と呼ばれた。……色々な研究が示すように、僕みたいな労働者階級の男の子の成績が悪くなりがちなのは、学業を女の営みとして見ているからなのだ」。

私には2人の小さな息子がいる。そのうちの1人は自閉症である。子どもの頃にあまりかまってもらえなかった男の子が成長してから苦労をするのは、私には当然のことのように思える。注意欠陥多動障害（ADHD）になる比率も、男子の方が女子の2倍も3倍も高い。アメリカ疾病管理予防センターが2015年に行った調査では、男の子のなんと14%がADHDと診断されていることがわかっている。[x] 私の友人の娘たちはまるで小さな大人たちのようだが、私の息子たちはそうではない。男の子と女の子とでは成熟の仕方も異なり、女の子の方がより速く、早期に成熟する。成熟の度合いの差のおかげで、女の子の方が学校の成績がよくなる傾向があるといえるだけの根拠もかなり存在する。2012年には、アメリカの高校の卒業生総代[▼1]の70%が女の子だった。[xi] また、ほとんどの先進国では女の子の方が大学進学率が高い。

▼1：valedictorians　最優秀生のこと。

上部層に注目してみよう。大卒の女性は、大学に行かなかった男性との結婚を渋る傾向がある。無理もない。大卒者の比は、女性3名に対して男性2名という値になってきている。そのため、大卒の女性の3人に1人は、結婚願望があっても、男性の結婚相手がみつからない。完全なマッチングが行われたとしてもである。よって、高学歴な女性の間では、より多くの人たちが子どもを単独で育てていくか、あるいは子どもをつくらないという選択をすることになる。このような傾向は、私の友人たちの間でも顕著である。例えば、私はニューヨーク市内に住む女性の成功者をたくさん知っているが、彼女らは家庭を築かないことを選んだり、シングルマザーとして子育てをしたりしている。才能にあふれ、容姿端麗で、素晴らしい女性たちである。これはこれで良いとも言えるかもしれないが、別の意味では、とても理想的とは言えない状況でもある。ハーバード・ビジネス・スクールを卒業した母親が、一度私にこう打ち明けたことがある。娘が一人っ子として育つことに申し訳なさを感じるが、だからといって2人以上の子どもを自分ひとりで育てるのは無理だ、と。

彼女の言いたいことは、私にもとてもよくわかる。妻にとっても、私にとっても、子どもを生んで育てることは、人生最大の大仕事である。私は最初、子育てを甘く見ていた。「有史以来、人類は子どもを生み、育ててきたじゃあないか。自分にもできるに決まっている」と思っていた。今では、私は新米の親たちに向けて、想像もつかないようなことが待ち受けているぞ、人生がひっくり返って心に地殻変動が起きるぞと警告するようにしている。子育ては、個人としても、夫婦としても、妻と私にとっての試練だった。よほど協力的な家族が身近にいない限り、シングルマザーやシングルファザーがどうやって子育てをやってのけるのか、私も妻も想像がつかない。データによる裏づけもある。一人親世帯で育てられた子どもは、学歴、所得、婚姻率、離婚率、心身の健康等々、実に多くの面で不利な立場に立たされている。しかも、親の所得レベルは関係がない。アメリカ人の50％が母親の半径18マイル以内に住んでいるという事実[xii]も、これで説明がつく。一度子どもが生まれてしまえば、家族にすがるしか道がないのである。

フレデリック・ダグラスは、「壊れた大人を修復するよりも、強い子どもを育てる方が容易である」と書いた。しかし、強い子どもを育てるのも非常に大変だという点を、ダグラスは言い忘れたようだ。会社の立ち上げは大変だろうと私は思っていたが、親になることの方がはるかに大変である。また、親と起業家との間には様々な共通点があるということにも気づかされた。そのうちのいくつかをここに挙げてみたい。

- 誰でも意見を持っているが、自分が何をしているのかを分かっている人は一人もいない。
- 始めの2年間は、特に厳しい。
- 他の人たちからは、自分以上の熱意を期待してはいけない。

- 良い日には、やる気と決意で心が満たされる。
- 嘘つきが横行している。
- 相棒は慎重に選ぶべきである。
- お金よりも、心の方が大切である。とはいえ、お金も必要。
- 外注するのがとても難しい。
- 真の友人が誰なのかが判明する。新しい友人と出会う。
- こんなことにまで責任をとらなければいけないのか、とびっくり仰天することもある。
- 実情を前もって知っていれば、そもそも始めなかったかもしれない。それでも、やってよかったと思える。
- 思いもよらなかったような小さな課題が無数に出てくる。
- 言葉よりも、時間の使い方の方がはるかに大切である。
- コストは常に予想を上回る。
- 仕事のほとんどが、泥臭く、無味乾燥で、面倒である。
- 自分の人となりについて、改めて色々と気づかされる。想像を絶するような試練に直面する。
- 本当の意味で助けになってくれる人に出会うと、感謝の気持ちでいっぱいになる。
- 努力して自分の時間を作らない限り、自分の時間などない。

● 自分の弱点や短所はすべて公になる。
● 一見すると壊れやすいものだが、心から感心させられるときがくる。
● まさか自分にこんなことができるなんて、と自分に驚くこともある。
● 素晴らしいことを達成してくれたときに、感無量になる。
● 始めは、自分がいなければ何も回らないと思い込む。時が経つにつれて、自分が不要になるようにギアチェンジしていく。
● 他の人がほめすぎることがある。
● みんながそれぞれ言いたいことを言っているが、最後は自分の判断がものを言う。
● 人生が新たな次元に突入する。自分の人格の新たな領域が開拓される。
● 想像を絶する困難と想像を絶する喜びを伴う。

自分の手元に今あるリソースに縛られずに機会を追求すること――これこそ、起業の定義である。親ならば誰でも、自分の子どものために最善の機会を追求しつつ、毎日、障害物や限界を乗り越えていく。ある意味、親とは起業家なのである。

ＶＦＡを築きつつ、子どもを（婚姻関係を保持しつつ）育てようとした結果、私は精神崩壊寸前のところまで追い詰められた。最も大変な仕事のほとんどを妻が引き受けてくれていたにも関わらず、である。休む暇はなかった。一言でいうと、親でいることはとにかくしんどい。一人で子育てをするなど、難しすぎて想像すらできない。しかし私たちは、より多くの人たち、特により多くの女性たちに、まさにこの困難を強いているのである。子どもの教育と人的資本の養成がいまだかつてないほど重要となっている昨今において、私たちは本来進むべき方角とは全く逆の方向へ突き進んでいる。

第13章　亡霊階級[1]――解職の実情

2015年のことである。経済学教授のアン・ケースとアンガス・デイトン夫妻は、中年の白人アメリカ人の死亡率が1999年以降、年間0・5%というペースで急激かつ継続的に増えていることに気がついた。何かの間違いだろうと2人は思った。先進国において平均寿命が下がるなどということは、一過性の上下の他には聞いたことがなかったからである。デイトンはこう言った。「何かがおかしいと思いました。信じられない現象ですし、もし事実ならば、すでに誰かが指摘しているはずでしょう[i]」。

ふたを開けてみると、たしかにこの現象は事実であり、しかもそれまでこれを指摘した人は他

▼1：the permanent shadow class　直訳すると、「恒久的な影の階級」で、社会という日なたに出る見込みがない人たちからなる階級を表している。直訳では長たらしくなってしまい、しかも「shadow」のもつ亡霊的な含みがやや薄まってしまうので、「亡霊階級」という思い切った意訳を行った。

絶望死（自殺、薬物、飲酒）人種別　50歳～54歳　（1999年～2015年）

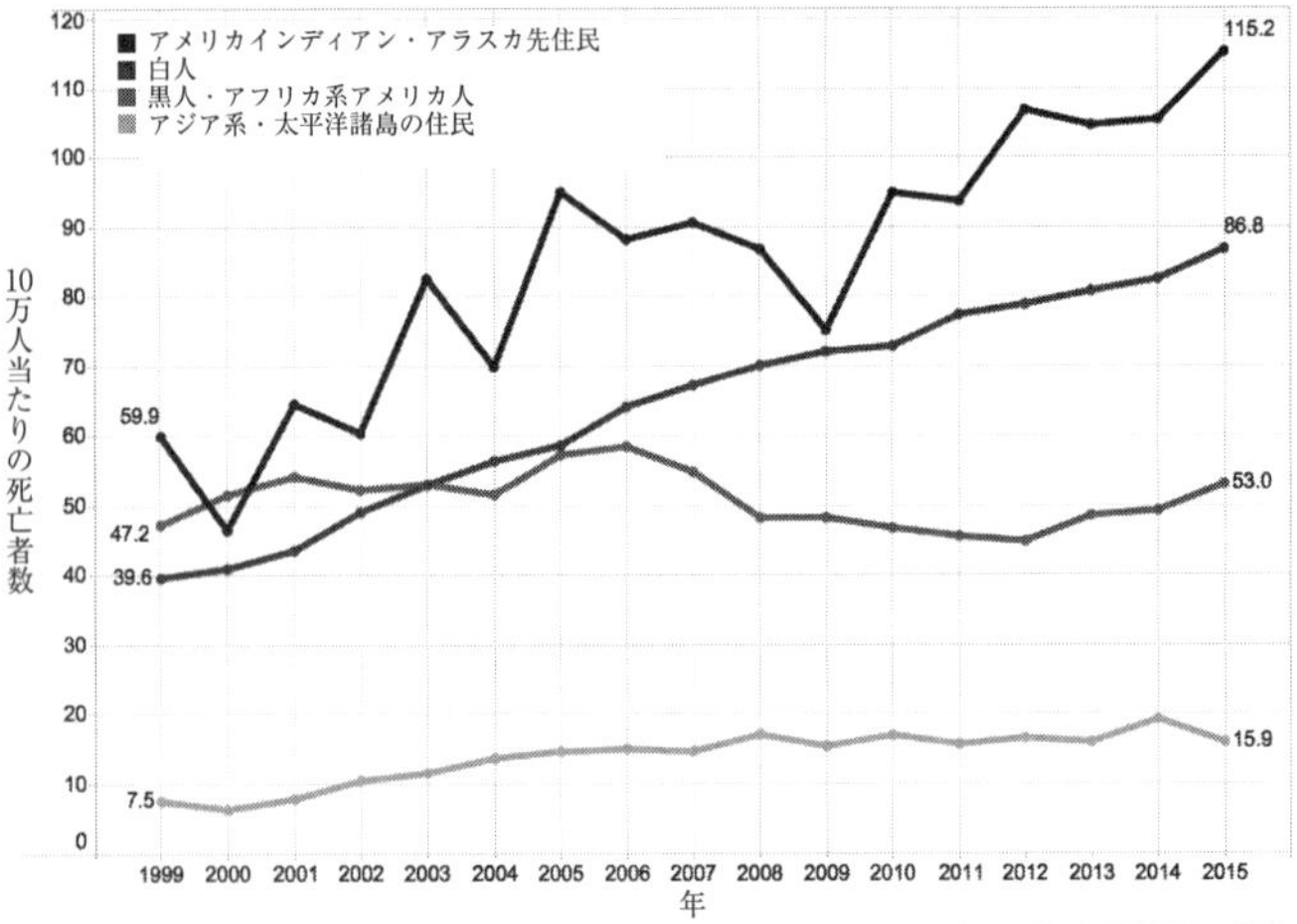

Source: Centers for Disease Control and Prevention, National Center for Health Statistics. Underlying Cause of Death 1999-2015 on CDC WONDER Online Database, released December, 2016. Data are from the Multiple Cause of Death Files, 1999-2015, as compiled from data provided by the 57 vital statistics jurisdictions through the Vital Statistics Cooperative Program.

出典：疾病管理予防センター

にいなかったのである。

　ケースとデイトンが発見したとおり、自殺は急増している。処方薬の乱用も一気に増えている。アルコール性の肝臓病も、もはや普通のこととなってしまっている。従来、アフリカ系アメリカ人の方が白人よりも死亡率が高く、平均寿命が低かった。今では、高卒以下の白人と、同じ学歴のアフリカ系アメリカ人は、死亡率が同じなのである。このような不穏な傾向の裏には、一体何があるのだろうか。

　ケースとデイトンは雇用に注目した。デイトンの解説によると、「雇用がぼろぼろと崩れていく中で、男性の多くは、低賃金で、悪質で、短期間な雇用しかないような冷たい労働市場に放り込まれている。そのため、結婚が難しくなり、子どもと過ごす時間が削られていく。社会的な機能不全が着々と広がっている。そして、この社会には自分のための地位や居場所がないと感じる人が増えている。こうした環境では、自殺が増えて当然である」。中年層の死亡率や絶望死の数は、男女共に増えているが、特に男性の場合伸びが急激であるという点を2人は強調している。

主な死因の一つに、アヘン剤の乱用がある。2016年には、約5万9000人のアメリカ人が薬物乱用によって死亡したが、これは2015年の5万2404件という当時の最高記録よりもさらに19%も上の数値である。こうして、アメリカでは初めて、事故死の死因として薬物乱用が交通事故を上回ることとなった。オハイオ検察局は、薬物乱用の被害者数が2年間で3倍にも増えた地区もあってもはや手に負えないと報告している。[ii] 収容スペース不足を解消するために、近隣の葬儀場に連絡をとるようになったほどである。

2016年の薬物乱用による死亡率の上位5州は、ウェストバージニア、ニューハンプシャー、ケンタッキー、オハイオ、そしてロードアイランドである。[iii] 最新の政府報告における推計では、約200万人のアメリカ人が麻薬様物質（オピオイド）に依存しており、さらに追加で9500万人が過去1年以内に処方鎮痛剤を服用した。これは煙草の使用よりも高い数値である。また、12の州では人口よりもオピオイド処方数の方が高い。薬物依存があまりにも広がっているため、例えばシンシナティの病院では妊婦の薬物検査が義務化された。[iv] 過去数年間で妊婦の5・4%が陽性だったからである。「オピオイドは、現在、私たちにとって最重要の懸念事項です」と、シンシナティ小児病院周産期医療研究所の小児科医であるスコット・ウェクセルブラットは言う。

一般的に、オピオイド依存症は処方鎮痛剤の使用に端を発するものだとされている。1996年には、オキシコンチンが「魔法の薬」として市場に導入されたが、販売者のパーデュー・ファーマ社は、2007年に、依存性を明記せず虚偽表示をしたとして6億3500万ドル（635億円）の罰金を科された。[v] それでも、同社は2000年には11億ドル（1100億円）相当の鎮痛剤を販売し、2010年の売り上げは30億ドル（3000億円）という巨額に上った。マーケティングだけでも、同社は2001年に2億ドル（200億円）を投じた。販促担当者を671名も雇い、販売目標を達成した者には成功報酬として一人当たり25万ドル（2500万円）にものぼるボーナスを支払った。つまり、スーツ姿の薬物ディーラーが依存性の高いオピオイドを医師に積極的に売りつけ、ご褒美に数十万ドル（数千万円）のお金をもらっていたわけである。オキシコンチンに関して、疾病管理予防センター所長のトム・フリーデン博士は「非致命性の症状への日常的な処方薬で、これほど頻繁に患者を死亡させているものは他に例がない」と指摘している。[vi] オピオイド療法を受けた患者の550人に1人が、初めてのオピオイド処方から

2・6年後（中央値）にオピオイド関連の死因で死亡しているという研究結果もある。

昨今では、オピオイド服用者の多くは、ヘロインに歩みを進めている。よくある依存症のパターンだが、初めは皆、処方鎮痛剤を痛み止めや嗜好ドラッグとして使用するところから入る。錠剤を砕いて粉末にし、鼻から吸い込み、数時間にも及ぶ陶酔感を味わう。そしてしばらくするとヘロインに移行する。オピオイド使用者いわく、ヘロインは入手が簡単だからである。『New England Journal of Medicine』（ニューイングランド医学誌、ＮＥＪＭ[▼2]）が行った研究調査では、対象者の66％がオキシコンチンの使用後に他のオピオイドに移行している。

かつて、ヘロイン使用者の大半は男性だった。しかし、女性の方がオピオイドを処方される比率が高くなってきたため、今ではヘロイン使用者の性差は半々となっている。ヘロイン使用者の90％は白人である。

「ヘロインの流行は、筆舌に尽くしがたいほど悲惨であり、あまりにも広範で、しかも、防止の目途が立たない」とダニエル・カッカローネは言う[vii]。彼は医学博士であり、サンフランシスコ

▼2：「The New England Journal of Medicine（ＮＥＪＭ）は、200年以上にわたる歴史を有し、世界でもっとも権威ある週刊総合医学雑誌の一つです。医学界のトップジャーナルとして、また情報提供の優れた媒体として、国内外の医師・研究者から高い評価を受けています」（同誌ウェブサイトより）

のカリフォルニア大学でヘロイン市場の研究をしている。「2017年現在、私たちはこの問題に対して大きな遅れをとっている。ヘロインの威力を侮ってはいけない」。麻薬カルテルはヘロインにフェンタニルを混ぜ始めているが、これは合成オピオイドであり、陶酔感と依存性を高めるだけでなく、ヘロインよりも値段が安い。別の混ぜ物にカルフェンタニルがあるが、これは象の麻酔薬であり、触れただけで肌から吸収されて、過剰服用となるほど絶大な効果をもつ。

既存の製薬会社や医療制度のせいで、数十万人もの人たちがオピオイド中毒者となり、今ではヘロインに移ってディーラーから薬物を買うようになってしまっている。もはやヘロインの使用は道端で普通にみかける光景となっている。オハイオ州警察によると、携帯電話のメールで週末の半額セールの宣伝をしたり、公園で車のボンネットに無料サンプルを積み込んで地域の人たちに配ったりするディーラーもいるらしい。また、営業時間を決めて活動するディーラーもいる。あるいは、電話番号を記入した紙で薬物を包んだ「テスター」を道路を走り行く車の窓に投げ入れ、新しい顧客の獲得を狙うディーラーもいる。ブランドン・コンリー刑事は、オハイオのディーラーを軽犯罪で逮捕した際に「ここいらじゃあ、みんな家族ぐるみでクスリを売ってるのさ。コイツの縄張りも、他の奴らがすぐに掃除するはずだよ」と言った。ディーラーたち自身も中毒者である場合が多く、安定した供給源を確保しようとあくせくしている。

オピオイドの流行という病と、私たちはこれから何年も付き合っていかなければならない。治癒は容易ではない。ヘロインやオピオイドへの依存から抜け出すのは、知ってのとおり、ものすごく難しい。禁断症状の例として、渇望、吐き気、嘔吐、鬱、不安、不眠症、そして発熱が挙げられる。患者のほとんどは、回復への道半ばで何度も挫折する。また、依存症をなんとかコントロールするために、メタドンのようなアヘン剤代替物を使わざるをえなくなる。2014年の研究調査によると、薬物乱用障害患者たちのうち、適切な治療を受けたのはわずか10％しかいなかった。ほとんどの人たちは、自力で悪習を改善することはできず、長期にわたるリハビリを必要とする。サリー・サテル教授は、ヘロイン使用者の治療に数年間携わってきた医師である。彼女はこう言う。「長年の経験から言えることですが、薬さえしっかり飲んでもらえば、ヘビーユーザーでも治療を軌道に乗せることができるなどという考えは甘すぎます。彼らは、緩やかなパターナリズム[3]や、場合によっては民事拘禁を介しての強制入院を必要としているのです」。治療センターでは、30日間～90日間の入院治療の場合、1万2000ドル～6万ドル（120万～600万円）の治療費がかかる。外来治療の場合でも、30日間のプログラムで5000ドル

▼3：paternalism　「温情主義」「父権主義」などとも訳される一語。通常は否定的な意味で用いられる言葉だが、ここでは患者を手厚くサポートしつつ、依存性物質を日常生活から排除する手助けを継続することを意味する。「依存症も意志さえあれば自力で克服できるはずだ」という誤った先入観を払拭するためにも、この一語がポジティブな意味で使われていることの意義は大きい。

（50万円）が相場であり、しかも成功の保証はない。

自殺や依存症の急増と相まって、障害者保障制度への申請者数も大幅に増えた。生産年齢アメリカ人のうち、約９００万人が障害者手当を受け取っている。ニュージャージー州やバージニア州の全人口よりも多い人数である。障害者手当を受け取った生産年齢アメリカ人の割合は、１９８０年の２・５％から、２０１７年には５・２％まで上がっている。[viii] 障害者申請は２０００年を皮切りに急上昇を始めた。ちょうど製造業部門雇用の数が激減し始めた年である。２０１７年６月現在、手当の平均給付額は月額１１７２ドル（11万７２００円）であり、年間総額は約１４３０億ドル（14兆３０００万円）である。障害者の年齢も下がっている。１９６０年代には、30歳代や40歳代前半の男性６・６％と女性６・４％が障害者手当を受け取っていたが、２０１４年にはこれが男性15％、女性16・２％にまで増えている。

また、障害者の比率は雇用喪失の地域において高くなる傾向があり、アパラチア地方やアメリカ最南部（ディープサウス）等の地域において「障害者ベルト」を形成している。バージニア州の郡の中には、18歳から64歳までの生産年齢成人の実に20％が障害者手当を受け取っている場所もある。ウェストバージニア、アラバマ、アーカンソー、ケンタッキー、そしてミシシッピは、障害者手当受給者数の上位５州であり、労働力人口の７・９％から８・９％が何らかの形で所得代替を受け取っている。５州の受給者への障害者手当の給付総額は、なんと月額10億ドル（１０

00億円）を越える。こうした地域では、障害者手当があまりにも広く行き渡っているため、支払日がまるで休日のように感じられるほどである。ウェストバージニアで障害者手当請求の処理を行う事務員はこう言った。「障害者手当は、州の経済にとって必要不可欠です。手当がなければ生活できないような人たちがたくさんいるからです。（支払日には）薬局には行きません。ウォールマートにも行きません。レストランも避けるようにしています。手当の支払いを受けて、みんなが買い物に出かけるからです」。

障害者比率の上昇には、高齢化や人口構成の変化も当然ながら反映されている。しかし、多くの場合、専門家が「経済的障害」と呼ぶ現象が起きているのである。制度内で最も伸びているカテゴリーは「精神疾患」と「筋骨格系及び結合組織」であり、この2区分だけでも手当給付の50％を占めているが、これは20年前の2倍である。また、この2区分は第三者医師による検証が最も困難な診断分野でもある。

2014年の障害者手当申請者数は248万5077人だった。つまり、1営業日当たり9500人もの申請者がいることになる。障害者手当審査官は全国に1500人いる。彼らは審査手続きを管理する際に申請者と直接会わないことも多い。面談までの待機期間は、ほぼすべての州で18ヶ月を越えている。障害者手当を申請するためには、医療専門家から根拠となる資料を得る必要がある。申請者たちは、医師の作った書類をまとめ、送付し、返事を待つのである。政府の弁護士が検証をすることはなく、政府の医師が検査をすることもない。申請者の40％は、初回申請時であれ、再申請後であれ、最終的に給付承認を得ている。[ix]標準的な受給者の生涯手当給付額は、約30万ドル（3000万円）である。[x]

金額がこれほど巨大になってしまったため、申請者の弁護は一大ビジネスと化した。法律事務所は、こぞって深夜テレビに広告を出し、顧客の申請プロセスの手助けをし、見返りに給付金の一部を手数料として受け取るようになった。控訴をする申請者の80％は弁護士をつけているが、これは1970年代の20％以下に比べると大きな増加である。ある法律事務所は、申請者の弁護だけで、年間7000万ドル（70億円）以上の収益を上げた。[xi]

一度障害者手当を受け始めると、再就職への動機が急速に薄れる。仕事をし、心身の健康を表明してしまえば、手当を失うからである。このため、障害者手当から抜け出す人はほとんどいない。全国の解約率は1％にすら満たない。デビッド・オーターは、今の社会保障障害保険は全国各地で失業保険の役割を担っていると主張している。[xii]本来の目的とは異なる使われ方だが、数十万人のアメリカ人がそういう風に利用しているのである。

障害者手当の審査を管理する判事がこう言ったことがある。「もしアメリカの国民が自分たちの制度内で起きていることを知ってしまったら、半数の人たちは怒りに燃え、残りの半数は早速手当の申請をするにちがいない[xiii]」。

友人のトニーに、障害者手当を申請したときの体験談を聞かせてもらったことがある。私たちは同じ地区で一緒にテレビゲームで遊んで育った仲である。ミュージシャンや音響技術者といった職を経て、トニーは現在、住宅ペンキ塗りとして働いている。結婚をしたこともあったが、今では離婚している。数年前に、彼は公立大学を卒業した。また、トニーは子ども時代の大半を健康保険なしで過ごした。父が契約社員として働く自営業者だったからである。2011年に、トニーはマサチューセッツ西部に引越し、生まれて初めて健康保険に入った。低所得者に該当したので、「ロムニーケア」[4]のもとでは無料で保険に加入することができた。

健康上の問題で数ヶ月間休職していたトニーは、数年前にセラピストに「障害者手当の受給を検討してみてはいかがでしょうか」と言われた。初めこそトニーは懐疑的だった。けがのほとんどが脳に関連するものだったからである。子どもの頃の事故（9歳の頃のセメントへの落下事故、11歳の頃のスクーター事故）で脳を損傷したときの後遺症と、高校のフットボール部で受けた脳振とうの影響で、トニーは認知障害と気分変動に苦しめられてきた。また、慢性疲労、筋肉痛、鬱、そして慢性ライム病[5]にも悩まされていた。

▼4：「オバマケア」のもじりで、2012年の大統領選挙に共和党代表者として出たミット・ロムニーが州知事時代に可決させた医療保険制度のこと。制度自体は2006年4月に可決されたので、オバマが大統領選挙に出る2年前のことである。

トニーは、セラピストの助言に従って社会保障障害保険（Social Security Disability Insurance、SSDI）のウェブサイトに行き、申請に取り掛かった。セラピスト、看護処方者[6]、精神科指導医、かかりつけ医、ホリスティック医学専門医[7]、そして感染症専門医からそれぞれ書類を入手して提出した。「これまで自分の身体の中に色々な悪いものをため込んできた。小さい頃にしっかりと治療を受けていれば、障害者にならなくて済んだかもしれない」。2016年3月に、トニーは書類を提出したが、5ヶ月後に棄却通知を受けた。全国的に、初回申請の75％は棄却される。その後、トニーはインターネットに行き、障害者手当控訴を専門とする地元の弁護士をみつけた。弁護士はトニーの代理人として控訴の手続きを踏んだ。2ヵ月後、トニーの申請は承認され、月額1200ドル（12万円）の給付が始まった。「弁護士に任せた後は、特に何もしなくて済んだ。気がついたらお金が入ってくるようになったのさ」。弁護士は控訴代理の手数料として2700ドル（27万円）を受け取った。トニーが障害者認定を受けた日付にさかのぼって計算した場合の給付額の25％である。

トニーは現在、障害者手当を受け取っており、次の面談は2年後である。「障害者手当があって、本当に良かった。これがなかったら、働きすぎて命が危なかったかもしれない」。トニーは42歳であり、地元の教会でボランティア活動をしている。「マサチューセッツ西部に暮らしているよ。外からみたら、困窮している地域にはみえないかもしれない。でも、教会で働いていると、テントや道端で生活している人たちがどんどん入ってきて、驚かされるよ。生き延びるためには、やれることをすべてやるしかないんだ」。

私見だが、私はトニーが障害者手当を受け取ることができて本当に良かったと思っている。彼にとって、障害者手当は文字通り命綱だったのだから。

J・D・ヴァンスは、オハイオの州民が、自分たちが額に汗して労働をし、なんとか食いつないでいる傍らで、何もしないで政府のすねをかじっている奴らがいるのはけしからんと怒る様子を書いている。彼は、政府の補助金への反感（ルサンチマン）を、オハイオのような州で共和党支持者が増えてきた理由として挙げている。

今ではもはや障害者手当を受け取っているアメリカ人の数は建設部門の労働者数よりも大きい。2013年には、生産年齢（25歳から54歳まで）でありかつ労働力人口に入っていない男性の56・5％が障害者手当の受給を申告している。[xiv] この年齢層は社会保障退職制度へと移っているた

▼5：ライム病菌に感染した野生のマダニに咬まれることで人間や動物に感染する。発熱、筋肉痛、関節痛、頭痛、悪寒、倦怠感、リンパの腫れなどのインフルエンザ様症状。
▼6：nurse prescriber　一部の医薬品の処方が許可されている看護師のこと。
▼7：holistic medicine　代替医療の一種。身体だけでなく、精神も含めた人間個人全体を医学の対象として捉える考え方だが、科学的な根拠は薄いとされている。

め、受給の割合も一定を保っているが、それでも制度の本来の意図を大きく上回る数値である。最近、障害者保険のための基金は底をついてしまい、社会保障基金と統合せざるをえなくなったが、これもまた2034年に底をつく見込みとなっている。

比較的少数のアメリカ人を対象にして設計された制度が、多くの人たちや地域社会にとって必須の命綱となってきている——「大いなる解職」の一現象である。経済が好調であるかのようなふりを私たちが続ける傍らで、数百万人もの人たちが、白旗をあげて「政府のすねをかじる」ようになっている。現行制度は、増え続ける失業者たちや就職不能者たちのために、年間1430億ドル（14兆3000億円）をかけてショックを吸収する装置となっているのである。障害者手当を受け取り始めた人は、受給者からなる亡霊階級の一部となる。体調が回復しても、生涯もらえる給付金をリスクにさらしてまでいつ消えるかわからない不安定な職に就こうなどと思う人はいないだろう。そもそも、社会に対してうしろめたさを感じながら毎月の給付金を受け取るよりも、自分は本当に障害者なのだと思い込む方が簡単ではないか。

障害の有無に関わらず、アメリカ人の多くは、何らかの形で健康上の問題を抱えている。良い職に就けている人は、腰が痛くても我慢をするだろう。あるいは、会社のおかげで健康保険に加入できている人は、手頃な値段で治療を受けて仕事を続けることができるだろう。しかし、失業中にストレスがたまってくると、体調も崩れやすくなる。手作業を主とし、消耗が激しい労働環境においては特にそうである。かつては製造労働者として働いていたが、解雇された後、とんとん拍子に障害者手当受給者になったという例はいたるところに存在する。もう一つ、大きな逃げ場として、小売部門の雇用がある。この部門でも雇用喪失が進めば、障害者の人数はさらに大きく膨らむだろう。

障害者保障制度は、政府が大規模な制度の運営を引き受けたときに生じる様々な課題を浮き彫りにしている。端的に言うと、これは最悪の組み合わせなのである。真に障害を負ったり、援助を必要としたりしている人たちが官僚の裁量で排除される可能性がある一方、弁護士で武装した人たちが大きな恩恵を受けている。「制度をうまく利用してお金をもらえ」「自分のことは、働く能力がない無能な人だと思い込め」というメッセージが、広く拡散されてしまっているのである。詐欺行為への耐性も弱い。そして、一度制度に入った人は皆、もう二度と出てくることがない。

第14章　テレビゲームと（男性の）人生の意味

「仮想世界は、近代の生活から奪われてしまった要素を取り戻してくれる。……人とのつながり、自分の能力への自信、そして、自分は周りから慕われる重要な人物なのだという感覚を回復してくれるのである」

——ジョナサン・ゴットシャル

7歳の頃、両親は私と兄にAtari 2600を買ってくれた。アメリカ初の一般向けゲームコンソールである。Asteroidsというゲームが入っており、私たちは画面にくぎ付けになった。ある夜、こっそり居間に行ってみると、なんと父までゲームをしていたほどだ。

私と兄は、地元のゲームセンターに行って、小銭がなくならないように戦略を考えて遊ぶのが好きだった。実にうまくできた仕組みだった。勝てばもっと遊ぶことができる。負ければ脇に立って観戦するしかなく、プレーの途中で帰る人をねらってそこから再開する。私たちはゲームの達人になった。私のお気に入りは『ストリートファイターⅡ』。また、『モータルコンバット』ではトドメ技（Fatalities）を暗記し、画面上で倒された相手に致命傷を与えた。パーソナルコンピューターでも、9歳のときに初めて『Ancient Art of War』[1]で遊び、のめりこんだ。年をとるにつれて、『ウォークラフト』や『スタークラフト』のようなリアルタイムストラテジーゲームが到来した。軍隊や領地を効果的に拡大しつつ、通信対戦で相手を撃破するゲームである。私は友人たちと一緒に、インターネットに接続されたコンピューターが数台置かれた家に集まり、画面の向こう側の他人と対戦をしながら雑談をした。

大学を卒業した後、テレビゲームにかける時間がぐっと減った。私はデートをしたかったのだが、テレビゲームにはまっていては願いがかなわないことがわかったのである。そのうち私は、仮想世界の構築と現実世界の構築とは相反するものだという考えを抱くようになった。そして、投資戦略や財務諸表分析に関する書籍を手に取るようになった。ちょうど現実世界でテレビゲームの達人になるようなものだと思ったからである。再びゲームをするようになって、休日に義兄から『Defense of the Ancients』（DotA）[2]の攻略法を教えてもらうようになる頃には、私はゲー

▼1：Evryware 社が1984年に発表したコンピューターゲーム。
▼2：「ウォークラフトⅢのカスタムマップ機能を用いて作られた、チームストラテジーゲーム」（Wikipediaより）

ムの進歩の速さについていけなくなり、自分がひどく年老いてのろまな人間のように感じられたものだ。キーコマンド[▼3]の暗記など、全くできなかった。

それでもなお、体感的なレベルで私はテレビゲームを理解し肯定的に評価している。そのうちまたゲームにはまる日が来るかもしれないなどと思うこともある。ゲームには、原始的な衝動を直接満たすところがある――世界の創造、能力の鍛錬、達成感、暴力、統率力、チームワーク、スピード、効率性、ステータス、決断力、そして努力の結実等への衝動である。それは多くの若者、特に若い男性にとって、魅力あふれるものごとの一つに数えられる。私のお気に入りのものごとを羅列するとしたら、ゲーム、株式市場、ファンタジースポーツ、賭博、バスケットボール、空想科学小説、オタク映画、そして暗号通貨といったところだろうか。どの項目も何らかの形で数値処理や最適化を伴い、熟達、進歩、競争、そしてリスクを必要とする活動である。

昨年、21歳から30歳までの学士号以下の学歴の男性の22％が、前年に全く働かなかったと自己報告した。[i]２０００年の９・５％に比べて、大きな上昇である。その主な原因はテレビゲームである、ということを示す証拠もある。国勢調査局の時間使用調査によると、大学学位を持たない若い男性たちは、かつて仕事にかけていた時間の75％をコンピューターの前で過ごしており、そのほとんどがテレビゲームである。[ii]２００４年から２００７年までの間で、学位を持たない男性失業者たちは、週3時間24分をテレビゲームに費やしていた。２０１１年から２０１４年までの間では、週当たりの平均時間は2倍以上の8時間36分にまで増えた。

シカゴ大学のエリック・ハースト率いる経済学者たちは、この研究を通じて、ある難問と苦闘していた。テレビゲームをしている男性たちは、元々現実から逃避しており暇つぶしにゲームをしているのだろうか。それとも、ゲームが原因で現実からドロップアウトしてしまったのだろうか。証拠をみる限り、後者の説の方が有力だった。彼らの研究では、テレビゲームをはじめとするテクノゲームの品質向上と種類の増加は、労働時間削減分の20%～33%を説明できるということが示された。女性の場合話は別で、労働時間を削ってゲームをする人はそれほど増えず、代わりに、失業中の時間を使って学校に行く人たちが多かった。しかし男性の場合は、ゲームの品質があまりにも高くなりすぎてしまったため、労働からのドロップアウトという選択肢がより魅力的となってしまったのである。

「ゲームには何時間かプレーすれば必ず報酬があるっていう安心感があるね」と、22歳の某ゲーマーは言う。彼はメリーランド州シルバースプリングの実家で両親と一緒に住んでいる。「仕事では努力と報酬の関係が曖昧だったよ」。ミシガンに住む21歳のジェイコブ・バリーは、地

▼3：ショートカットキーのこと。ゲーム以外でも、例えばテキスト編集時にCtrl＋Aで「すべてを選択」する、といった風に用いられる。いうまでもなく、ゲームの世界ではキーの種類や機能ははるかに複雑で多岐にわたる。

元の「ジミー・ジョンズ」[4]でサンドイッチ作りのバイトをしている時よりも、ゲームをしている時の方が心に火がつきやすいらしい。特にインターネット上で感じる連帯感が彼にとっては決め手となっているようだ。彼は週当たり40時間もプレーすることもある。もはやフルタイム雇用である。

では、男性ゲーマーたちは一体どうやって生活しているのだろうか。答えは、両親との同居である。2000年には、低スキルの若い男性の35％が実家暮らしをしていた。今ではそれが50％以上にまで上がっており、失業者の場合さらに67％にまで上がるケースもある。ピュー研究所によると、現在、18歳から34歳までのアメリカ人男性は、恋人よりも両親と同居をしていることの方が多い[iii]。

テレビゲームは、使用時間単位では非常に安価なエンターテインメントである。コンソールやコンピューターに投資をした後は、限界費用（マージナルコスト）はほぼゼロである。ゲーマーたちは、たった一作のゲームの購入・レンタル価格で、数百時間、数千時間も楽しむことができる。ゲームに費やされる時間は、経済学用語では「下級財」と呼ぶ——所得が低ければ低いほど、消費量が上がる財のことである。最近の研究では、年収2万5000ドル～3万5000ドル（250万円～350万円）の世帯は、年収10万ドル（1000万円）以上の世帯に比べて、インターネットにかける時間が週当たり92分多いということがわかっている。

実家の地下室にこもって、何時間も何時間もゲームに没頭する男性ゲーマー軍団……。一見すると哀れで悲しい光景である。しかし、彼らの満足度はとても高い。たとえ失業率が高くても「このグループに関して言えば、幸福度は上がっています」とハーストは言う。「驚異的な」発見だと言うハーストは、自分の12歳の息子についてもこう洞察している。「放っておけば、1日23時間30分、ゲームをし続けるでしょう。本人もそう言っています。私たち親の方から制限をかけていなければ、本人は食事すらしなくなるかもしれません。お風呂には確実に入らなくなるはずだと断言できます」。

テレビゲームは、楽しくて、社会的（コミューナル）なものである。最近のゲームなどは特にうまく設計されており、年月ではなく日数や時間数で仕事の進歩状況が把握されるという違いを除けば、実際の仕事のシミュレーションのようである。多くの場合、プレイヤーは地味な作業を反復し、見返りにポイント、コイン、そしてアイテムを集める。その後、アイテムを使って自分

▼4：アメリカのサンドイッチチェーン店。

に磨きをかける。冒険の旅を完了させるために、友人たちと力を合わせたり、コンピューターと対決したりする。こうして、進歩と達成の感覚を持続的に味わうことができる。

周知の通り、ゲームのやりすぎは、後々多くの問題を生む。無給の擬似雇用としてテレビゲームをするのは、楽しく、社交的でもあり、10代や20代のうちはクールですらある。しかし、30代になると、周りの友人たちがゲームを卒業していく中、独りで取り残されたまま引きこもったり地元のゲームショップに入り浸ったりするようになる。「20代は幸せいっぱいだったあの若くて低スキルな男性たちも、30代や40代になると幸福度がぐっと下がるということを示す証拠もあります」とハーストは言う。彼らの仕事のスキルや将来性はかなり限定されており、労働力人口の一部として競争していくのはますます難しくなっていく。家を出て自分の家庭を築きたいと思っている人がいたとしても、時と共にそれはますます非現実的で自分には手の届かないこととなってしまう。こうして、彼らの多くは断絶状態を保ったまま、テレビゲームから、賭博、薬物、そして飲酒へと進んでいくのである。

最新の総合的社会調査（ＧＳＳ）では、労働力人口に入っていない生産年齢男性の31％が、過去12ヶ月間で違法に薬物を使用したことを認めた。２０１４年の時間使用調査でも、主な時間の使い道として「賭博施設の利用」「煙草及び薬物の使用」「ラジオを聴く」「趣味としての美術工芸」が挙げられており、[iv] １日８時間以上が「社交活動・リラックス・余暇」に費やされていた。

また同調査によると、より多くの時間が余っているのにも関わらず、彼らは労働力人口の男性に比べ、ボランティア活動をしたり、宗教的な礼拝に参加したりする比率が低かった。

「どの社会にも、いわゆる『悪漢』問題はあります」と言うのは、経済学者であり『大格差――機械の知能は仕事と所得をどう変えるか』の著者のタイラー・コーエンである。コーエンの未来予想では、ずば抜けた生産力をもつ少数の人たちが価値の大半を生み出す一方、低スキルな人たちは幸福と規律を求めて安価なデジタルエンターテインメントにふける。

私が子どもだった頃と比べてみると、ゲームは目覚しく進歩しており、しかも近々さらに大きな前進をするところでもある。仮想現実ヘッドセットの登場によって、シミュレーション技術は新境地に達するだろう。デジタルエンターテインメントも、どんどん向上していくだろう。アナログの現実世界は、ますます魅力を失っていくだろう。近い将来、テレビゲーム、仮想現実、そしてポルノの組み合わせは、没入型体験の新しい形態を生み出し、人々をますますとりこにしていくだろう。快楽という点では、これに匹敵するものは他に何もなくなるはずである。

思い浮かべてほしい。あなたの前には、ゲーム社会が大好きで「ジミー・ジョンズ」で嫌々サンドイッチを作る大学中退の21歳の男性がいる。

あなたは彼にむけて、こう言い聞かせることもできる。「まあ、聞けよ。『ジミー・ジョンズ』のこの仕事だって、そう捨てたもんじゃないぜ。なるほど、今はまだ時給8ドル（800円）にしかならないかもしれない。でも、あと何年か頑張れば店長クラスに昇格ってこともありえる。他からも認められるような仕事ぶりをみせて、残業も惜しまずに一生懸命働けば、そのうち年収3万5000ドル（350万円）稼ぐことだって夢じゃないぞ。とりあえず、朝5時に起きて、トマトやキュウリの輪切りを毎朝欠かさずやるってところから始めてみたらどうかな」。

一応、話の筋は通っている。しかし、彼の「ジミー・ジョンズ」店舗の周囲のショッピングエリアは、もしかしたら縮小するかもしれない。マネジメントレベルの仕事は、もうないかもしれない。あるいは、「ジミー・ジョンズ」の本部は、自動化システムを導入して、2年後にレジ係や接客係を全員クビにするかもしれない。そもそも、今の店長の裁量で他の誰かが昇格することもありえる。

本音を言うと、テレビゲームに比べて、飲食店雇用は知的に刺激があるわけでも、豊かな人間関係が築けるわけでもない。主な利点は、お金、規律、生身の人間との交流、そしてキャリア形成への小さな希望、といったところである。一昔前の成長時代ならば、あるいは本当にそこからキャリアが始まったかもしれない。

21歳のこの若者に、私は同情する。多くの人が思っているよりもはるかに難しい決断を、彼は迫られている。希望ゼロの低所得雇用を何ヶ月も続けるのか、それともテレビゲームをして友達と一緒に時間を過ごすのか。こう問われたら、私でも後者を選びかねない。そもそも「やってみないとわからない」部分も大きく、見通しが立ちにくい。男がなりたいのは、王様、戦士、CEO、アスリート、色男、天才、兵士、仕事人、偉人、そして男の友情でつながった友達の輪の一員なのである。インターネットに行けば、これらすべてになることができる。

もちろんだが、現実世界に出て行き、良い職に就き、恋に落ち、結婚をし、家を買い、子どもをつくり、良い親になり、より良い世界を後世に残すといったことは、万人がすべきことだと私は思っている。現に私自身も、こうした目標を持って努力してきた。それは、まさに人生や人間性の核となる要素である。そのためには、一定の成熟と周りからの積極的な働きかけとが必要となる。良い親になりたい場合は、特にそうである。

残念ながら、こうした意味での達成を信じることは、多くのアメリカ人にとってどんどん難しくなってきている。仕事をしても道が開けることはなく、そのうち雇用は失われる。社会からの働きかけも薄まっていく。仮想現実に没入したままでいる動機がますます強まる傍ら、外の世界はどんどん冷ややかになっていく。そして、そのような没入状態を促す方向に、数十億ドル（数千億円）ものお金が投じられていく。

私の男友達の中には、30代や40代で離婚した人たちが何人かいる。社会から距離を置くようになった人たちもいる。男性の機能不全には、虚無感や劣等感が伴う傾向がある。外の世界での生活や、人間関係は、骨の折れるものである。職場に向かうためには、身体をよろいで包む必要がある。一度よろいを脱いで仕事を辞めてしまえば、もう二度と元に戻ることはできない。

男性の多くは、私自身も含めて、あの地下室で遊ぶ男の子を心のどこかに秘めている。運よく殻を破って大人になった人たちもたくさんいるが、その男の子がもつ魅力の強さは、万人が認めるところである。彼はまだ、そこに座って私たちを待っている。そして、人生が崩壊しそうになったとき、代わりに舵取りをする準備をしているのである。

第15章　アメリカのコンディション＝社会分裂

「恵まれた数十年がもたらした進歩も、たった数年の不運でいとも簡単に台無しとなる」

——ライアン・エイヴェント

雇用喪失とテクノロジーの進歩から生じる問題は、私たちの社会にとって史上最大の課題の一つである。その困難は、敵国の出現すらもしのぐ。そもそも、敵と犠牲者の区別自体が難しいからである。数百人の労働者たちが置き換えられたり、工場が閉鎖になったりすると、周囲の人たちはそれに敏感に反応し地域社会が苦しむ。しかし、私たち傍観者にとっては、工場閉鎖は経済発展の一要素でしかない。

また、近年におけるアメリカ社会の不調も、課題の難易度を引き上げている。新しい経済への転換をより難しくしている風潮をここにいくつか挙げてみたい。

- 高齢化が進んでいる。
- 退職後の貯蓄が不足している。
- 金銭的な不安が広がっている。
- 薬物を多量に使用している。
- 新しいビジネスを立ち上げていない。
- 鬱である。
- 公的にも私的にも多額の借金を抱えている。
- 教育制度がうまく機能していない。
- 経済が最重要部門の超強力な数社に集約されている。
- メディアが分裂している。
- 社会資本（ソーシャルキャピタル）が低くなっている。
- 諸機関への信頼が弱まっている。

特に最後の項目は、その他すべての問題に拍車をかけている。考えてみると、これはある意味ニックスと私との関係に似ている。

アメリカ諸機関への信頼度（1970年代と2017年の対比）

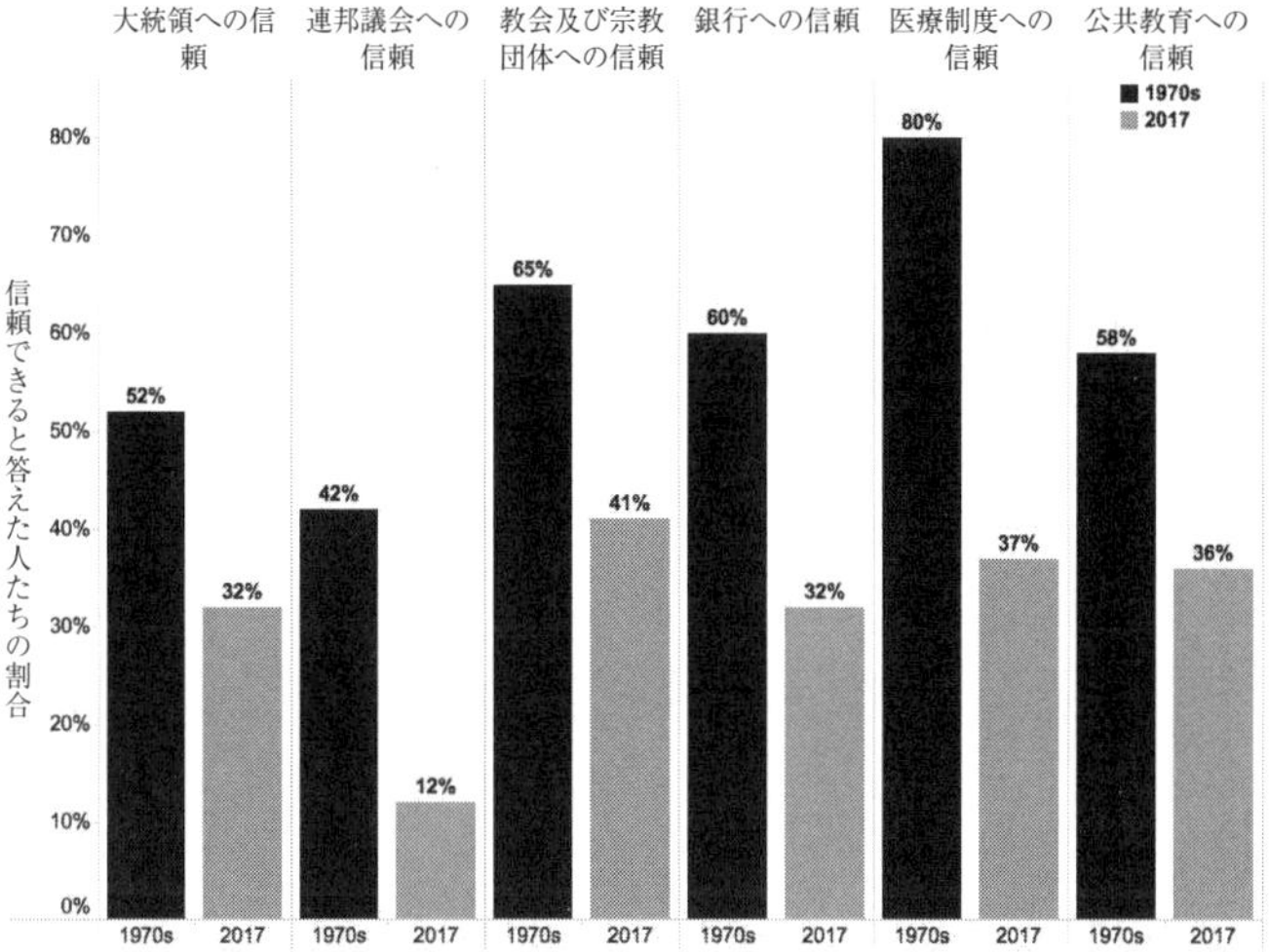

Source: Gallup. Confidence in Institutions, Historical Trends (2017).

出典：ギャラップ調査

説明しよう。ニューヨーク・ニックス▼1のファンになったのは、15歳の時だった。私が見守る中、ユーウィング率いるニックスは、マイケル・ジョーダン率いるブルズを相手に2対0で先制したものの、最後は4対2でシーズン敗退した。友人たちと一緒に、私は悔しさをかみしめリベンジに燃えた。ニックスは、そのときから私の人生の一部となった。1994年のプレーオフでの善戦や、1999年の快進撃を

▼1：アメリカ合衆国ニューヨーク州ニューヨークに本拠を置く全米プロバスケットボール協会（NBA）のチーム。

私は忘れない。観ることのできる試合はすべて観戦し、大学の寮の寝室からラジオで実況を聴いたこともあった。ニューヨークに引っ越した後は、10ドルや20ドルの格安チケットを買うために、毎年列に並んだ。ニックスの力が落ちた後も、歯を食いしばってアイザイア・トーマス時代を切り抜け、フランク・ウィリアムズやマイク・スウィートニーのようなドラフト候補の潜在能力を注意深く観察した。

その後、混乱が長引くにつれて、私の熱意は段々冷めていった。敗北が原因ではない。若手の育成のために黒星もいとわないようなチームならば、喜んで応援する。しかし、悪しき態度や誤った判断の連続は、ファンを遠ざけてしまう。全身全霊をかけたサポーターとして出発した私も、気がつけば顔に泥を塗られるような心地をさせられるようになっていった。そして、もはやニックスをサポートすることができなくなった。ニックスのリーダーたちは、汚職にまみれていた。選手たちも、人情に欠け、力がなかった。２０１４年を最後に私はニックスと決別した。

以上は、多くのアメリカ人がさまざまな機関に対して抱いている感情と似ている。国民からの愛情と信頼が軽んじられ、ずさんに扱われている。医療制度、メディア、公共教育、そして政府に対する国民の信頼は過去最低となっている。

私たちは透明性の時代に突入しており、諸機関やリーダーたちの短所をすべて見通すことができてしまう。もはや信頼という言葉は、だまされやすい人たちの辞書にしかないのである。そうなると、すべては争いによって決定される。共通の利益という観点から何かを主張することも、ますます難しくなっていく。

ミュージカル作品『ハミルトン』の主人公は、建国されたばかりのアメリカを「若々しくて、根性があって、貪欲だ」と表現している。私たちはもうかなりの間、そういう態度を取れずにきている。ＰＴＡ、赤十字、労働組合、そして地元のスポーツチーム等への加入者数も、１９６０年代と比べて25％～50％ほど減少している。[i] また、私的に人と会って過ごす時間も、同じくらい減少している。私たちの社会資本はもうずっと下がり続けてきており、回復の兆しはどこにもない。

こうした要素は、テクノロジーによる失業という問題をますます悪化させている。何かが劇的に変わらない限り、私たちにはものごとを大きく転換させる自信がない。資本主義制度へも、疑問が投げかけられている。若者を対象とした調査では、他の経済制度への好意的な評価がかなり頻繁にみられる。ここ数年間における資本主義の失敗を、若者たちはひしひしと感じているのである。

私は資本主義が好きだ。スマートフォンを持っている人ならば、誰でも価値創造と技術革新を推進するこの市場の力を高く評価するしかないだろう。資本主義は、私たちに多くの恩恵を与えてくれている。数十億人もの人たちの生活水準を引き上げ、より良い社会の形成を可能にしている。

その上で言うのだが、資本主義はテクノロジーの力を借りて、今まさに、普通の人たちを裏切ろうとしている。資本と効率性は、人間よりも、ロボット、ソフトウェア、人工知能、そして機械を好む。例えるならば、資本主義は指導者や恩師のようなものであり、私たちは長い間、彼の声に耳を傾け続けてきた。そして、歴史を通して人間が行ってきた素晴らしい判断の数々を彼は支えてきてくれた。しかし、資本主義も年をとる。年寄り資本主義は、テクノロジーという友人と手を組み、より極端になっていった。そして、「なにもかも自動化しよう」「市場が認めないものはすべて排除しよう」というようなことを言い始めた。理性ある人たちにとって、これは当然、緊張を生んだ。

どれほど冷酷なビジネスパーソンでも、前代未聞の技術革新による利害は勝ち組と負け組を劇的な形で分断するということや、これに対処しない限り制度自体がもたないということを認めざるをえないだろう。そもそも、個人がものを買うためのお金を持っていなかったり、地域社会が欠乏、怒り、そして絶望状態へと堕落してしまったりしては、資本主義自体が成り立たない。

では、どうすればよいのか。

何もせずに放っておけば、社会の二極化は私たちの想像を超えて進み続けるだろう。極めて少数の裕福者がメガ都市で暮らす傍ら、他の人たちは、彼らの髪を手入れしたり、子どもたちの世話をしたりする。また、全国各地の過疎地では、貧窮し解職された人たちの数が増え続け、こうした街をトラックが停まらずに走り抜けていく。こうした展開になってしまえば、暴力的な革命が起きるだろうと予測する友人もいる。歴史をみる限り、そうなる可能性は十分にある。

アメリカは、およそどの指標をとってみても、暴力の少ない国になってきている。実感は薄いかもしれないが、実際のところ、過去に比べ、暴力的な犯罪や抗議活動は格段に少なくなってきているのである。例えば、１９７１年から１９７２年までの間で、アメリカでは左翼による爆弾事件が約２５００件も起きた。[ii] 今では想像もつかないような状況である。あるいは、もはや私たちは戦意喪失しており、市場という麻薬にどっぷり浸かりきっているので、革命を起こそうなどと思わなくなっているのかもしれない。もしかしたら、インターネット上で誹謗中傷コメントをしたり、YouTubeで動画を観続けたりしつつ、例外的に暴力が噴出することもあるが、ほとんどの場合は静かに自殺していくことになるのかもしれない。

とはいえ、絶望度が上がっていけば、安定はほぼ確実に失われる。例えば、特権階級に対する誘拐事件やその他の凶悪事件が1件でも広く宣伝されれば、ボディーガード、防弾車、そして子どもに埋め込むための安全チップ等々の安全策が即座に実施されるだろう。私の知り合いの裕福者たちは、自分や自分の家族の身の安全について、少々被害妄想的なところがある。劇的な変革がない場合、私が思いつく限り最善のシナリオは、『ハンガー・ゲーム』[▼2]やグアテマラのような超階層化社会ができあがり、ごくまれに銃乱射事件が起きるくらいである。最悪のシナリオはというと、絶望、暴力、そして完全な経済社会崩壊のまん延である。

このような観点は、極端すぎるようにも思えるかもしれない。しかし、例えばトラックの運転手による抗議運動は晩年のソ連で大いにはやった。また、政治的な地殻変動を経験した中東諸国では、失業した生産年齢男性が大きなグループを形成した。さらに、アメリカには、現在2億7000万から3億1000万丁の、つまり国民一人当たり1丁に匹敵する数の銃器が存在する。[iii] 私たちは人類史上最も重武装された社会の一員なのである。社会分裂は穏やかには進まないだろう。世界大恐慌のピーク時の失業率は約25%だった。雇用がすべて消えるはるか以前から、社会には様々な亀裂が走るものである。

『不和の時代』（未邦訳）において、学者のピーター・ターチンは、歴史上実在する様々な社会に基づいた政治的不安定性についての人口構造理論を展開している。[iv] ターチンは、革命の主な前提条件を3つ挙げている。第一に、エリート層人材の過剰供給と分裂。第二に、生活水準の下落による大衆の困窮。第三に、財政危機にひんした国家。こうした条件を数値化するために、彼は実に多くの変数を用いている。例えば、実賃金、婚姻傾向、両親世帯における児童数の割合、最低賃金、富の分配、大学の学費、平均身長、弁護士の過剰供給、政治的両極化、富裕層の所得税、国家建造物への訪問者数、そして政府への信頼度等々である。ターチンの指摘によると、一般的に、社会では長期にわたる結束と繁栄がまずあり、その後、不公正、困窮、そして政治的不安定の時期に入り、ついには分裂状態へと突入していくものである。私たちは、ちょうどこの最後の段階の真っただ中にいる。変数のほとんどは、1965年から1980年までの間から下降を始めており、今では危機的なところにまで落ち込んでいる。ターチンの分析では、「現在のアメリカは、南北戦争前の1850年代や、意外にも、フランス革命前夜のフランスに似ている」。彼は、2020年には混乱が加速するだろうと予測した上で、「アメリカ社会は、暴力的な激変に対して史上最も無防備な状態へと急速に突き進んでいる」と警告している。

もし革命が起きるとしたら、自動化主導の経済という原動力をバックに、人種やその他のアイデンティティが出発点となるだろう。頂点に君臨するほんの少数の人たちは、学歴の高い白人、ユダヤ人、そしてアジア人となる。アメリカは、2045年までに少数民族がマジョリティとなることが予想されている。アフリカ系アメリカ人やラテンアメリカ人は、現在、すでに富や学歴が低いので、自動化の波にさらわれる恵まれない人たちの中でも、特に大きな割合を占めることになるだろう。新たなマジョリティが垣根の外へと押しやられ、人種的不平等による緊張はます

▼2：女優ジェニファー・ローレンスが一躍有名になった、映画「ハンガー・ゲーム」シリーズ。原作は、スーザン・コリンズ著のヤングアダルト小説。SFディストピア世界を描く。

ます高まっていくだろう。ジェンダー不平等[3]も、女性が大卒者の過半数であるにも関わらず多くの分野で過小評価され続けることで、より鮮明になるだろう。また、恵まれない白人たちは、自らの失墜と地域社会の崩壊とを、自動化や資本主義制度のせいではなく、有色人種、移民、そして文化的慣習の変化のせいにするだろう。経済の激動は、文化戦争という形に置き換えられてしまうだろう。

すでに変化は起こっている。ボルチモアに住む作家のアレック・ロスは、2015年のフレディー・グレイ暴動を、経済的な絶望感を一要因とする事件として捉えている。[v] 抗議活動によって、20名の警官が負傷し、250名もの人たちが逮捕され、300件もの事業が損害を被り、車両火災150件と家屋火災60件が発生し、27軒のドラッグストアが略奪に遭った。「暴動の引き金は、拘留中の25歳男性の死だったが、抗議活動家たちは、抗議の目的やスローガンを……警察暴力問題[4]よりも広い視野で捉えていた。ボルチモアの産業や製造業の基盤が崩れ、都市自体が見捨てられたことによって、地域社会が形骸化した。そこに貧しい黒人として生まれ育った人たちは、絶望感を募らせていた。黒人の労働者階級家庭は、グローバリゼーションと自動化のせいで職を失ったと言っても過言ではない」。南部連合の記念碑の撤去をめぐる2017年のシャーロッツビル暴力事件も、経済的な混乱によって駆動されたものとして捉えることができる。人混みの中へと車を突入させ、若い女性を殺害した運転手は、オハイオの経済困窮地域生まれの落ちこぼれ兵士である。また、ジェームズ・ホジキンソン（66歳）は、２０１７年にソフトボールの試合に乱入し、４名の人たちを銃撃し、議員1名に重傷を負わせた。彼はイリノイで失業中の元不動産鑑定士であり、結婚生活や金銭面で問題を抱えていた。

貧しい白人という区分に属する人たちのことを、私は最も気にかけている。今でさえも、貧しい白人たちよりも有色人種の人たちの方が、経済的により苦しい立場にいるのにも関わらず楽観度が高い。自分は社会の中心にいるのだと思える状態から、自分は見捨てられた負け犬だという感覚へと落ち込んだのだから、無理もない。白人共同体の多くには兵役の伝統があり、彼らは反政府の市民軍、白人国家主義の暴力団、そして森の中の掩蔽壕《えんぺいごう》（バンカー）へと流れていくだろう。より多くの中年白人男性が自暴自棄に陥り、人生は無意味だと感じるようになるにつれて、突発的な銃乱射事件は増えていくだろう。欠乏の精神のまん延と深化は、人々の実行機能[5]をむし

▼3：gender inequality　従来では「男女不平等」と訳されてきた語だが、ジェンダーとしての性には男と女の他にもＬＧＢＴＱ等々ある。本文の場合は男女の不平等を扱っているので、従来の訳でも差し支えないが、原語のもつ含みを正確に表すためにも、本書ではあえて「ジェンダー不平等」で統一する。

▼4：police brutality　警察官が市民に対して必要以上の強制を加えたり、暴力をふるったりすること。アメリカでは、白人と黒人がそれぞれ警察官から受ける扱いが大きく異なること、黒人への扱いが不要に暴力的であることが焦点となることが多い。

ばんでいる。自制心がなければ、卑しい衝動を抑えることはできない。人種差別（レイシズム）や女性蔑視は、一部の分野では厳重に取り締まられているにも関わらず、大局的にはますます顕著になってくるだろう。

不和という火に油を注いでいるのは、反対の声を即座に暴力行為やヘイトスピーチと結びつけるような言論環境である。正義感は忌まわしい行為への燃料ともなりえる。対立意見や、それを支持する人たちに対して、多くの人たちは驚くほど辛辣で軽蔑に満ちた反応をする。憎悪に身を任せ、他者を糾弾することは簡単である。対して、憎悪の根源へと思考を深めることはとても難しい。より多くの地域社会が同じような苦しみを味わうようになるにつれて、問題の震源は多様化し、反動もより激しくなるだろう。制度を攻撃するよりも、他者を攻撃する方が、はるかに楽なのだから。

各地における過激な行為が、国の政治的分断の呼び水となる可能性すらありえる。例えば、カリフォルニアは全国で最も人種が多様であり、進歩的で裕福な州だが、他の地域での動向を原初的で後進的だと批判しつつ、アメリカ合衆国からの独立を州民投票にかけることも想像できる。現に、一部のテクノロジストやリバタリアンは、経済的な理由を基盤として、カリフォルニア独立運動を立ち上げ始めている。最近では、「カレクジット」を推進する「Yes カリフォルニア」運動や、カリフォルニア国民党が挙げられる。また、近年の調査では、カリフォルニア州民の3

分の1が独立に賛成したが、[vi]これは以前と比べて大きな増加である。独立国家となった場合、カリフォルニアは世界第6位の経済圏となる。もし州民投票を通った場合、同案が可決されるためには、連邦議会の3分の2と全州の4分の3による賛成を得なければならないと憲法に定められているが、今のところそこまで行くことは無理に思える。しかし、カリフォルニアの離脱は、アメリカの政治的均衡を根本的に変えてしまう可能性があり、それは与党にとって都合の良い変化となることもありえる。また、このような州民投票は、報復行為や処罰行為の引き金ともなるかもしれない。同じように、テキサスもまた、独立運動の長い歴史をもつ州である。

少し前に、私はトラックの運転手について語った。自動化されたトラックが市場に導入されていくにつれて、彼らは、職を失ったり、賃金を減らされたりし始める。例えば、マイクという架空の人物を例にして考えてみよう。マイクは、10台のトラックと30名の運転手からなる小さな運送会社を経営している。そして、生涯貯蓄を失う一歩手前のところまできている。車両の購入資金として、銀行に数十万ドル（数千万円）もの借金を抱えているからである。マイクは、社員に向けてこう言う。「クソったれ。ロボットトラックにのっとられてたまるかよ。スプリングフィールドまで、職を取り返しに行くぞ」。こうして、マイクはイリノイで抗議活動を立ち上げ、

▼5：executive functioning　心理学の用語。思考、意志、行動等を制御する部分を指す。

トラックの運転手数百名を味方につける。中には、自分のトラックを使って道路を遮断する人たちも出てくる。警察は、対処に乗り出すものの、暴力の行使には慎重になる。運転手や暴徒たちが集まるにつれて、人の波は大きくなっていく。

ソーシャルメディアに触発されて、数万人ものトラックの運転手たちが各州で抗議を始める。国家警備隊が出動し大統領が平静を呼びかけるが、混乱は広がるばかりである。反政府の市民軍や、白人国家主義のグループは、「待ってました」とばかりに各州で動き出し、トラックの運転手たちの援護に駆けつける。武器を持っていく人も中にはいるようで、暴力が噴出する。抗議活動と暴力行為は、アラバマ、アーカンソー、アイダホ、インディアナ、ケンタッキー、ミシシッピ、ミシガン、オハイオ、そしてネブラスカの各首都に広がっていく。警察がそっぽを向いているうちに、地元住民は近所のドラッグストアを略奪する。

大統領は、秩序の回復を訴え、トラックの運転手たちとの会談に合意する。しかし、抗議活動は多様な対立へと枝分かれしてゆき、要求ははっきりせず、リーダーが誰なのかすらわからない。マイクは、労働者階級の鏡として崇拝されるが、事態を制御する力はもはや彼にはない。暴動は、数週間吹き荒れる。数十名の死者が出て、数百名もの人たちが負傷したり逮捕されたりする。数十億ドル（数千億円）規模の物的損害と経済的損害が生じる。暴力行為の映像は、インターネットを通じて広がり、数百万人もの人たちにリアルタイムで視聴される。

暴動の後、事態は悪化の一途をたどる。数十万名もの人たちが「労働者階級の救い主を殺した」政府への不支持を示すために、納税をやめる。数十丁もの銃で武装された掩蔽壕《えんぺいごう》（バンカー）に陣取った男性が「国税庁よ、税の取立てに来れるもんなら来てみやがれ」と言う動画を配信し、大人気となる。「ロボットの所有者」を標的とした反ユダヤ主義的な暴力が勃発する。白人国家主義の政党が立ち上げられ、「アメリカの原点回帰」「伝統的な男女の役割」を公然と推奨し、南部の州選挙で勝利をおさめる。各大学のキャンパスでは、新政党に関する落書きや文章が目に付くようになり、抗議活動や座り込みが始まる。サンフランシスコのテクノロジー会社のオフィスのロビーに、銃を持った人物が入り込み、数名の負傷者が出る。テクノロジー会社は、各社、警備員を充実させるが、社員の30％ほどは身の危険を感じて自宅勤務を希望する。中には、社員の安全を理由にバンクーバーへ移転するテクノロジー会社も出てくる。カリフォルニア独立運動も勢いを増し、州の公務員たちは州の境界を強化し検問所を設ける。

私がここに描いたシナリオは、現実離れしているようにみえるかもしれない。しかし、私には気がめいるほど現実的な話であるように思える。この予測は、既存の制度を全く変えず、資本効率のみを崇拝し、人間を経済の道具のように扱い続けることを前提としている。市場には市場の道があり、交差点を曲がるたびに機会が減っていく中、私たちはそれぞれ、ますます小さな袋小路へと枝分かれしていくだろう。

自動化を食い止め、雇用を維持すれば、少しは事態が和らぐかもしれない。トラックには必ず人間が乗車し、レントゲン写真は必ず医師が目を通し、ファーストフード店やコールセンターの雇用が一定に保たれるよう規制をすべきだと論じる人もいる。しかし、全ての部門において、長期間自動化への抵抗を維持するのは、ほぼ不可能である。結果として、一部の労働者や部門が保護される傍ら、重要度の低い部門――例えば小売部門――では解職に拍車がかかる。

以上は、経済学者のミルトン・フリードマンが中国のとある労働現場を訪問した時の話をほうふつとさせる。そのとき彼は、現場に大型トラクター等の設備がなく、シャベルを持った男たちしかいないことに気がつく。「穴を掘って土砂を運ぶための設備はどこにあるのですか」とフリードマンはガイドにたずねる。

ガイドはこう答える。「おわかりですか。これは雇用創出のための制度なのですよ」。

少し考えた後、フリードマンはさらにこうたずねる。「ならば、シャベルも取り上げた方が良いのでは」。

時間は一方向にしか流れない。恩恵がうまく分配されれば、進歩は良いものである。

何もしなければ、荒廃が待っている。進歩を止めようとしても、時間が経つにつれて、それは無駄な努力となる。

では、どのような道が残されているのだろうか。

手段が尽きたときに、必要となるのは、不可能を可能にするような一手である。私たちは、大規模な歴史的変革を切り抜けるために、経済や社会を画期的に再設計しなければならない。ここまで、本書ではずいぶんと暗い話ばかりしてきた。恐らく、この変遷は様々な困難を伴うだろう。しかし、実は途方もなく大きな機会が私たちの前に広がってもいるのである。

GDPについて、ロバート・ケネディが言った名言がある。「子どもたちの健康、教育の質、遊ぶ喜び等は、そこには一切含まれていない。……他の色々なものを測ることはできても、生きがいだけは測ることができない」。生きがいとはそもそも何なのか。改めて、考えを深めていこうではないか。

第3部

問題の解決方法と人道資本主義

Part3 Solutions And Human Capitalism

第16章　自由配当[1]

ここまで読んで、あなたは「コイツの未来予想は暗すぎる」と思いつつ、ガックリとうなだれるかもしれない。私の友人にも、草稿を読んだ後、「読んでいる間、顔面を何度も殴られるような心地がしたよ」と言った人がいる。別の友人は、「タイトルを『もう手遅れ[2]』に変えるべきじゃあないかな」と言った。

解決策はある。もちろん、これから先、雇用が失われ続けていく中で、私たちには数々の困難が待ち受けている。しかし、ものごとを劇的に改善していくために私たちにできることもたくさんある。必要なのは、想像力、意志、自信、人情、そして「やればできる」の精神である。

『四つの未来』（未邦訳）の著者のピーター・フレーズは、「仕事」の構成要素を3つ挙げている——経済における物やサービスの生産手段、人々が収入を得るための手段、そして多くの人たちの人生に意義や目的を与える活動である。[i] こうした要素を一番簡単なものから順に整理していこう。雇用なき未来においても、人々は自立して基本的な欲求を満たしていく必要がある。いずれは大規模な貧困、絶望、そして暴力を食い止めるために政府が介入せざるを得なくなる。政府の対応が早期であればあるほど、私たちの社会もより高い性能を獲得できるようになる。

大きな変革の第一弾は、普遍基礎所得（ユニバーサル・ベーシック・インカム、略してUBI）の導入である。私はこれを「自由配当」と呼んでいる。18歳～64歳までのアメリカ国民全員に年間所得1万2000ドル（120万円）を提供する。金額はインフレーション率に応じて調節する。修正や改正には、憲法の規定により、圧倒的多数による賛成が必要となる。既存の福祉プログラムの大多数は、自由配当に取って代わられる。このような計画は、アメリカ最大の労働組合の元議長のアンディ・スターンが、著書『底上げ――UBIが経済を再生し、アメリカンドリームを再建する』（未邦訳）でも提案している。現時点での貧困線は1万1770ドル（117万7000円）である。つまり、アメリカ人全員を貧困線まで引き上げることによって、極度の貧困を撲滅することができる。

UBIは社会保障制度の一種であり、すべての国民が就労状況や所得レベルに関係なく毎月一定の金額のお金をもらうというものである。ニューヨークに住むヘッジファンド系の億万長者か

▼1：Freedom Dividend　ヤンの造語。ベーシックインカム政策案。
▼2：原文は「We're Fucked」というブラックユーモアになっている。直訳ではちょっと強すぎるので、ここではやわらかめの意訳を選択した。

ら、ウェストバージニアに住む貧しいシングルマザーまで、ありとあらゆる人たちが月額１０００ドル（10万円）を受け取る。例えば、年収1万８０００ドル（１８０万円）のウェイトレスや建設労働者は、年間所得が3万ドル（３００万円）に増える。従来の福祉プログラムには労働意欲をそぐのではないかという懸念が付きまとうものだが、ＵＢＩならばこの問題は生じない。職に就けば貯金ができるようになり、生活が上向くのである。自動化の危機が迫り来る中で、ＵＢＩという概念は新たな注目を集めており、オークランド、カナダ、フィンランド、そしてインドの他にも多くの発展途上国で試験的に実施されている。

最近では、ＵＢＩと聞くとテクノロジー的ユートピアを連想する人たちもいる。しかし、実は１９７０年および１９７１年には、なんとアメリカで一種のＵＢＩが法律化寸前のところまで行ったことがある。そのときは下院で2度可決されたが、上院で頓挫してしまった。ＵＢＩ構想は、政治派閥を問わず長い間多くの著名な思想家たちによって支持され続けてきた。アメリカで最も高い尊敬を集める人物もそこには大勢含まれている。以下はその一例である。

１７９６年、トマス・ペイン[ii]：土地所有者たちの共同基金から、「すべての国民に、貧富を問わず、満21歳に達した際に、従来の相続の喪失への部分的な埋め合わせとして、15ポンドを支払う」。

１９６７年、マーティン・ルーサー・キング・ジュニア（キング牧師）[iii]：「私は今、最もシンプルな方策こそ最も効果的だ、と確信しています。貧困問題を解決するためには、近年議論が高まっているあの方法を使って、直接貧困を撲滅すればよい。そう、所得保障です」。

1969年8月、リチャード・ニクソン[iv]：「全国各地の生活に困っている……アメリカ人家庭すべてのために、連邦政府は所得の基盤を作るべきだ、と私は提案しているのです」。

1980年、ミルトン・フリードマン[v]：「あまたの個別福祉プログラムの寄せ集めに代わって、一つの包括的なプログラムを、現金による所得補強という形で実施すべきです。負の所得税[▼3]ならば、……既存の福祉制度が非効率的かつ非人道的に行っていることを、より効率よく、より人道的に実現することができます」。

2014年5月、バーニー・サンダース[vi]：「私の考えでは、すべてのアメリカ人には、最低限の生活水準への権利があります。……この目標を達成する方法はいくつかありますが、いずれにしても、私たちが目指すべき目標はまさにこれなのです」。

2015年7月、スティーヴン・ホーキング[vii]：「機械が生み出す富を共有すれば、万人が豊かで和やかな生活を送れるようになる。しかし、もし機械の所有者たちが、富の再分配に対するロ

▼3：negative income tax　所得が一定以下となった場合、差額を給付される制度。これによって、全国民に一定以上の所得を保証することができる。

ビー活動を成功させてしまえば、大多数の人たちが見るも無残な貧困に陥ることになるだろう。現時点では後者が起きる可能性が高く、テクノロジーが格差を際限なく拡大し続けている」。

２０１６年６月、バラク・オバマ[viii]：「私に言わせると、自動化やグローバリゼーションに対して、私たちは今一度、社会契約を見直さなければなりません。19世紀初頭や、世界恐慌後にやったことと同じです。週40時間労働、最低賃金、児童労働法等々は、新たな現実にそぐうものに更新される必要があります」。

２０１６年10月、バラク・オバマ[ix]：「断定しますが、……人工知能がより広く適用され、社会がより潤うようになれば、生産と分配の関係、つまりあなたの労働量とあなたのもらう物の量の関係は、どんどん希薄になっていきます。……この先の10年か20年で、私たちは無条件の現金収入について議論をしていくことになるでしょう」。

２０１７年１月、ウォーレン・バフェット[x]：「分配の方法を再考せねばなりません。……何も悪いことをしていないのに隅に押しやられた人たちを尻目に、ガチョウは金の卵を産み続けますが、彼らにもこの繁栄にあずかるチャンスが与えられるべきです。これこそ、政府の役目です」。

２０１７年１月、ビル・ゲイツ[xi]：「（自動化の）過剰という問題は、被害者に注目するよう私たちを促す。余剰資源が、再訓練や所得政策という形で彼らにちゃんと届くようにしなければならない」（後にゲイツはロボットへの課税を提案している）。

２０１７年2月、イーロン・マスク[xii]：「ＵＢＩが実施されるのも時間の問題です。……必要なことなのですから。……ロボットに置き換えられずに済むような職業は、今後どんどん少なくなっていきます。誤解のないように言っておきますが、私は何も、そのような未来を望んでいるわけではありません。恐らくこういう風になるだろう、という私の考えを述べているだけです」。

２０１７年5月、マーク・ザッカーバーグ[xiii]：「私たちは積極的に……ＵＢＩについて議論を進め、新しいアイデアを実践に移す上で必要なクッションを万人に提供できるようにすべきです」。

２０１７年9月、私の母：「アンディー、あなたが良いアイデアだと言うなら、それは良いアイデアに違いないわ」。

しかし、それでもあなたは思うかもしれない。そんなの無理だ。それに、もし実現できたとしても、急激なインフレーションになったらどうするんだ。世代単位で浪費家が量産されたらどうするんだ、と。

年間1万２０００ドルでは、最低限の生活を送るのがやっとである。このレベルでの所得保障では、社内で干されたり搾られたりしているわけでもない限り、仕事を辞める人はほとんどいないだろう。データを見れば一目瞭然である。

他方で、ＵＢＩには多大な利点がある。

- 生活費の安い地域にとっては、巨大な刺激となる。
- 金銭の不足や毎月のニーズにとらわれた愚かな判断をしないよう、人々を活気付けることができる。
- 創造性や起業精神にとって、かなり大きな後押しとなる。
- 縮小する産業やその他の環境から人々が効果的に脱却できるようになる。
- ストレスを減らし、健康を向上し、犯罪を減らし、人間関係を強化する。
- 親やヘルパーの仕事、特に母親の仕事にとって支えとなる。
- 国民全員に社会との誠実な利害関係や未来への展望を与える。
- 全国各地の地域社会に楽観や信頼感を回復させる。
- 自動化の渦中でも消費者経済を刺激し持続させることができる。
- 史上最大の経済社会転換においても、秩序が保たれ、私たちの暮らしが守られる。
- 社会をより公正に、より公平に、そしてより正義的にする。▼4

成人一人当たり年間1万2000ドルを配るというこの案をルーズヴェルト研究所が分析した結果、もしこの案が実施された場合、経済が12・56%～13・10%も――つまり、2025年までに約2・5兆ドルも――恒久成長するということ[xiv]や、労働力人口が450万人～470万人も増員されるということがわかった。人々にお金を直接手渡し、あとは成り行きに任せることによって、雇用の成長や経済全体が恒久的に活性化され、サポートされるようになる。総費用は、既存の社会保障制度の費用、課税収入の増加、そして各種費用削減を基に、さらに1兆3000億ドル（130兆円）を上乗せした金額である。既存制度の多くは新制度へと取り込まれる。倒錯したインセンティブや面倒なお役所手続きを伴い、さらには126種類もある制度のパッチワークが一掃できれば、保守派にとってこれほどの朗報はないだろう。

1兆3000億ドル（130兆円）は、途方もない金額にも思えるかもしれない。参考までに、連邦予算は4兆ドル（400兆円）、アメリカ経済総額は19兆ドル（1900兆円）である。費用を賄う方法は色々ある。私の考えでは、付加価値税（VAT）――一種の消費税――が最善であるように思える。社会から最も利益を引き出している個人や事業から歳入を生み出す方法だからである。

課題が何なのか、まずは確認しよう。自動化によって生み出された価値をうまく引き出し、公共財の費用にあてたり、解職された労働者たちをサポートしたりする必要がある。しかし、「自

▼4：just「正義」（justice）の形容詞形。日本語に直訳するとややぎこちなくなってしまうが、正義という語のもつ響きを強調するために、あえて直訳をした。

動化」や「ロボット」といったものは、定義や課税をするのが非常に厄介な対象なのである。例えば、CVSファーマシー[5]がレジ係をセルフレジやiPadに置き換えた場合、これは自動化に該当するのだろうか。あるいは、銀行がコールセンター従業員200名をソフトウェアと入れ替えた場合、税務はどうなるのだろうか。適正人員数[6]は不可能だ、という前提も押さえておこう。そもそも、自動化への課税はあまり重くない方が良い。自動化を妨げてしまっては、そこから得られる価値で他の費用を賄うことができなくなってしまう。

さらにもう一つ、留意すべき点がある。テクノロジー会社は、租税回避のエキスパートである。[xv]例えばアップル社は、2300億ドル（23兆円）もの海外収益を持つことで、アメリカでの税の支払いを回避している。マイクロソフトの場合は1240億ドル（12兆4000億円）、グーグルの場合は600億ドル（6兆円）である。既存の税制では、最大の勝者である巨大テクノロジー企業からも、利率が低くなりがちな中小テクノロジー会社からも、自動化による利益をうまく集めることができない。人間の所得への課税すらも、この先ますます難しくなっていく。機械やソフトウェアがより多くの作業をこなしていくようになるからである。ロボットに課税すべきだ、というゲイツの言い分もこれで理解できる。

自動化の波から公益を引き出す最善の道はVATである。個人や企業は、物を買ったり、サービスを利用したりする際に税を支払う。ビジネスの文脈では、生産過程の各段階でVATがコストとして組み込まれる。そのため、節税のプロである大手企業でさえも、アメリカのインフラや一般社会から一方的に恩恵を受けることが難しくなる。新税制のもとでは、アマゾン社のような最大手企業が最大の費用負担者となる。ＶＡＴは、利益率ではなく取引の量に基づいて算出されるからである。こうすれば、私たち全員が一緒に進歩を祝うことができるようになる。アパラチアに住む機械工も、どこかで誰かが裕福になるたびに、自分にも利益がもたらされると感じることができる。

世界193カ国のうち160カ国では、すでにＶＡＴまたは物品サービス税（ＧＳＴ）が存在する。そこにはアメリカを除くすべての先進国が含まれる。ヨーロッパにおけるＶＡＴの平均税率は20％である。ＶＡＴはとてもよく練られた制度であり、効果が実証されている。ヨーロッパの平均税率の半分のレベルのＶＡＴを導入しただけでも、アメリカ人の成人全員にＵＢＩを支払うために十分な資金を捻出することができる。

ＶＡＴが実施されれば、物価は少しだけ上がる。しかし、テクノロジーの進化によって、ほと

▼5：アメリカ最大手の薬局チェーン。日本では事業展開がされていない。

▼6：ある業務をこなす上で最適な人員数のこと。この文脈では、「適正人員数というものさしで税率を推計するのは不可能だ」という意味か。原文でもこれは曖昧なので、和訳でも曖昧さをそのまま訳出した。

んどの商品は価格がこれからも下がり続ける。年額1万2000ドルのUBIを考慮に入れると、10％のVATによって損をするのは、年間で12万ドル（1200万円）以上の物やサービスを消費する人たちだけである。これに該当する人たちは、そもそも生活に困ることはなく、所得レベルでみても最上位の層に属しているので大丈夫である。ビジネスの観点からも、顧客に毎月新たな購買力が供給されるのは心強い。アメリカ人の大多数は、このお金の大半を自分の地元で使うことになるからである。

自家用ジェット機や高級自動車に年間1000万ドル（10億円）を費やすヘッジファンド系億万長者は、100万ドル（1億円）を制度の枠内で納め、1万2000ドル（120万円）を受け取ることになる。シングルマザーは、約2500ドル（25万円）を納め、やはり1万2000ドルを受け取り、さらには、自分の子どもたちも高校を卒業したら月額1000ドル（10万円）を受け取ることができるのだ、という安心感を得る。

このようなアイデアを冗談だと笑う人は、金融危機のときに実施された救済策を思い出すべきである。忘れている人も多いかもしれないが、アメリカ政府は2008年の金融崩壊を受けて、量的緩和プログラムの実施のために追加の通貨をなんと4兆ドル（400兆円）も刷ったのである。このお金は諸銀行の貸借対照表（バランスシート）に注ぎ込まれ、金利が一気に下がった。そのツケは、コツコツとお金を貯めてきた人たちや、退職者たちにまわされた。インフレーションは、ほぼ全く起きなかった。

建前では、これによって銀行がビジネスに融資を再開できるようになれば、雇用が創出され、経済が回復するはずだった。実際には、追加の通貨のほとんどが諸銀行の貸借対照表に流れ込み、全国各地で資産バブルが悪化した。マンハッタンやシリコンバレーの不動産価格や、Uber や Airbnb の株価などは、特にひどく高騰した。通貨発行のボーナスゲームで裕福になった人たちもたくさんいるが、勝ち組がさらに勝っただけの話である。私たちは、国民への信頼よりも、機関への信頼の方がはるかに高く、だからこそこうした道を選んだのである。

自由配当ならば、未曽有の経済混乱が猛威を振るっても、国民一人ひとりの手にお金が直接入っていくことになる。消費者経済も成長する。国民主体の刺激策である。お金の大半は、毎月経済に直接注入され、その使い道は、各種料金の支払い、子どもの食事、遠い親族の訪問、青少年スポーツ活動、地元のレストランでの飲食、ピアノのレッスン、放課後の個人学習指導、車の修理、中小零細企業との取引、住居の改修、妊婦のための栄養剤、高齢者介護等々、枚挙にいとまがない。大多数のアメリカ人は現金の不足にあえいでいるため、追加のお金は地元で即座に使用されることになる。

政府は、自動化がもたらす経済変革の管理を最優先の使命として掲げるべきである。現在、私たちはあまりにも遅れており、全力で時代に追いつく必要がある。

アメリカは自由配当のようなＵＢＩ政策を数年以内に可決することになるだろうと私は割りと楽観的に思っている。シンプルで、フェアで、公正で、誰にでも理解でき、国民の80％以上が益するからである。しかも、社会の結束を保ちつつ自動化の波を乗り切るためにも、これは必須の政策である。時と共に自由配当はますます人気を高め、より常識的となっていくだろう。連邦議会で可決さえされれば、すぐにでも支払いを開始することができる。労働者階級のリーダーのアンディ・スターンは、こう言ったことがある。「政府が何かを満足にやり遂げることはまれです。しかし、少なくとも膨大な数の人たちにお金を送る能力に関してはずば抜けています」。現在のこの無残な政府でさえも、ＶＡＴの徴税を開始し、自由配当を送金し、貧困を撲滅させ、未来にむけた社会作りをすることは簡単にできるのである。

ウィンストン・チャーチル[▼7]の言葉のパラフレーズが思い浮かぶ。「アメリカ人は、必ず正しいことをするものです。他のすべての選択肢を試した後でのことですが」。重要なのは、現在から未来までの道のりで何が起きるのか、そして、その間に、事態はどれほど悪化しなければいけないのかという問題である。

驚くかもしれないが、自由配当は、社会転換の全過程において最も簡単な部分なのである。お金は簡単だ。難しいのは、人間である。自由配当の恩恵は計り知れないが、それでも、これはほんの一歩目にすぎない。従来よりどころとなっていた価値が次々と崩れ去り、多くの人たちの暮らしがもはや後戻りできないほど変わってしまう。そのような時代に、成長、責任、地域社会、人間性、家族、そして楽観性といった心のあり方をどのようにして守っていけばよいのか、という課題にも並行して取り組む必要がある。

私は『マジック・ザ・ギャザリング』[8]で遊んだことはないが、創立者のリチャード・ガーフィールドがＵＢＩについて言った言葉[xvi]は言い得て妙だと思っている。「ＵＢＩならば……恥を感じなくて済む。みんなが一緒に参加するわけだからね。それに、経済を上からコントロールしようという意図もない。自分の好きなようにお金を使っていいわけだから、経済は、ちょうど今までと同じように、消費者主導でまわっていくことになる。仕事のあり方も、自由になっていくだろうね。今の僕たちには、ちょっと想像するのが難しいかもしれないけど。……僕はＵＢＩに大きな魅力を感じているよ。処方箋としてももちろん必要だけど、それだけじゃなくて、人間の潜在能力を解き放つための契機にもなりえるからさ。……ＵＢＩには、とても自然な感触があるし、世界をより活発で幸せな場所にする可能性も秘められていると思う。それに、人間の創造力

▼7：Sir Winston Leonard Spencer-Churchill（１８７４－１９６５）イギリスの政治家、軍人、作家。
▼8：世界中で2千万人を超えるプレイヤーとファンを持つ世界最高の戦略トレーディングカードゲーム。

や、人が作り出すテクノロジーの力を最大限発揮させることもできるようになる」。

現在試行されているのは「痛み分け」[9]政策である。それはうまくいっていない。中途半端な対策で時間を無駄にしている場合ではない。欠乏は救いにならない。豊穣こそが道を切り開く。

ＵＢＩ賛成論に深く入っていく前に、まずはＵＢＩという概念の歴史を振り返ってみよう。すでに実現されているＵＢＩの各バージョンも同時にみていこう。

▼9：relative deprivation　直訳すると「相対的窮乏」となる。要するに、緊縮財政のような、一方から奪って他方へ与えるゼロサム式の政策のことである。ヤンはこれをＵＢＩによる新型の「上げ潮」政策と対比させている。

第17章　現実世界のユニバーサル・ベーシック・インカム

今では想像もつかないかもしれないが、年間所得保障というアイデアは、1960年代後半から1970年代前半におけるアメリカ政治の主流概念だった。1965年にメディケアとメディケイドが可決されたばかりで、国民は社会問題への解決策に飢えていた。1968年5月には、経済学教授1000名が、年間所得保障を支持する声明にサインをした。1969年、ニクソン大統領は「家族支援計画」を提案した。[i] 該当条件を満たす家庭に、一世帯当たり1万ドル（100万円）の現金を給付し、年間所得保障とする案である。当時の世論調査では、79％の回答者がこれを支持した。家族支援計画は大差で下院を通過した——賛成243、反対155だった——が、上院で頓挫した。こともあろうに、それは民主党がより高額な計画を要求したからだった。ニューヨーク上院議員のウィリアム・ライアンは、代案として今の金額で3万3000ドル（330万円）相当の所得基盤を提唱した。こうして、もとの法案は、その後数年にわたって議論され、再提出されることとなった。

１９６８年から１９７５年にかけてアメリカ政府は、所得保障が個別の家庭に与える影響について認識を深めるために、いくつかの研究調査に出資をした。研究の主目的は、政府から無条件で現金給付を受けた場合、人々が働き続けるかどうかを調べることだった。「ニュージャージー労働意欲実験」では、１９６８年から１９７１年にかけ、１３００世帯に向けて、貧困線を越えるために必要な金額の現金給付が行われた。[ii] 労働への影響はほとんど見られなかった。男性は週当たり1時間、女性は週当たり5時間、それぞれ労働時間が減っただけだ。母親たちは、より多くの時間を子どもと一緒に過ごすようになり、子どもたちの学校の成績が上がった。実験期間中、高校の卒業率は最大30％もの上昇をみせた。

似たような研究調査は、ノースカロライナ、アイオワ、インディアナ、コロラド、そしてワシントンでも実施された。結果は、ニュージャージーの場合とほぼ同じだった。ただし、デンバーとシアトルで実施された最も綿密かつ入念な研究調査によると、男性は9％、既婚女性は20％、シングルマザーは14％、それぞれ労働時間が減少した。[iii] デンバー調査では離婚の増加も見られ、多くの人たちを驚かせた。これは法案に反対する人たちにとって追い風となり、１９７８年に同法は廃案に追い込まれた。しかし、１９８８年にウィスコンシン大学の学者たちが改めてデータを見直したところ、婚姻への影響は誤ったモデルに従って劇的に誇張されていたことが判明した。また、労働時間の減少も、自己申告に基づいていたため疑問が残ると言った学者たちもいた。しかし、この頃にはすでに議論が終了してしまっていた。

アメリカの諸研究調査は世帯単位で行われ、地域社会レベルでの影響を測定しなかった。対して、カナダでは、ある小さな町全体で実験が行われた。1974年2月、カナダは5600万ドル（56億円）相当の資金を投入し、ウィニペグ北西部にある人口1万3000人の町ドーフィンの住民を一人残らず貧困線の上へと押し上げた。こうして、1000世帯がそれぞれ異なる金額の小切手を毎月無条件で受け取るようになった。これは、ミニマム・インカム（最低基本所得）を略して「ミンカム」と呼ばれた。保守派が政権を奪取して支払いを中止するまで、ミンカムは4年間続けられた。

それから年月が経ち、2005年にマニトバ大学の経済学者エヴェリン・フォゲットが実験結果をまとめ、分析をした。「年間所得保障を実施した場合、みんな働くのをやめてしまい、より大きな家族を持とうとするのではないかという政治的な懸念がありました」とフォゲットは回想する。[iv] しかし、ふたを開けてみると、労働への影響はほぼ皆無だったことがフォゲットによって発見された。労働量が実質的に減ったグループは、新米の母親とティーンエイジャーの2区分のみであり、後者はより多くの時間を学業に注ぐようになった。また、25歳以下の女性の出生率も下がった。高校卒業率は上がった。特筆すべき発見事項として、通院が8・5%減少し、職場事故や緊急治療室の利用が減ったという点が挙げられる。家庭内暴力も減少し、精神疾患関係の通院や治療も下がった。一言で言うと、町から貧困が一層されると、住民の生活の質はぐっと上がるのである。

信じられないかもしれないが、実はアメリカのとある州では、ＵＢＩのようなものが数十年にもわたって実施されてきている。１９７６年のアラスカでは、州有地からの石油収益のおかげで州政府が数十億ドル（数千億円）ものお金を受け取るようになっていた。当時のジェイ・ハモンド州知事は共和党員であり、[1]革新的な計画を胸に秘めていた。石油収益金を基金にし、その利益の一部を毎年州民に支払うことを提唱したのである。この基金は、政府歳出に歯止めをかけ、歳入を直接人々の手に届けることで「保守的な政治目的」を果たすものである、と彼は強調した。

こうして、アラスカ永久基金は利益をあげるようになり、１９８２年に配当を支払い始めた。現在、アラスカ州民は１０００ドル～２０００ドル（10万円～20万円）の石油配当を毎年全員が受け取っている。[v]例えば、４人家族の場合、２０１５年の配当金額は８０００ドル（80万円）以上だった。配当のおかげで、貧困は4分の3にまで減り、アラスカはアメリカ国内で2番目に所得格差が低い州となった。[vi]また、配当には乳児の平均出生時体重の増加[vii]や、アラスカ農村部の支

▼1：a Republican　アメリカでは、ＵＢＩのような政策は民主党の専売特許だという先入観が強い。共和党員であることを強調することで、ヤンはこの先入観を払拭しようとしている。

払い能力の維持といった効果があることも研究調査からわかっている。[viii] さらに、毎年の経済活動も高まり、少なく見積もっても7000件以上の雇用が配当のおかげで創出されている。幾多の政権交代があったにも関わらず、この制度は今年で36年目をむかえており、絶大な人気を誇っている。回答者の64%は、配当への資金調達のためならば増税も甘受するとまで言っている。

1995年、とある研究グループは、ノースカロライナ州に住む低所得層の子どもたち1420名の人格の追跡調査を始めた。[ix] その後、予期せぬことが起きた——家庭の25%が、一人当たり4000ドル（40万円）を受け取り始めたのである。彼らはチェロキー族であり、近所にカジノが新設されたために一族へ利益が流れ始めたのである。この新展開は研究材料の宝庫となった。「このような長期研究をもう一度実施するのは、ほぼ不可能でしょう」と、UCLA経済学部教授のランダル・アキーは言う。アキーの知見によると、追加の現金給付は長期にわたって子どもたちの人格形成に影響を与えた。まず、行動障害や情緒障害が下がった。そして、2つの性格特性[▼2]が顕著になった——誠実性[▼3]と調和性[▼4]である。どちらも、職や人間関係を維持する力との相関性が強い。こうした変化は、恵まれない状態からスタートした子どもたちにおいて最も際立った。

好転の源泉は、アキーの推察では、環境ストレスの減少である。配偶者間の人間関係が改善され、アルコールの消費量が下がった。「周知のとおり、貧しいカップルがけんかをする理由のトップはお金です」とアキーは言う。対立を根っこから絶つことによって、「より調和のとれた家庭環境」が生まれる。

「多くの文献が示すように、子どもたちの現状を変えていくためには、まずは両親のケアから始めるのが一番です」と、エミリア・シメオノワは言う。シメオノワは、ジョンズ・ホプキンズ大学経済学部教授であり、さきほどの追跡調査に登場した諸家庭を研究した一人でもある。「（現金給付のおかげで）両親には明らかな変化がみられました」。彼女の結論では、「これによって私たちは、ささやかな現金が人生の多方面にもたらす変化について見識を深めることができました」。

2008年、ハーバード大学の大学院生のマイケル・フェイとポール・ニーハウスは、海外でフィールドワークをしていた。二人はケニヤを訪れ、放置されたポンプや未使用の衣類等々をみつけ、援助金の無駄遣いの現状を目の当たりにした。そして、現地の人々が必要としているのは、

▼2：personality traits　人格心理学の用語で、人間の人格を構成する要素のこと。
▼3：conscientiousness　人格心理学の主流であるビッグファイブ理論に登場する専門用語であり、人格を構成する5つの要素の一つ。乱暴に要約するならば、責任感のこと。
▼4：agreeableness　ビッグファイブ理論の専門用語であり、人格構成要素の一つ。協調性や他者への配慮等のこと。

食糧、寝床、教材、スポーツ設備、牛、水差し等々のものよりも、まずもって現金である、という結論に至った。その夏、マイケルとポールは、貧しい村民たちに合計数千ドル（数十万円）のお金を直接与え、その後の経緯を追跡し始めた。その結果、現金受給者たちの間では、家庭内暴力が減少し、心の健康が向上し、しっかりとした食事をとる人が増えたことがわかった。

このアイデアを二人はさらに膨らませていった。2012年に、友人のつてでGoogle.orgに紹介してもらった二人は、同社から240万ドル（2億4000万円）の支援を受けることができた。追跡調査を続ければ続けるほど、結果は明るい方へ向かっていった。人々はビジネスを立ち上げ始めた。子どもたちの体重も増えた。学校に行く女の子の数も増えた。女性の自立性が上がった。現金を直接渡すことは実はとても有効であることがわかった。それまでの他の組織とは異なり、マイケルとポールは、調査結果を一から十まで資料化して世界に向けて発信した。

その後、二人が立ち上げたGiveDirectlyは1億2000万ドル（120億円）以上の寄付金を集め、その一部を発展途上国における現金給付のための新たな方法の開発に当てている。[x] 2016年には、12年間にわたる3000万ドル（30億円）規模のお試しベーシックインカムをケニヤで実施することを公表した。「GiveDirectlyは……慈善業界を震撼させた」と『ガーディアン』紙のある記事には書かれている。[xi]「貧しい人たちのためにお金を集める（組織）は、貧困当事者たちよりも自分たちの方が有効にお金を使うことができるのだ、という点を証明するよう迫られている。……（多くのNGOにとって）これは切実な課題である」。要するに、世界の貧困層を本当に助けたければ、援助団体の大多数は、介入をせずに直接お金を手渡した方がよいのである。

今では、経済格差、労働市場の磨耗、そして自動化の兆によって、UBIへの熱意は一気に高まってきている。2017年に、フィンランドでは、25歳〜28歳の失業者2000人を対象に、無条件で月額660ドル（6万6000円）がもらえるお試しベーシックインカムが2年間実施された。インドでも、既存の制度よりもUBIの方が効率的であることが研究によって判明したため、数年以内に国家規模で少額のベーシックインカムを導入することが積極的に検討されている。カナダでは、オンタリオ州民4000人に、個人には最大1万2570ドル（125万7000円）、カップルには最大1万8900ドル（189万円）を、2017年から2020年まで毎年給付し[xii]、結果を測定する予定が立っている。[5] オランダやスコットランドでも、小規模

▼5：本書の原著初版の発行後、オンタリオ州は年間給付額上限を個人1万6989ドル、カップル2万4027ドルに引き上げ、さらに障害者については月額500ドルの追加給付を含めた。しかし、その後、2018年度をもって、本計画は中止となった。担当大臣のリサ・マクラウドは、次の声明を発表している。「私たちの社会保障制度は壊れています。4000人以下の人たちを支援する研究プロジェクトは、貧困サイクルから抜け出せないオンタリオ州民200万人弱に援助や希

のトライアルが行われている。

イランでは、石油・ガス助成金の削減を受けて、2011年に、年額1万6000ドル（160万円）のUBI類似政策が全面的に展開された。[xiii] 経済学者たちは、労働レベルを調べたが、時間数の減少は一切見られなかった。むしろ、サービス部門では事業の拡大が見られた。サンプルサイズの大きさ——イランの人口は8000万人であり、ニューヨーク、カリフォルニア、そしてフロリダの合計に等しい——や期間の長さを考慮に入れると、これは含蓄に富んだ結果である。

最近では、アメリカでも小規模のトライアルが開始されている。2017年初め頃、カリフォルニア州オークランドで、テクノロジー会社Yコンビネータ代表のサム・アルトマンは、100世帯に月額1000ドルから2000ドル（10万円から20万円）ほどのお金を1年間与え、受給者への影響を調べることにした。ねらいは、より大規模な5ヵ年トライアルの実施である。好奇心に駆り立てられたサムは、友人たちと一緒に200万ドル（2億円）を寄付し、研究者を雇った。サムがこの課題に資源を投入しているところをみると、私は嬉しくなる。本来ならば政府がもつべきリーダーシップや展望を、彼は行動で示しているのである。

知的・道徳的魅力と、現実世界でのこれまでの成功例とによって、UBIへの熱意は着々と盛り上がってきている。

主な反論には以下のようなものがある。

「財源がない」

たしかに、お金を集める方法は必要である。私たちは、政府が数十億ドル単位でお金を無駄遣いすることに慣れっこになってしまっている。増税は、政局を問わず多くの困難を伴う。

面白いことに、ＵＢＩは政府の肥大にはつながらない。管理がほぼ無料でできるからである。新たな官僚制をつくる必要もない。支出ではなく国民への直接送金なので、国民はこれを使って生活を向上させたり、互いに支払いを行ったり、地元の産業を応援したり、消費者経済を支えたりすることができる。新たな公務員軍団を雇う代わりに、アメリカ国民に最後の1ドルまで行き渡るようにし、お金の大半を国内経済で使ってもらうことができる。

定義上、無駄遣いが起こることはありえない。国民にお金が直接行き渡るからである。これは、ちょうど企業が株主に配当や報酬を与える場合と似ている。それをお金の無駄だと言う人はいない。株主は、理論上、企業の所有者だからである。

望を与える方法としてはふさわしくありません」。

私たちも、アメリカの国民である以上、国の所有者であるといえるだろう。アメリカは裕福な国であり、本格的なＵＢＩを楽に実施することができる。過去10年間だけでも、私たちの経済は4兆ドル（400兆円）以上の成長をみせている。そして、米ドルは今もなお世界の準備通貨である。私たちの社会は、人類史上最も技術的に発達しており、自動化が進むにつれて経済は今よりもはるかに高いレベルにまで成長していくはずである。

それだけでなく、新たなビジネスや経済活動の創出、より優れた教育の成果、健康や予防医療の向上、心の健康の向上、犯罪や逮捕の件数の減少、ホームレスの減少等々、多くの社会的効用のおかげで多額の資金を捻出することができる。

本当にお金を食うのは何か、ご存知だろうか。そう、機能不全や革命である。個人や家庭を守るための出費は、自然と採算が合うものである。

「労働意欲がそがれる」

公開されているデータを見る限り、ベーシックインカムを導入した際の労働時間は、安定を保つケースとほんの少しだけ減るケースしか見当たらない。また、働く時間が減るケースは、若い母親やティーンエイジャーに該当することが多い。子どもの世話や通学に時間を使っているのならば、労働時間が多少減っても文句を言われることはないだろう。

完全に相反する2つの考えを、多くの人たちは同時に信じ込んでいるようである。

1つ目は、労働は人間の尊厳の要であり核である、という考え。

2つ目は、強制されない限り人はすすんで労働することはない、という考え。

この2つの考えは完全に矛盾している。もし労働が本当に人間の尊厳の核なのであれば、私たちは必要がなくてもすすんで労働をするはずである。そうでなければ、私たちには労働をする動機がないので、労働は生存のためだけにするものとなる。

自由配当を年額1万2000ドルに設定することで、国民はぎりぎりの生活を保障される。最低限以上のことをしたり、買い物をしたり、子どもたちのためにより良い人生を設計したりしようと思う人は、就職するしかない。

年額1万2000ドルは、30万ドル（3000万円）の貯蓄から年間4%の受動的所得[6]を得て生活することと同じである。あなたは、30万ドル貯めた時点で働くのを一切やめた、などという人を見たことがあるだろうか。私はない。ある程度の貯金をした後、さらなる貯金をしたいと

[6]：passive income　労働を伴わない方法で得られる所得のこと。具体的には、利息収入等、資産の運用から得られる所得が該当する場合が多い。

思っている人ならばたくさんいるが。

アンディ・スターンが冗談で言ったことだが、彼の知り合いの上流中産階級の子どもたちは、「両親ベーシックインカム」とでも呼ぶべきものを持っている。つまり、両親が生活の一部を賄っているのである。携帯電話料金、賃貸保証、家族旅行や家族休暇等々は、すべて「父母銀行」が費用を負担する。私の知る限り、これは裕福な家庭においては当たり前である。それでも、彼らの子どもたちの労働倫理はいたって健全である。

雇用の置き換えは世代的な課題であり、現代の英知をもって立ち向かう必要がある。しかし、生活に必要なお金を得ることは、これとは別の問題である。雇用の有無に関わらずお金を得られるようになることで、私たちは自分たちが本当にするべき仕事を見定めることができる。それは、オフィスや店舗でする仕事であるとは限らない。これは、月々の生計よりもはるかに深くて根源的な問題なのである。

「激しいインフレーションが起きる」

インフレーション率は、ここ数年間低い値を保っている。部分的には、テクノロジーやグローバリゼーションによってコストが削減されてきたことが原因である。金融危機の後、金融緩和として4兆ドル（400兆円）を刷ったときも、インフレーションはほぼ全く起きなかった。ベーシックインカムの資金を前述のVATで賄った場合、マネーサプライが増えることはないので、少なくとも通貨の量に起因するインフレーションは起こり得ない。

自由配当のレベルでのUBIには、インフレーションが全く伴わないとは言わない。公衆の購買力の増加に目をつけて、物価を上げてくる売り手は当然出てくるだろう。しかし、多くの商品に関しては、テクノロジーが生産コストを下げ続けるため、物価もまた下がり続けることになる。あなたの身の回りの生活コストに注目してみてほしい。経済競争、グローバリゼーション、そしてテクノロジーに関連する商品はほとんどすべて、価格が下がったり、品質が上がったり、その両方が同時に起きたりしているのではないだろうか。個人的には、衣類の値段のあまりの安さに驚かされることがよくある。H&Mで8ドル（800円）のTシャツや15ドル（1500円）のズボンを見ると、買うのが後ろめたくなるほどである。また、最近の自動車も、名目価格こそ私の子どもの頃とほとんど同じだが、私の持っていた古臭いホンダと比べるとまるで宇宙船に乗っているような心地になる。音楽や映画等、エンターテイメントの各分野の商品も、インフレ調整後、前代未聞の安さで売られている。

インフレーションが起きている出費区分の中でも、特筆に価するのは医療費と教育費である。この2つは、近年爆発的に上がっている。医療や教育は、市場の力学にさらされることがなく、自動化や効率化の影響も受けずに来た。それは、アメリカの人の主なストレス要因にもなっている。賃金が停滞する一方、子どもたちの人生を良くするために必要なものの値段は、制御不能なところまで上昇し続けてきた。ＵＢＩはインフレーションを引き起こさないだけでなく、購買力をアメリカの国民の手に直接届けることによって、価格上昇が引き起こしてきた惨状を改善するための力になる。

「薬物や酒等への無意味な浪費が増えるだけだ」

データを見る限り、この反論には根拠がない。ベーシックインカム調査では、薬物使用や飲酒の増加が一切認められていない。むしろ、より明るい展望を持てるようになったおかげで、人々は自分たちの生き方を改善していくための道を模索し始める。例えば、アラスカ州民の多くは、石油配当の一部を毎年しっかり貯金している。

もちろん、真正の中毒者は存在するし、自暴自棄に陥る人たちもいる。しかし、お金が不足しているからといって突然オピオイドや酒を止める人などいない。代わりに、お金と薬物の両方を、時として違法な仕方で入手しようとするだけである。ＵＢＩは、反社会的な行動を抑制するだけでなく、少なくとも一部の人たちにとっては治療を開始するための力になる。

考えてみてほしい。貧しい人たちの方が、裕福な人たちよりもお金を慎重に使うものではないか。私には本当の貧困を味わった経験はない。それでも、まだティーンエイジャーだったとき、無一文になって中華料理店で時給5ドル20セント（520円）＋チップのバイトをしていた頃のことはよく覚えている。当時、50ドル（5000円）という金額が持っていた意味や、自分がいかに慎重にそれを使っていたかを、私はよく覚えている。

貧しい人たちはお金に対して責任感がなく、無駄遣いをするものだという考えは、真実を表しているというよりも、根強い偏見の産物であるように思える。裕福な人たちには、貧しい人たちを、金銭感覚がなくて意志が弱い幼児のように扱う傾向がある。証拠資料[7]を見る限り、実態は全く逆である。オランダ哲学者のルトガー・ブレグマン[8]をはじめとする人たちが言っているように、「貧困とは、人格の欠如ではない。現金の欠如である」。

▼7：evidence　「エビデンス」とカタカナ表記するのが近年では流行ってきているが、本書ではできる限り意味の近い日本語を使うようにした。「証拠」と言うと、一方的な響きがあるが、厳密に定義するならば、evidenceとは「いくつかの仮説の一部により高い信憑性を与えるような資料」という意味の名詞である。読者は、「証拠」という言葉をみて、普段この単語から感じるよりもソフトな解釈をしていただけると良い。

▼8：Rutger Bregman（1988－）オランダ出身の歴史家・哲学者。著作に『隷属なき道——AIとの競争に勝つベーシックインカムと一日三時間労働』（文芸春秋、野中香方子訳）などがある。

欠乏に関する研究によると、決断力を向上するための一番の方法は、人々にゆとりを与えることである。完璧な選択など、誰にもできない。それでも、生活必需品を保障されさえすれば、数百万人もの人たちが日々の選択を改善できるようになるはずだ。

第18章　新たな通貨としての時間

「文明の最終目標は、余暇を上手に過ごせるようになることである」
——バートランド・ラッセル

「職を失ったにも関わらず、時間をうまく過ごすことができない人間は……鎖につながれた犬のように惨めである」
——ジョージ・オーウェル[i]

自由配当によって、誰もがご飯を食べられるようになったとしても、雇用の置き換えに対する恐怖心は鎮まらない。毎日、何をして生きていけばよいのか、誰しも不安になるものである。周知の通り、仕事は健康な人生や社会にとって必要不可欠な要素である。長期失業ほど、人間をぼろぼろにしてしまう出来事はない。いくばくかのお金を受け取ったところで、傷が癒える保証はどこにもない。

　では、政府は雇用を保障したり、創出したりするべきだろうか。私の知り合いの理想主義者たちの中には、普遍行政雇用保障▼1を推進する人たちもたくさんいる。問題は、人々を組織し、訓練を施し、雇うのは、とてもお金がかかるという点である。例えば、ティーチ・フォー・アメリカ▼2は、2年間で給料以外のコストとしてメンバー一人当たり5万1000ドル（510万円）も費やし、求人、選考、訓練、計画、支援等を行っている。[ii] 平和部隊▼3の年度予算は4億1000万ドル（410億円）だが、これはボランティア一人当たり5万6000ドル（560万円）となる。私が立ち上げたVFAも、若手起業家一人当たり3万ドル（300万円）を、2年間の求人や訓練等々のために費やしている。アメリカ軍も、兵士一人当たり約17万ドル（1700万円）を、給料、維持費、住居費、インフラ設備費等々にかけている。[iii]

　人間のためのプログラムを組むのは、とにかくお金がかかるのである。雇用保障では、実際に給与が発生する以前に、求人、訓練、そしてインフラ整備によって、すでに数万ドルもの追加費用がかかってしまう。さらに、巨大な組織や官僚制を培養してしまうことにもなる。例えば、平和部隊は、7200名のボランティアをサポートするために1000名以上の正社員を雇っている。[iv]

　早く就職して怠惰な生活から脱してくれと世間から望まれている人たちは、往々にして能力が低く、民間部門の雇用に最も不適切な人材である。そのため、あまり価値のないことをする人たちに、たくさんの資金が自然と注ぎ込まれていく。学歴やスキルの底辺に位置する人たちを数百万人も相手にすることになるので、民間部門雇用を行政サービス雇用で代替しようという努力は、このような袋小路に向かう可能性が高い。

国家奉仕や人材育成への投資の力を、私は信じている。適切な人材を然るべき使命へと動員していくことができれば、大きな成果へとつながる。しかし、大多数の人たちが政府によって雇われる経済は、すでに多くの失敗例がある。1978年以前の共産主義の中国や、崩壊前のソビエト連邦が特筆に価する。現在、アメリカは、先進国の中でも政府雇用の国民の割合が低い。カナダが22・4%、イギリスが23・5%であるのに対して、アメリカは約15%である。それでも、政府出資の雇用の創出には慎重を期する必要があり、できれば一人当たりのインパクトが高い雇用に限定すべきである。少なくとも、これは職不足にあえぐ国家への治療薬にはなり得ない。

▼1：universal service opportunities　徴兵制とは異なる。徴兵制では、兵役が義務付けられるのに対して、普遍行政雇用保障では、望む者に兵役の機会を保障するわけである。本文後述のように、兵役とは必ずしも戦闘に関わる仕事ではない。例えば、平和部隊（Peace Corps）は、地方や開発途上国の支援をするボランティア部隊である。

▼2：Teach for America　アメリカの教育NPO。1990年に立ち上げられて以来、全米の文系大卒者たちに人気の就職先であり続けている。

▼3：Peace Corps　地方や開発途上国の支援をするボランティア部隊。

１９３０年代の世界恐慌の渦中で、アメリカ政府は娯楽役員[4]やアーティストを４万人も雇うために33億ドル（３３００億円）を費やした。[v]今の金額に直すと４７０億ドル（４兆７０００万円）相当となるが、状況を少しでも明るくして、国民に社会への関心を保ってもらうための政策だった。当時からの人口増加を考慮に入れると、これは現在ならば10万人ほどの人たちを雇い、全国各地の市町村に送り込むのと同じである。私には、これこそ政府が国民の関心を高めるためにできることの上限であるように思う。世界恐慌時の指導分野は、男女別スポーツ及び競技、美術工芸、音楽、演劇、朗読、討論グループ、ハイキング、木工、金属細工、家具工芸、そして男声合唱団及びオーケストラがあり、また、衛生管理や献立管理の他、なんと礼儀作法についての講義まであった。

この一覧を眺めてみると、あの頃は素朴な楽しみがたくさんあってよかったなどと哀愁を感じるかもしれない。しかし、現代にふさわしいアプローチとしては、ビジネス、個人、そして地方団体における利益や機会を力強く後押しする方が優れている。ＵＢＩは、そのための大きな追い風となるだろう。例えば、恵まれない子どもたちを対象に、放課後の娯楽活動の場を提供している非営利団体を想像してみてほしい。この団体には、現在、年収３万ドル（３００万円）の従業員が５名いるとしよう。ＵＢＩがあれば、代わりに７名の従業員を一人頭２万１０００ドル（２１０万円）で雇うことが可能になり、人員を40％増やすことができるようになる。金銭面で安定している人たちは、給料が下がってもこの仕事をすすんで担うことが期待できるからである。同じことは、教員のサポート係としてボランティアを使う学校や、指導員を募る教会等の雇用力についても言える。オランダの教授のロバート・ファン・デル・フェーンと経済学者のフィリップ・ヴァン・パリース[5]は、ＵＢＩは魅力的で本質的に有意義な仕事の平均賃金を下げるはずだと洞察している。社会的・個人的に意義があり、かつみんなが望む楽しい活動は、報酬が低くなる。だが、より多くの人たちがこうした活動をできるようになるのだから問題はない。より多くの人たちが、子どもに勉強を教えたり、他の人たちに指導を行ったり、親しい人たちの世話をするようになれば、雇用や意義が部分的にではあっても回復される。

また、絵画、作曲、映画製作、スポーツ活動、そして執筆活動等々の量も飛躍的に伸びる。こうした活動は、アメリカ人の多くが一度やってみたいと思ってはいてもなかなか時間がなくてできないと感じているものである。来月の生計の心配をする必要さえなければ創作意欲を満たすことができるのにと感じている人はたくさんいる。人間の創作性の解放という点で、ＵＢＩは恐ら

▼4：recreation officer　原文も、実に曖昧な役職名となっている。
▼5：Philippe Van Parijs（１９５１－）ルーヴァン・カトリック大学経済・社会・政治学部教授。邦訳に『ベーシックインカムの哲学――すべての人にリアルな自由を』（勁草書房、後藤玲子他訳）などがある。

く史上最大の起爆剤となるだろう。

さらには、新たなビジネスが矢継ぎ早に形成されていくという重要な点もおさえておきたい。例えば、仮にあなたがミズーリ州の人口５０００人の街の住民だったとする。あなたは新しいパン屋さんを始めたいと思っているが、周りの人たちは必要最低限の生活を賄うだけで精一杯なため、あまり実りあるアイデアではない。ところが、ＵＢＩが始まると、街には年間６０００万ドル（60億円）ものお金が追加で流れることになる。あなた自身も、パン屋がうまくいかなかったときでも頼れる所得を手に入れる。こうして、パン屋の開業は実りあるアイデアに変身する。友人や家族に応援してもらえる可能性もぐっと上がる。このようなシナリオは、経済内のいたるところで反復され、数百万件もの雇用創出につながる――ルーズヴェルト研究所の分析では、４７０万件もの雇用創出である。ＵＢＩは、人間性、思いやり、創造性、そして事業意欲を鼓舞することで、雇用の不足という穴の大部分を埋めてくれるだろう。

以上をふまえた上で言っておくが、私たちはさらに多くの対策を打つ必要がある。

例えば、２０２６年に解雇された普通のトラックの運転手を思い浮かべてほしい。彼を、テッドと命名しよう。49歳のテッドは、健康上の問題を抱えており、１年で大学を中退し、建設関連の仕事を転々とした後12年間トラックの運転手として働いたが、自動化によって職を失った。彼はオクラホマのささやかなトレーラーハウスに住んでいる。子どもが１人いるが、妻とは離婚している。元妻は少し離れた街に住んでおり、月に1回か2回、息子が会いに来る。テッドには、アウトドアスポーツの趣味がある。週4日ペースでハンドルを握り、無線を使って仲間の運転手たちとおしゃべりをするのである。お酒が大好きでもある。テッドはキリスト教信者として育てられたが、もう何年も教会には行っていない。近所にはあまり働き口がないが、かといって、引越しをしたいとも思わない。貯金と自由配当に加え、2022年の「トラック運転手移行法」[6]によって得た和解金のおかげで、ある程度の生活はできている。それだけならば、テッドは恐らく、テレビを観たり、お酒を飲んだりして時間を過ごし、体調をますます崩していくだろう。今回の課題は、テッドが意義や人間関係を回復していくために、かつて雇用が担っていた役割を担えるような構造をどのようにしてつくればよいのかというものだ。

そこで、今度は、オクラホマの自宅でソファに寝転がって録画番組を観続けるテッドを思い浮かべよう。最近の若者の間で流行している仮想現実ゴーグルを、テッドはどうも好きになれない。ふと、テッドの携帯電話にメールが入る。「近所のアニーが、プロパンタンクの交換をあなたに手伝ってほしいと言っています。手を貸していただけますか」。メールには、アニーのプロ

▼6：Trucker Transition Act　現時点では架空の法律だが、ヤンのマニフェスト条項の一つでもある。ヤンは、トラックの運転手たちがスムーズに新しい環境に適応できるようにするために、「トラック運転手移行大臣」を内閣に置くことを公約に掲げている。

フィール写真も含まれている。近所に住む60歳の女性である。テッドは、どうせ暇だし、とでも言うように肩をすくめて「いいですよ」と返事をし、その日の午後に予定を入れる。午後１時になると、テッドはアニーの家まで車を走らせ、空のプロパンタンクを「ロウズ」[7]で買った新品と交換する。タンクを運ぶ最中、ふと背中に痛みが走るが、人の役に立っているという満足感がある。アニーはテッドに心から感謝し、二人はしばし雑談にふける。アニーは近くの病院で秘書として働いているそうだ。彼女は手首が弱っている。話すうちに、アニーの子どもたちはテッドと同じ高校に通っていたことが判明する。

　帰宅してしばらくたつと、テッドの携帯電話には次のようなメールが届く。「アニーを手伝っていただきありがとうございました。１００ＳＣポイント[8]獲得です。現在の所持ＳＣポイント数は１６００です。生涯獲得ＳＣポイント数は１４８００です」。さらに、アニーからも、「今日は本当にありがとう。大助かりよ」というメッセージが届く。「どうってことない。手助けができて嬉しいよ」とテッドは返信をする。そして、週１、２回の頻度で、似たような作業を請け負うようになる。物を運んだり、人を送迎したりすることが多い。テッドは、息子が次に来るときのために、犬を貸してくれる人を探している。息子は犬が大好きだ。タルサデジタルＳＣ取引所[9]に募集をかけることもできるが、できればそれは避けたいとテッドは思っている。他の人に頼みごとをするのが嫌いなのである。代わりに、他の人の手助けをしてＳＣポイントを貯める方が良い。

彼はオクラホマシティ・サンダーの試合のチケットや、「カベラス」[10]のテントに目をつけている。今年の初めには、SCポイントを使って魚釣り旅行に行ったこともあった。地元のポーカークラブでも、ドルの代わりにSCポイントが使われ始めた。男友達が何人か地元の青少年センターでボランティアを始めたので、SCポイントが一気に増えたのである。

ひょっとしたら、ソーシャル・クレジット（社会信用、SCポイント）などという概念は、馬鹿げた空想にも思えるかもしれない。しかし、実はこのシナリオは、「タイムバンキング」と呼ばれるアメリカ全国200箇所の地域社会で実施中の制度に基づいている。タイムバンキングとは、時間を取引して地域社会の役に立つ作業をすることでクレジット（信用）を貯める制度である。該当する作業には、物の運搬、犬の散歩、庭の掃除、食事の調理、病院への送迎等々が含まれる。このアイデアは、アメリカでは1990年代にエドガー・カーン[11]という法学教授兼反貧困

▼7：Lowe's　アメリカの住宅リフォーム・生活家電チェーン。
▼8：Social Credits　直訳するならば「社会信用」あるいは「社会信用ポイント」となるが、ポップな感じを出すためにあえて「SCポイント」と訳した。ちなみに、中国が構想しているソーシャル・クレジット制度と、ヤンのSCポイントは、全くの別物である。
▼9：Tulsa Digital Social Credit Exchange　「タルサ」は、オクラホマ州の都市。「デジタルSC取引所」は架空の機関だが、機能としてはビットコインに似ていると言える。
▼10：Cabela's　アメリカのアウトドア専門店チェーン。

活動家によって、地域社会を強化する方法として推進された。

例えば、バーモント州ブラットルボロでは、現在315人の参加者が過去8年間で合計6万4000時間もの労働を地元のタイムバンク（時間銀行）で取引している。[vi] ブラットルボロ時間銀行は、2人の大学院生と30名のメンバーによって2009年に創設され、その後順調に成長を続けた。40歳のシングルマザー、アマンダ・ウィットマンは、体験談をこう語っている。[vii]「3年前、私は困難な状況にありました。夫と別れたばかりの頃ですが、私の家は大きく、たくさんの故障があり、とても手に負えませんでした。私は当時、子どもを自宅学習させつつ、ウェブサイトのカスタマーサービスの在宅ワークをしていました。金銭面で、大きな課題を抱えていました。私がいっぱいいっぱいになっていたことを友人たちは知っていました。ある日、友人の一人が、ブラットルボロ時間取引[12]に参加してみないかと提案しました。その時の私は、取引する時間なんてどこにもないわよと反射的に思ってしまいましたが、後で調べてみると、赤字になっても良いのだということがわかりました。つまり、すぐにお手伝いをしてもらうことが可能で、後で余裕ができたら時間を返済すればよかったのです。私は早速、家の修繕のお願いをウェブサイトに投稿しました。1人か2人の返信があれば良いかなと思っていたのですが、ふたを開けてみると、たくさんの人たちが申し出てくれました。例えば、ランディー・ブライトさんは、壁にあいた穴を修繕し、水圧力タンクを取り替えてくれました。他の人たちも、廃棄物の処理を手伝ってくれた上にオンボロのワイヤリングを取り替えてくれたり、家庭菜園の手入れを一緒にしてくれたりしました。グループに参加する前は、こんなにたくさんの頼みごとをするのはかなり抵抗がありました。でも、実際には、他人に迷惑をかけているような感覚は全くありませんでした。みんな喜んで作業をしてくれますし、いつも笑顔で来てくれます。私も、自由な時間はほとんどありませんが、それでもベビーシッターや食事の調理のような、スケジュールに合う案件をみつけることができています。時には家族ぐるみで出動することもあります。私は、子どもたち――15歳のエベレスト、14歳のアルデン、11歳のエレリー、そして9歳のアヴェリー――に、ご近所さんが電気の修理をしてくれるそうだから、お礼に薪《まき》の積み上げを手伝いに行きましょうというように呼びかけることもしばしばあります。子どもたちにも、地域貢献の感覚を持ってもらうことができます。あと、例えば作曲のような、趣味のレベルで私たちがやっていたことにも価値があるのだということがわかりました。地域のガーデンパーティーで、フィドル奏者2人、ギター弾き1人、そしておもちゃの笛吹き1人として舞台に上がり、音楽を演奏してTTアワー[13]を4時間も稼

▼11：Edgar　S.Cahn　タイムダラー創始者。タイムダラー研究所所長。翻訳に『この世の中に役に立たない人はいない――信頼の地域通貨　タイムダラーの挑戦』（ヘロン久保田雅子、茂木愛一郎訳　創風社出版）がある。

▼12：Brattleboro Time Trade　実在する時間取引システム。地域通貨の一種である。

いだことだってあります」。

取引相手の一人、49歳よろず屋のランディー・ブライトも、こう語っている。「参加当初から、よろず屋への需要はとにかく高かったよ。僕は離婚をしているから、独身女性と出会う機会ができてちょうどいいって思ったんだ。今のところ、まだお気に入りの相手はみつかっていないけど、友達がたくさん増えたし、TTアワーを使って家庭料理をつくってもらったこともある。金銭面でもプラスになってる。人脈があったおかげで、エネルギー効率化会社を立ち上げたときに、スムーズに事業展開ができたからね。今は自分のビジネスで手一杯だけど、それでもたまには取引に参加することもあるし、得たTTアワーを寄付することだってよくある。取引には、目には見えないけれど、気分を高めてくれる何かがあるんだ。娘のノラ（14歳だけど、よく一緒に手伝ってくれる）に、お金を伴わない取引もあるんだってことをみせてやれるのが一番嬉しい」。

タイムバンキングの創始者、エドガー・カーンは、ロバート・F・ケネディのスピーチライターでもある。当時、カーンは「社会保障への資金が枯渇してしまった」時代における新しい貧困対策を模索していた。カーンはこう書いている。[viii]「アメリカ国民は、3つの相関する問題に直面している。まず、最も基本的な物やサービスが、社会の底辺の層の人たちにとって、ますます不公平で手の届かないものとなっている。2つ目に、家族、地区、そして地域社会の再建の必要性から派生する様々な社会問題がある。3つ目は、こうした問題への解決策として提示される公共プログラムへの不信感の高まりである」。カーンの案では、タイムバンキングは「信頼と思いやりの構造を再建し、家族や地域社会に力を与えることができる」。

ブラットルボロのような地域社会では、たしかにタイムバンキングは成功を収めているが、アメリカ国内に広く普及しているとはいえない。運営に一定の管理や費用が必要となることが、その一因である。

そこで今度は、アメリカ政府後援のスペシャルバージョンのタイムバンキングを想像してみてほしい。そこでは社会的な価値に加え、金銭的な価値も発生する。この新通貨――デジタル・ソーシャル・クレジット（DSC）――は、地域社会へ貢献することをした人たちへ報酬として支払われる。政府は各市場分野にそれぞれ初期投資を行うが、運営管理は地域が主導で行う。DSCは、社会的結束の強化を必要としている地域社会を対象として導入する。ご近所さんを手伝うたびに、SCが支払われる。そこには、幼児の世話、ガレッジセールの手伝い、家電の修理、パーティーでの音楽の演奏等々が含まれる。また、地元のホームレスシェルターでボランティアをしたり、お祭りに参加したり、リトルリーグの監督を担ったり、新しい講座を受講したり、壁

▼13：time-trade hours　ブラットルボロ時間取引における通貨。SCポイントと同様、ポップな感じを出すために「TTアワー」と訳した。

画を描いたり、地元のバンドで演奏をしたり、青少年の指導を行ったりしたときにもSCを獲得することができる。既存の諸団体も、サービス利用者の規模に合わせて、SCを支払ったり受け取ったりすることができる。

さらに、政府は大規模な企画への賞金や起爆剤として多額のDSCを出動させることもできる。例えば、「ミシシッピにおける肥満率を下げるために1億DSC」「イリノイにおける高卒率を上げるために10億DSC」といった具合だ。あとは参加者たちに賞金獲得のための行動を起こしてもらえばよい。企業も様々な課題に対して、目標達成の手助けをしたり、キャンペーンの創設や後援をしたりすることができる。非営利団体（NPO）やNGOは、慈善活動の規模に応じてDSCを発行し、ボランティア員や従業員に還元することができる。新しい組織や企画も、DSCを使ってクラウドファンディング▼14することができ、人々はポイント送金という形で「投票」をすることができる。イベントやメディアも、集客数や「ファボ」数に応じてDSCを獲得する。DSCという通貨は、ジャーナリズム、創作活動、そして地域イベントを支援するための新しい方策となる。

「わざわざ新しいデジタル通貨を作らなくても、ドルで済ませればいいではないか」という疑問に答えておきたい。まず、低額のお金の支払いとポイント決済とでは、人々の反応が違う。2ドル払うから手伝ってほしいと言われて、やる気を出す人はあまりいないだろう。しかし、それが200ポイントとなると、不思議とやる気が出るものである。現時点で、人々はすでにポイントやその他の賞金を稼いで、Yelp エリート、Waze キング、Foursquare 市長、そしてGoogle ローカルガイド等々になるためにたくさんの時間を費やしているではないか。

また、新しい社会通貨ならば安心して所持金額を公開することができる。ねらいは、人々に各々の活動を発信・促進してもらうことである。人間活動は、社会性を帯びて、承認を受けるとき、ぐっと促進される。グループに参加した方がトレーニングがはかどったり、ダイエットの成功率が上がったりする理由もこれである。

さらに、新たな通貨の創設のおかげで、政府は数十億ドル相当のポジティブな社会活動を、大金をはたかずに促すことができる。

個々人がDSCを貯めるようになれば、生涯貯蓄残高と現在残高が増える。参加者は、ポイントを使って新しい体験をしたり、参加店舗で買い物をしたり、社会活動を支援したり、お祝いとして他の人へポイント送金をしたりすることができる。累計残高が上がっていくにつれて、様々な特典を設けることもできる。一例として、地元の野球の試合の始球式に出る、地元の議員と

▼14：crowdfunded　少額の寄付を多数の人たちから集めて寄付金額目標の達成を目指す、インターネット募金活動のこと。個人が簡単なホームページを立ち上げてスタートすることが多い。「クラウド」はcloudではない点に注意。

会って話しをする、意識の高い地元アスリートや著名人と会う等が考えられる。DSC残高が地域社会内でトップの人をホワイトハウスに招待するのもよいかもしれない。個人や企業は、現金を使ってDSCを購入できるようにしてもよい――制度への資金調達の一助になる――が、購入されたDSCには別の色をつけ、獲得されたDSCとはっきり区別する。

社会善[15]を基軸とする、新たなパラレル経済の誕生である。

もちろん、社会に無関心な人たちは、このような試みを無視するだろう。しかし、特典を得たり、価値を認められたりすることを好む人たちもたくさんいる。私なども、地元のデリで無料のサンドイッチをゲットしようと、スタンプを10個集めることにハマっている。DSCには、歳出を抑えつつ、従来では考えられなかったような規模で社会活動を促進できる可能性がある。さらに一歩進んで、ドルよりもDSCの方がクールになることすら考えられる。自分のポイント数を公開して、社会から認められるからである。制度の導入を奨励するために、一部の人口区分や地域に照準を絞った特典やキャンペーンを実施するのもよい。DSCポイント数が低い人たちのために何かをした場合、ボーナスを付けるのもよいだろう。

DSC制度は、市場の力学を味方につけて社会善を推進する方法の好例である。システムの設置と資金の提供は連邦政府が担うが、あとは地方自治体、NPO、個人、そして企業が主体となって、様々な目標の達成に向けた方策を色々と実施していけばよい。全体目標は、ポスト労働経済[16]において社会的な結束を強化し、人間関係の強度を高く保つことである。

自由配当は、最低限度の生活への不安や欠乏状態から社会を解放してくれる。デジタル・ソーシャル・クレジット（DSC）は、地域社会の絆を深め、個々人にとっても、市場評価とは別の次元で価値を創造したり、社会的な評価を実感したりする道を切り開いてくれる。

▼15：social good 「社会的な善」と「社会的な物やサービス」の両方の意味をもつ言葉。ここでは、文脈から、前者を強調した。
▼16：post-work economy ヤンの造語。ここでの「work」は、従来の意味での労働であり、社員として働くことを意味する。ポスト労働経済とは、企業に社員として奉仕するのとは異なる形で社会に貢献することが当たり前となった経済のことを指すのだろう。

第19章　人道資本主義

想像してみてほしい。オプラ・ウィンフリー[1]やトム・ハンクス[2]の音声で、夫婦をつなぎとめたり、子育てを援助したりするライフコーチ人工知能。全国に数百万ものソーラーパネルを設置し、インフラ設備を改修し、廃ビルを解体しつつ、数十万件もの雇用創出にもつながる建設・解体職人軍団。[3]常に新しい教材を提供し、同じ科目を受講している人たちとあなたをつなげてくれるデジタル個別指導コース。バイタルサイン[4]を監視し、かかりつけ医にデータを送りつつ、時折生活習慣の改善法を提案してくれる身体装着型デバイス。[5]詐欺の心配をせずに、スマートフォンから直接投票できるような地方選挙。

ここに列挙したアイデアは、既存のテクノロジーを使えば実現可能なものばかりである。しかし、資源や市場動機が足りない。つまり、家族をつなぎとめたり、インフラ設備を改修したり、生涯教育に取り組んだり、予防医療を推進したり、民主主義を改善したりしても、市場からの評価は非常に低く、皆無であることすらある。スマートフォンが数十億ドルもの後押しを受けつつ季節ごとによりスマートになっていく傍ら、私たちの投票装置や橋や学校は1960年代から一歩も進んでいない。

変えるべきは、この現状である。

現在の市場では、人間の尊厳の核となるようなものごと、活動、そして人物たちが一貫して低く評価される傾向がある。一例として、左に挙げる項目をご覧いただきたい。

● 子育てや親族の世話

▼1：Oprah Gail Winfrey（1954－）アメリカ合衆国の俳優、テレビ番組の司会者兼プロデューサー、慈善家である。司会を務める番組『オプラ・ウィンフリー・ショー』はアメリカのトーク番組史上最高の番組であると評価され、多数の賞を受賞している。
▼2：Thomas Jeffrey "Tom" Hanks（1956－）アメリカ合衆国カリフォルニア州出身の俳優、映画監督、映画・テレビプロデューサー。
▼3：Legion of Builders and Demolishers　ゲームのキャラクターのようなポップな名前。ヤンの役職名の特徴の一つである。
▼4：vital signs　血圧、心拍数、呼吸等々、体の調子を表す信号のこと。
▼5：wearable device　ウェアラブルデバイスとカタカナ表記されることもある。身体に装着することができる高性能デバイス。

- 子どもの養育や教育
- 芸術や創作活動
- 貧困者への支援
- 困窮する地域や環境における労働
- 環境問題への取り組み
- 読書
- 予防医療
- 人格者でいること
- インフラ設備や公共交通機関
- ジャーナリズム
- 女性
- 有色人種やその他のマイノリティ

さらに、最近では次の項目も該当するようになってきている。

- 単純労働者や普通の人々

- 地域社会における有意義な人間関係
- 中小零細独立企業
- 効果的な行政

かつて、以上のような項目が市場でより手厚くサポートされていた時代があった。現代で同じことを実現するには、市場を無理やり操縦するしかない。アメリカでは、もはや既存の資本主義形態のもとでは、国民の過半数にとって生活水準の向上が見込めなくなってしまっている。そろそろアップグレードを考える頃合である。

資本主義のネクストステージ

１７７６年に『国富論』を発表したスコットランド人経済学者のアダム・スミスは、近代資本主義の父として名高い。市場を誘導するみえざる手、労働の分担、そして私利と競争による富の創造といった概念は、あまりにも深く内面化されてきたため、今ではもはや常識と化している。現代に生きる私たちにとっては、資本主義を社会主義と比べる考え方が一般的になっている。社会主義とは、１８００年代に発生した、産業の社会的所有と民主的コントロールを推進する立場である。カール・マルクスは、1867年に『資本論』を発表し、資本主義には労働者階級を虐げるような緊張が内在しており、労働者階級はいずれ立ち上がって支配権を握るであろうと論じた。私たちの視点からみると、西洋とアメリカによって体現される資本主義は、とてつもない成長と富を生み、数十億人もの人々の生活水準を向上することによって「理念の戦争」に勝利した。社会主義は、1991年に崩壊したソビエト連邦、そして1980年代に態度を和らげた中国に代表されるが、現実世界ではうまくいかず、妥当性を完全に失った。

以上のような単純化された評価では、いくつかの重要なポイントを見落とすことになってしまう。まず、純粋な資本主義制度などというものは実在しない。7000年前に通貨が発明されてからというもの、数世紀にわたって、多種多様の西洋資本主義経済が存在してきた。中世の市場封建主義は、ヨーロッパの貿易会社主導の拡大重商主義へと発展し、20世紀アメリカの産業資本主義や、1960年代の福祉資本主義へとつながっていった。アメリカを含む多くの先進国で、メディケイドのようなセーフティネット制度が確立された時期である。現代の機関投資家資本主義やコーポラティズムも、資本主義の最新バージョンにすぎない。

同じように、現代だけをとってみても、世界各地で機能している資本主義には色々な種類がある。シンガポールは、一人当たりのGDPでみた場合、世界第4位の裕福国である。2009年以降、失業率は2・2%以下に保たれており、自由度、開放度、そして事業推進度では世界随一の経済として評価されている。ところが、シンガポール政府は投資政策を定期的に決定しており、政府関連企業が電気通信、金融、そしてメディア等々の各部門を、アメリカでは考えられないような方法で支配しているのである。シンガポールの資本主義は、ノルウェー、日本、カナダ、そしてアメリカのそれとは全く異なる。多くの国では、資本主義が、みえざる手ではなく目にみえる行政によって舵取りされているのである。

そこで今度は、人間の幸福と充足の最大化を目標とする、新型の資本主義経済を想像してみてほしい。この目標は、GDPと二人三脚で達成されることもある。しかし、両者がかみ合わなくなる時期も当然ある。例えば、航空会社が、利益を最大化するために、一度飛行機に搭乗した乗客を即座に降機させた場合[6]、資本にとっては良いかもしれないが、人間にとっては悪い。救命に必要な薬を法外な値段で売りつける製薬会社も然りである。国民のほとんどは、航空会社は損失を甘受すべきで、製薬会社も適度な利益幅に満足すべきだと思うのではないだろうか。このような考え方を、経済の全域に浸透させていったとしたらどうだろうか。

▼6：ここでは、実際に起きた事件が参照されている可能性もある。2017年4月9日、ユナイテッド航空3411便において、オーバーブッキングを解消するために、4人の乗客を離陸前に降機させる必要が生じた。降機に反対した乗客を、航空側は無理矢理引きずりおろした。詳細は「ユナイテッド航空3411便事件」をインターネット上で検索していただきたい。

人間中心資本主義、すなわち人道資本主義である。
人道資本主義には、核となる理念が３つある。

1. お金よりも人間性および人類の方が大切である。
2. 経済の単位はドルではなく個人である。
3. 市場は人間の共通目標や価値に奉仕するために存在する。

ビジネス界には、「管理をしたければまず計測をせよ」という格言がある。私たちは、そろそろ、今までとは異なるものごとを計測し始めるべきである。

ＧＤＰや経済の進歩という概念は、世界大恐慌以前にはそもそも存在すらしていなかった。[i] 当時の政府は、経済の悪化を測りつつ回復の道を示すための指標としてＧＤＰを編み出した。経済学者のサイモン・クズネッツ[7]は、１９３４年にＧＤＰの概念を連邦議会に説明した際にこう付言した。「経済の健全性は、個々人への所得分配を把握しない限り、適切に測ることはできません。また、所得に関する尺度は、所得の負の側面を、つまり、収入を得るための努力がいかに過酷で不快であるかを推計できません。よって、国家の健全性も、ここで定義した国家収入の尺度では到底把握することはできません」。まるで、所得格差と悪質雇用の到来を予見したような言葉である。

私たちの経済制度は、普通の人々の生活の向上を主眼とするべきである。資本主義も、人間の目的や目標の達成の手段となるべきで、私たちが人間らしさを犠牲にして市場に尽くすのはおかしい。制度をつくりあげていくのは、私たちである。私たちが制度の所有主なのであって、その逆ではない。

ＧＤＰと雇用統計に加え、政府は次の尺度を導入すべきである。

- 所得中央値と生活水準
- 仕事への意欲と労働力人口
- 平均寿命（健康度で修正）
- 児童成功率▼8

▼7：Simon Smith Kuznets（１９０１－１９８５）１９７１年にノーベル経済学賞を受賞したアメリカ合衆国の経済学者・統計学者である。１９５４年アメリカ経済学会会長。訳書に『近代経済成長の分析』（塩野谷祐一訳 東洋経済新報社）などがある。

▼8：childhood success rates　ヤンのオリジナル尺度。児童の成功の定義の仕方については、また新たな議論が必要となるだろう。

- 乳児死亡率
- 国民幸福度調査
- 心身の健康の平均値
- インフラ設備の質
- 充実した介護を受けている高齢者の割合
- 人的資本開発度と教育への参加率
- 婚姻率と婚姻成功率
- 絶望死数・絶望度指標・薬物乱用件数
- 国民の希望度数・豊穣の精神
- 地域社会の質と社会的資本（ソーシャル・キャピタル）
- 環境の質
- 世界気温変動と海水面
- 元囚人の社会復帰率と犯罪率
- 芸術・文化繁栄度
- デザイン・美学
- 情報の質・ジャーナリズム

- ダイナミズムと移動性（モビリティ）
- 社会経済公正性
- 治安
- 市民参加度
- サイバーセキュリティー
- 経済競争力と成長力
- 政府の対応能力と進化度
- 資源利用の効率性

以上の各項目に関して、尺度をつくって定期的に更新するのは簡単である。スティーブ・バルマー[▼9]がUSAFacts.orgでやっていることに近い。同サイトは、たくさんの公共及び民間資料を使って作成された社会尺度の宝庫である。こうすれば、誰でも国の現状を把握でき、問題の解決に向けて一致団結できるようになる。

▼9：Steve Ballmer（1956－）マイクロソフト社の元CEO。USAFacts.org創設者。政府データを万人にわかるように提示することを使命とするウェブサイトである。

さらに、これをデジタル・ソーシャル・クレジット制度とつなげて、社会を望ましい方向へ改善した人たちに報酬を与えることもできる。例えば、予算の無駄遣いを暴いたジャーナリストや、街の景観をよくしたアーティストや、パワーグリッドの安全性を強化したハッカー等に、SCポイントを贈呈する。誰か他の人の依存症の治癒の手助けをした人や、元囚人が労働者として復帰する手助けをした人についても同様である。自分や周りの人たちの身体の健康を高く保っている人にも、報酬と承認があってよいはずだ。

このような新市場と新通貨の力は、どれだけ強調しても足りない。私の知り合いのテクノロジストや若者たちは、こうした問題への取り組みに一心不乱になるはずである。もうずっと、何もできずに歯がゆい思いをさせられ続けてきたのだから。一連の目標を測定して収益化する道さえ見出せば、国中の英知と気力を総動員して、数百万人もの人たちの人生をより良くすることが可能となる。

私は大きな政府が好きではない。組織には、大きくなればなるほど鈍重で滑稽になる傾向がある。ワシントンD.C.の会議室に座り、書類に記入をしながら、私は、たとえどんなに善良な公務員でもできることに限りがあるのだという事実をひしひしと感じた。根っからの起業家である私には、現場になるべく近いところで、人間レベルで仕事をするほうが性に合っている。

政府の頂点に君臨する人たちと一緒に時間を過ごしたこともあるが、彼らですら身動きがとれずに苦しんでいる様子を見るのは衝撃的だった。ある下院議員は、「有意義な成果を一つでもあげることができれば、胸を張って故郷に帰れるのに」と私に漏らした。彼が議員になって7年目のことである。別の議員は、ワシントンにいるとローマにいるような気分になる、とジョークをこぼした。大理石の建物を見るたびに、変革への努力のむなしさを思い知らされるからである。行政は特効薬ではない。むしろ全く逆である。中にいる人たちよりも制度の方が大きくなってしまっている。

以上を踏まえた上で、あえて言う。然るべき変革を実施し、雇用喪失を乗り切っていくためには、連邦政府の手を借りて経済の再設定と再編成をし、人間のニーズにかなうようなテクノロジーの使い道をみつけるしかない。これが私の結論である。

私はこれまで、世界でも指折りの富豪や慈善家や大企業と接してきた。彼らは、どれだけ裕福で野心的あっても、活動規模が不十分だったり、雑多なステークホルダーのせいで大規模かつ長期的なコミットメントが維持できずにいたりした。みんな、政府が一新して然るべき手立てを打つのを指をくわえて待っているのである。億万長者ですら、10万ドル・100万ドル（1億円）単位でしか動けない場合がほとんどである。一方、課題は数兆ドル（数百兆円）規模であり、それ相応の対策が求められている。

草の根運動は、高貴で感動的なものである。しかし、こうした運動を支える市場はほとんどの場合存在せず、事態は悪化の一途をたどっている。どんなに社会運動に力を入れても、労働者の解職に追いつくことはできない。

必要なのは、長期的な視座を持った活力みなぎる新政府である。私たちを取り囲む危機的状況は、今まさに大きく加速しようとしている。思い切った介入によって応じる必要がある。人道資本主義によって、価値や進歩の測定方法が一新されれば、私たちの日常の活動にも新たな意義が芽生えるだろう。

第20章　丈夫な国家と新しい市民権

お金で買えないリーダーたち

2人の元大統領、ビル・クリントンとジョージ・W・ブッシュを真打ちとするトークイベントの前座を務めたときのことである。彼らは、ある金融機関の裕福な顧客たちに向けて話をしていた。至って平凡なイベントだった。二人は国家機密のような話題には全く触れず、任期中のちょっとした出来事にまつわる笑い話をしたり、時事についての意見を述べたりした。二人の仲が歳月を重ねるほど親密になってきていたことは一目瞭然だった。クルーカットでヘッドセットをつけた秘密警察に取り囲まれていたのも、なかなか利いた演出だった。トークが終わると、顧客たちは、元大統領たちと写真を撮ろうと列に並んだ。

一昔前ならば考えられなかったような光景である。

１９５３年に大統領任期を満了したとき、ハリー・トルーマンはあまりにも貧しかったため、ミズーリ州の義母の実家に帰ったほどである。[i] 月額１１２ドル（1万１２００円）の退役軍人年金の他に、生活の当てにできるものは何もなかった。彼は、自分の名前を使って金儲けをすることを拒み、数々の潤沢なコンサルティングやビジネス企画を断った。「いかに道義的な申し出であっても、大統領という職業がもつ名声と威厳を商品化するような取引には、参加する気になれない」と彼は書き残している。トルーマンが大統領職から商業的な利益をあげたことは、『ライフ』誌へ自伝を売ったときを除いて他にはない。

従来、大統領は、退任後、公共の場や商業からは離れるのが一般的だった。こうした慣習が変わり始めたのは、ジェラルド・フォードが１９７７年に退任後、アメリカン・エキスプレス社と20世紀フォックス社の理事となってからのことである。その後、この風潮は一気に拡大した。[ii] ビル・クリントンは、退任後、講演料として累計1億５００万ドル（１０５億円）も稼いでいる。これに比べ、ジョージ・W・ブッシュは１５００万ドル（15億円）というささやかな金額にとどまっている。元大統領を講演に呼ぶための一人当たりの相場は、15万ドル～20万ドル（１５００万円～２０００万円）の講演料プラス諸経費である。

皮肉なことに、１９５８年に、アイゼンハワー大統領と連邦議会は、ハリー・トルーマンに対してあまりにも申し訳ないという気持ちから「元大統領法」（Former Presidents Act）を可決させた。同法によって、元大統領たちは、年額25万ドル（２５００万円）の生涯年金に加え、職員や医療保険等々のための予算を受け取るようになった。元大統領たちは、手厚いサポートを受けるようになった後で活発に金儲け活動をするようになったのである。

大統領たる人物が、20万ドルや場合によっては40万ドルの講演料が数年後に待っているという理由で一部の関係者に対して甘く接するなどということはありえるだろうか。私たちが社会として道を見失っている理由の一つは、リーダーたちが市場にのっとられているというこの状況である。

大統領だけの話ではない。エリート階級そのものが、内輪で仲良しになりすぎている。同じ大学へ行き、同じ予備校へ子どもを通わせ、同じ地区に住み、同じ会議や社交イベントに顔を出し、往々にして同じ会社から給料を受け取っている。波風立たないような行動をとる動機があまりにも強力なのである。

人類が資本に打ち勝つためには、まずもって国家が公共の福祉を代表すべきである。第一目標は、他の人たちからのひんしゅくを買ったり、退任後のキャリアが台無しになったりすることもいとわないようなリーダー階級の形成である。

まずは、トップから始めよう。大統領は現在40万ドル（４０００万円）の年収を得ているが、これを免税年収４００万ドル（４億円）＋１０００万ＳＣポイントに昇給しよう。ただし、代わりに条件を一つ設ける。大統領は、退任後、私的に講演料をもらったり、理事になったりすることができないこととする。こうすることで、大統領は強力な関係者たちにごまをする必要がなくなる。内閣構成員や規制機関の長たちについても、同じことをするべきである。

D.C.で働くのは大変だ。私の知り合いの公務員たちのほとんどは、真っ当な動機をもっている。皆、ものごとをより良くしたいと思って仕事を始める。しかし、制度にうちのめされてしまうまでそう時間はかからない。一定の影響力は持ちつつも、ことあるごとに自分よりも裕福な人たちと仕事をするしかない。その中には、かつて同級生だった人たちもたくさんいる。そうこうするうちに、任期がどんどん終わりに近づいていく。退任後の心配をするようになる。政府従業者の給料は、ほとんどの場合年収10万ドル（1000万円）程度である。民間部門に行けば、これの4倍から10倍の給料を得ることができる。こうして、民間事業は、最も魅力的な選択肢として無意識に刷り込まれる。

私の友人には、このようなシナリオを実際に体験した人が何人かいる。公共部門で4年も働くと、自分がいかに間抜けかを思い知らされる。規制機関の職員には、民間部門に対して厳しくする合理的な動機がない。退任後、大金を用意して待っていてくれるのは、民間部門だからである。私の友人にも、任命当初は命にかけてもロビイストにはならないと誓っていたのに、数年後にはしっかりロビイストになってしまった人たちが少なくとも1人はいる。彼を責めるつもりはない。

お金になるような人脈や信頼関係を、彼はそれまで何年もかけて構築していったのだから。それに、D.C.を去った後の将来への不安もあったのだから。

連邦預金保険公社の元総裁のシーラ・ベアーは、こうした葛藤を身をもって味わった人の一人である。[iii] 現在彼女は、規制機関職員について40万ドル（4000万円）への昇給と引き換えに、規制対象の諸組織への従事の生涯禁止を提唱している。「こうすれば、規制機関の精神は一新されるでしょう」とベアーは言う。また、退任後に高給を得るために、該当企業に対して甘くするという規制職員の「本末転倒」な動機を払拭することもできる。

人道資本主義を始動させるためには、市場を完璧に無視できるリーダーたちが必要とされている。それが、第一歩である。

真の責任

第二歩目として、人間の利益を害してでも資本に有利になるような慣習に従う個人に対して、一定の責任を課すべきである。例えば、パーデュー・ファーマ社のケースを思い出してほしい。同社は、オキシコンチンには依存性や異物混入がないとする虚偽の広報を行ったため、2007年に司法省から6億3500万ドル（635億円）の罰金を科された。しかし、同社は、

1995年のオキシコンチン発売以来、同商品を主な収入源として、計350億ドル（3兆5000億円）もの収益をあげている。パーデュー・ファーマ社の所有者であるサックラー一家は、今では全米16位の富豪家族であり、[iv] 140億ドル（1兆4000万円）もの富を有している上、ハーバード大学の美術館とイェール大学の建物に家族名を冠している。

350億ドル儲けるために6億3500万ドル（635億円）――つまり、儲けの2％――を支払うなど、成功の対価としては全く悪くない。その傍ら、私たちはこの先何年もの間、数十万人ものオピオイド依存症患者たちと付き合っていかなければならない。パーデュー・ファーマ社は、いわば近代の疫病を引き起こしたのである。こうして、数千もの家族、人生、そして地域社会が台無しにされたり、悪影響を受けたりした。すべてはたった1世帯の家族を裕福にさせるためだけに起こったのだともいえる。

似たような動きは、金融危機の最中や直後においてもみられた。大手銀行のほぼすべてが、不動産担保証券を発行し、その利益は数年間で数百億ドルにも及んだ。ほどなくして、こうした証券の価値のなさが市場で暴露され、金融危機が引き起こされた。経済は急降下を始め、大手銀行のほぼすべてが国民の血税による救済を求めた。その後、大手諸銀行は司法省に数十億ドルの和解金――JPモルガン・チェースは2013年に130億ドル（1兆3000億円）、バンク・オブ・アメリカは2014年に166億5000万ドル（1兆6650億円）――を支払ったが、[v]

経済を大惨事に陥れたにも関わらず、当事者のほぼ全員が職を保持し、重役たちも刑を免れた。リーマン・ブラザーズ、メリルリンチ、そしてベアー・スターンズのような破綻企業のＣＥＯたちですら、数百万ドル（数億円）の退職金を抱えて悠々と退陣したのだった。

既存の制度では、企業は危険を顧みずに公共の信頼を裏切り、儲けるだけ儲けた後、ささやかな罰金を払った方が金銭的に得なのである。刑法が破られることはほとんどなく、あったとしても、違法行為を起訴したり立証したりするのは至難の業である。今の機関投資家資本主義が、不況のただ中で生まれ育った若い世代にこれほど人気がないのもうなずける。悪役が大金を抱えて退場し、後には冷えきった労働市場だけが残るような道徳劇の犠牲になったのだから。

では、このような行為を一刀両断し、国家や公共善を数十億ドル規模の大企業の利害の上におくために、私たちには一体何ができるのだろうか。

大胆なルールを提案させてほしい。司法省からの罰金や連邦政府からの救済を1億ドル（１００億円）受けるたびに、該当企業のＣＥＯと筆頭株主にそれぞれ1ヶ月ずつの禁固刑を科す。「市場濫用に対する市民保護法」とでも呼ぶべき法案である。海外企業の場合は、アメリカ支社の最高責任者とアメリカ人筆頭株主に同法を適用する。どちらの場合も、裁判をし、適正手続き（デュー・プロセス）に従う。大統領は、刑期や判決を赦免、保留、減刑、または変更する権限をもつ。また、大統領は、国民への弁償を行うために被告の資産を差し押さえる権限も有する。

もちろん、これは思い切ったアプローチであり、国家の権力を強めることになるだろう。しかし、国民に被害を与えるようなひどい行為によって金儲けをする重役や個人に対しては、それ相応の重みを持つ処罰を与えるべきではないだろうか。もしこのようなルールが金融危機の最中に機能していたならば、大手銀行の社長たちは今頃一人残らず禁固刑を言い渡されているはずである。サックラー一家も牢屋に入れられたはずだ。少なくとも、公共善よりもＣＥＯが優先されるようなことはなくなる。

テクノロジーの心配

自動運転や人工知能のようなテクノロジー革新を効果的に規制していくためには、今よりもはるかに積極的で活気あふれる国家が必要となる。２０１７年にイーロン・マスクは、人工知能は「文明の存続に関わる根源的なリスク」であるとし、積極的な規制を呼びかけた。[vi] テクノロジー系の人たちが自分の部門への規制を率先して呼びかけることはまれであり、事態の深刻さを物語っている。

政府介入が必要となる重要なテクノロジー問題としてもう一つ考えられるのが、スマートフォンが人間の精神、特に幼い子どもたちの精神に与える影響である。最近の研究では、ティーンエイジャーによるスマートフォンの使用時間の増加が、憂鬱、不安、そして社交性の低下、さらには自殺率の記録的増加と関連づけられている。元グーグルデザイン倫理担当者のトリスタン・ハリスは、アプリがスロットマシーンのように機能し、私たちの注意力をむさぼり、私たちを夢中にさせ続けるために、多様で予測不可能な見返りを与えてくれるようデザインされていく様子を克明に記している。[vii] 数十億ドル規模の企業が相手では、私たちが個人的に自分や子どもたちの行動を律しようしても無駄である。「思い浮かべてほしい。数百人ものエンジニアたちが、毎日、あなたを画面にくぎ付けにする新たな方法を編み出し続けている光景を」とトリスタンは書いている。別のテクノロジストも、こう嘆いている。「今の世代の最優秀の人材が、広告へのクリック数を増やすことだけを考えているなんて」[viii]。その努力は、たしかに実を結んでいる。

事態が改善に向かえば、「刺激最大化」「適度な使用」「静穏状態」のような設定がスマートフォンに搭載され、アプリがそれに応じて通知や画面表示を変えることも考えられる。そして、政府規制機関――「注意力経済省」とでも呼ぼう――が、ソーシャルメディア、ゲーム、そしてチャットアプリをくまなく調べつくし、ユーザーや親御さんに向けて可視化をしたり、ユーザー側からの制御力を与えたりする。過剰な使用を通知する機能を導入してもよいかもしれない。「スマホを始めて4時間が経過しました。そろそろ、外出したり、他の人たちと交流したりしませんか」というように。

私には2人の息子がいる。彼らには、ゲームのハイスコアを叩き出すのに夢中な反社会的なひきこもりゾンビにはなってほしくない。それでも、他の親子のやりとりを眺めていると、この可能性がいかにたやすく実現されてしまうかが、よくわかる。何時間も何時間も子どもの相手をする必要から解放されるからである。規制がない限り何も変わらない。多くの株式公開企業を含め、ゲーム会社やソーシャルメディア会社には、使用時間を最大化する強い金銭的な動機があるからである。

新しい市民権

市民権と人間性を一新するにあたって、市民権という概念のユーザー体験を変えていく必要が出てくる。どういうことか。国家には、重大な責務がいくつかある。主要なものとして、人々の健康を保つことと、人々に教育を与えることの2つが挙げられる。これについては、後で詳しく述べる。

市民権には帰属意識や一体感も含まれる。地方や都市部の飛び地へと散り散りになっていくに従って、アメリカ人の多くは自分と異なる人生体験をしている人たちとの交流の機会を失っていく。こうして溝が広がっていき、政治における緊張感がどんどん高まっていく。私の友人には、人々の結束を強めるために社会奉仕活動期間[1]を推奨する人たちもたくさんいる。一つの考えとして、「アメリカ大陸交流プログラム」または「国民旅行」制度を設け、卒業間近の高校生たちに1ヶ月かけて国中を旅してもらうのはどうだろう。ホストファミリーが生徒たちを迎え、費用は政府が負担する。生徒たちは各地の地元団体でボランティア活動を行い、多様な地域や背景から来た他の高校生24名と一緒に生活をする。こうして、25名の若者たちが一定の枠組みの中で人間的な交流を深めることができる。運営は各地で最も高い評価を得た教師や教授たちが主導し、毎年8月に高校やコミュニティー・カレッジで開催する。また、市民権や市民活動についての基礎知識を必修科目として要綱に盛り込む。

修了時には、自分とは生い立ちが全く異なる友だちが何人かできているはずである。適切な環境さえ与えられれば、若者には短期間で有意義かつ深い人間関係を築く力がある。他のアメリカ人への偏見を一掃し、誰でも自分や周りの人たちのために一生懸命生きている仲間だと思えるようになれば、私たちの政治は一変する。

▼1：service year opportunities　一定期間の社会奉仕活動を通して、新たなスキルを身につけるためのプログラムのこと。有償であることが多い。

人へ投資をすると、投資を受けた側もそれを実感する。だからこそ、高級企業は皆、従業員研修に力を入れるのである。うまくいけば、アメリカ大陸交流プログラムは、国内各地を訪れたり、場合によっては別の地域へ引っ越したりする動機を人々に与えるだろう。こうして精神や心が開けていく。

私たちの社会が繁栄を維持しつつ自動化の波を乗り切るためには、国家が活気あふれる新勢力となる必要がある。市民権のもつ意味も更新するべきである。そして、能力や資格に関係なく、人間には本質的な価値があるのだということをはっきりさせなければならない。

第21章　雇用なき時代の医療

雇用が消え、非正規雇用がますます支配的になるにつれて、医療制度改革の重要性も高まっていく。現在、多くの人たちは健康保険の提供や保険料の支払いを、一部であれ全部であれ、雇用主に頼っている。しかし、このような状況は、保障付きの雇用が減っていくにつれてますます維持が難しくなっていく。また、消費者側からみても、医療費の高騰はアメリカ人にのしかかる重圧となっている。2013年には医療費が個人破産の理由のトップとなり[i]、同年に行われた研究では、アメリカ人5600万人——成人人口の20％以上——が自分の支払い能力を超える医療費に苦しんでいた。数万ドルの請求書を片手に退院する人たちの恐怖の体験談を、誰でも一度は耳にしたことがあるだろう。多くのアメリカ人にとって、病気は本来の2倍の苦しみを伴う。病気やけがを治すだけでなく、治療費を支払う方法をひねり出す必要が生じるからである。

2002年から2005年までの間、私はニューヨークを拠点とする医療ソフトウェアのスタートアップ会社で働いていた。当時、私は27歳。CEOは、マヌ・カプールという才気あふれる元医師だった。情報書類の電子化に特化した電子診療記録会社のさきがけである。ニッチは手術前情報、顧客はたくさんの手術を行う大病院だった。私は顧客対応部長[1]を務め、私が率いたチームは職員、診療所、秘書、看護師、所長、研修医、そして外科医のためにソフトウェアの導入の手助けをした。数十名、数百名の人たちを対象に、特定の患者の記録を扱うための訓練を施すのは時間がかかった。紙に慣れた人たちの行動を電子向けに変えていくのだから、当然である。数週間、数ヶ月間という時間を、私はブロンクス、モーニングサイド・ハイツ、そしてウエストパームビーチといった場所の都市病院ですごし、ユーザーネームとパスワードを配布したり、研修を行ったり、トラブルシューティングをしたり、時折来る苦情の電話に対応したりした。外科医たちは朝早く仕事を始めることを好むので、私もつられて朝7時から手術室の前に待機するようになった。ニューアークのニュージャージー州立医科歯科大学（ＵＭＤＮＪ）病院のむかいの「アイホップ」には、うんざりするほど何度も食事に行った。

自分の商品には自信があった。それでも、一見すると単純明快な手続き変更は、予想以上に難しかった。理由はたくさんある。例えば、医師の診療室での行動を監督する能力が、病院側にほとんどなかった。現場を仕切っていたのは外科医だった。手術こそ最大の収入源だったからである。そのため、個々の診察室は独立した事業のように扱われ、それぞれ独自の制度や慣習をもっていた。最新技術や人材への投資を好む医師もいれば、利益率を最大化するためにコストを最小限にとどめようとする医師もいた。皆、週3日間半働いて、あとはゴルフやボートにいそしむことを楽しみにしていた。その日を切り抜けるためだけに汗水たらして働く人たちのコンベヤーのような環境であり、改善を実施する責任や動機が欠けていた。

月日が経つにつれて、「優れたアイデアを死なせたかったら、医療部門にもっていくといい」というジョークが飛ぶようになった。システム導入に伴う苦労と困難はすさまじく、業務目標が達成されたことは一度もなかった。4年の歳月を費やし、十数軒の病院に顧客基盤を築く手助けをした後、私は退社した。どれほど合理的で効率的なものでも、医療部門への技術導入はとにかく骨が折れるのだということを、私は身をもって学んだ。医療部門の側には、変わる理由がない。

2000年代前半に私が体験したことは、医療制度をテクノロジーで改善しようと試みた人たちにとっての共通体験でもある。楽観主義者たちの希望するような変革を、テクノロジーは医療部門にもたらすことができなかった。医療費は上昇を続け、経済に占める割合が1960年には6％以下、1989年には11・4％だったものが、2016年には17・8％にまで達した。アメ

▼1：client engagement　「エンゲージメント」とカタカナ表記されることが多いフレーズ。積極的に顧客との関係をつくっていくことを意味する言葉。「対応」は80点くらいの訳だが、カタカナ表記よりも意味はわかりやすいだろうとみての妥協である。「積極的・能動的な対応」という意味で理解していただきたい。

リカは、世帯当たりの医療費が他の先進国の約2倍であるにも関わらず、医療の質が他国に劣っている。２０１４年のコモンウェルス財団の報告によると、主要先進国の中でも、アメリカは出費が高めであるにも関わらず、医療関連の効率性、公正性、そして健康への成果が最下位となっている。別の研究では、先進諸国のうち、アメリカは、妊娠及び出産に伴う女性の死亡率や５歳までの子どもの生存率といった基本的な指標において最下位となっている。[ii] 最新技術が使用される場合でも、それは往々にして高価な医療機器やインプラントであり、医療費をさらに上昇させてしまう傾向がある。医療や医療研修の基本的な慣習は、もう何十年も変わっていないのである。

雇用に基づく医療保険制度は、最も避けるべき事態を招いてしまっている——事業者側に新規採用を躊躇させてしまっているのである。私はこれまでいくつかの会社を経営してきたが、例えばニューヨークで新卒レベルの正規社員を年収４万２０００ドル（４２０万円）で１人採用する場合、医療保険費用として追加で６０００ドル（60万円）を上乗せする必要が生じる。雇用主にとって、企業の医療保険料負担は人材採用や成長に対する重いかせとなっているのである。家族をもった年長の人々の場合、費用は特に高くなる。例えば、さきの私の会社では、従業員によっては月当たり２５００ドル（25万円）以上もの保険料を支払ったこともある。こうした出費が免除されれば、当然ながら、もっとたくさんの人たちを雇うことができていた。

また、医療保険は、非正規の派遣社員や契約社員が従業員全体に占める割合を最大化するよう企業側に圧力をかけてもいる。私が経営を担当してきた組織は、どれも気前の良いものばかりだった。例えば私の教育会社は、週20時間以上働く人はすべて正社員として雇い、然るべき手当をつけた。これは私の業界では大変珍しいことであり、高価でもあった。会社の成長と利潤があったからこそできたことだが、他の人たちの待遇をよくすることを私はいつも大切にしてきたつもりだ。多くの会社にとって、保険料のやりくりは困難を極めており、ビジネスの成否を分ける要素にすらなってきている。コスト増を従業員にまわしたり、一度給付した手当を回収したりするのもなかなか難しいため、景気の上下に関わらず雇用主側はコストの増加を覚悟しておかなければならなくなってしまう。

労働者の側では、辞めたい辞めたいと思いながらも、医療保険のためだけに雇用にしがみついている人たちが私の知り合いにもたくさんいる。経済学者が「雇用固定」（ジョブ・ロック）と呼ぶ現象である。雇用固定は労働市場のダイナミズムを減退させるが、これは若い労働者たちに特に悪い影響を与える。独立して自分のビジネスを立ち上げようと思う人たちにとって、医療保険の確保の問題は、特に家族がいる人たちにとっては大きな懸念事項の一つである。世の中が雇用創出や新規事業立ち上げを必要としている中、既存の雇用主主体の医療保険制度は重いかせとなって私たちを意気消沈させ、人材の採用を阻んでいる。

雇用が失われていくにつれて、雇用に依存した医療保険はますます無理になっていく。新しいアプローチの必要性が高まっている。

医療には市場の力学が適用されないが、これにはいくつもの理由がある。通常の市場では、各会社があなたとの取引をねらって競争をし、異なる価値提案をする。対して、あなたは十分な情報に基づいて選択をする。医療の場合、あなたには選択の余地があまりない。また、提供者や医師が互いにどう異なっているのかをしっかり把握することも難しい。さらには、費用がとても高く、ほぼ予測不可能であるため、予算を立てるのも難しい。こうした複雑さを前にして、多くのアメリカ人はお手上げ状態となり、専門家や専門機関の言うことをうのみにしやすくなる。また、実際に病気や怪我をすると、とにかく健康に戻りたいという思いから、あなたの金銭感覚は麻痺してしまう。病院では、わかりにくい費用設定が行われることが多く、患者側は自分の医療保険が何に適用可能なのかが確認できなくなってしまう。さらには、体調を崩してしまうと、症状や感情の高ぶりだけでなく、場合によっては意識がなくなってしまうこともあり、認知能力に欠陥が生じることも考えられる。

スティーヴン・ブリルは『タイム』誌の有名な記事で、医療費に関してこう書いている。「メディケアによる保障がない限り、医療市場はもはや市場ではない。賭場である」[iii]。市場規律や費用制御のインセンティブの欠如によって、費用はとどまることなく上がり続けている。コストを下げるためのテクノロジーは脇に押しやられる。制度の内部にいる人たちは、収益や利潤の追求を目標としているからである。より多くのサービス、検査、診察、処置、そして高価な機器をあなたが使用すればするほど、都合が良いのである。既存の制度では、体調の改善や成果よりも、活動やアウトプットの量に対して報酬が支払われる。

この動機構造を変えるのが、問題解決の鍵である。最も直接的な方法は、単一支払い者制度[2]への移行である。そうすれば、政府が国民全員に医療を保障し、一律の費用を交渉することができるようになる。65歳以上のアメリカ人を対象とする政府医療プログラム、メディケアは、高齢者向けにまさにこのようなサービスを提供しており、数千万人もの国民のために医療費を下げたり、質の高い医療を提供したりすることに成功している。メディケアはとても人気が高く、政治的にも非の打ちどころがない。Yコンビネータ代表のサム・アルトマンは、加入者年齢を徐々に下げて、メディケアを国民全員に向けて少しずつ広げていくのはどうかと提案している。緩やかな導入を行うことで、医療部門の側にも然るべき計画を立てて適応していくための余裕が生まれる。素晴らしい展望ではないか。さらに、「メディケアの国民皆保険化[3]」も近年盛り上がりをみせて

▼2：single-payer system　政府が国民から保険料を徴収し、政府が医療費をすべて負担するような制度のこと。カナダ、イギリス、オーストラリア、イタリア等で採用されている。日本の制度は、国民負担があるため、これには該当しない。厳密な定義は、「医療の原資が単一の公的機関によってのみ負担される制度」

きている。もちろん、超富裕層向けの民間医療という選択肢は今後も存続するが、国民の大多数は一般医療を利用することになるだろう。

もちろん、医療費の合理化は多くの人たちの収入減を意味するので、大きな抵抗が来る覚悟はしておくべきである。これればかりは、厳しい現実として甘受するしかない。経済政策研究センター所長のディーン・ベイカーは、医師の給料も含め、医療費の高さについて書いている。「医療保険に無駄が多いのはもちろんだが、あらゆる医療サービスに対して、通常の2倍の費用を私たちは支払ってもいるのである」とベイカーは言う。[iv]「医師への支払いも、通常の2倍ほどである。単一支払い者制度にしたとして、医師たちは給料の半減を受け入れるだろうか」。ベイカーいわく、単一支払い者制度を推進するためには「強力な利権団体との決戦を避けて通ることはできない」。

一部の医師たちの間でも、患者との時間よりもお金や効率を優先する既存の体制への不満の声はあがっている。心臓専門医であり作家のサンディープ・ジョハール博士の著述によると、現代の医師たちは、「地域社会の柱」ではなく「組立てラインで働く技術者」や「病院官僚の金儲けゲームの歩兵」という自己イメージを抱いている。[v]２００８年の調査で「自分には健全な意欲がある」と答えた医師はたった6%しかおらず、大多数の医師たちは医療業界の未来に対して悲観的であるということを、ジョハールは指摘している。

2016年に全米医師財団がアメリカの医師を対象に行った調査によると、回答者の63％は医療業界の将来に否定的な感情を抱いており、49％は燃え尽き症候群[4]のような気持ちに頻繁、または常になっており、49％は自分の子どもには医療部門でのキャリアを勧めたくないと考えていた。[vi] 同調査では、過剰な書類業務や規制が恒常的な負荷となっていることが判明した。また、最高水準の医療を患者に提供するために十分な時間がとれていると答えた医師はたった14％しかいなかった。さらに、様々なストレス要因から、回答者の半数近くが、退職、臨床業務を伴わない職への転職、パートタイムへの移行、または診療時間の削減を計画していた。患者一人当たりにかける時間が少ないと、医師たちは不幸になり、患者は切り捨てられ、費用が上がる。ジョハールが指摘するように、医師たちの多くは「超スピード」で仕事をしており、見落としがあった場合に備えて「言い訳をつくる」ために専門医を使うため、結果として検査や費用が増える。

1990年代半ばにブラウン大学に通っていた頃、私の周りの人たちの約半数は医学部進学課程の学生だった。彼らが汗水流して必死に有機化学の勉強をしていた光景を、私は今でもよく覚

▼3：Medicare-for-all　2016年に民主党候補のバーニー・サンダースによって一気に表舞台に出てきた政策提言。

▼4：burnout　心理学用語。目標の達成のために一生懸命働いても、目標が達成されずに、徒労感が爆発したり、目標が達成されても、気力や体力が消耗され尽くされたりした状態のこと。

えている。有機化学は、医学部に晴れて進学する人たちと、自分の将来を考え直す人たちとを選別する分水嶺的な科目だった。医師になりたいと切に願っていた人たちの多くが脱落した。今でも印象に残っているのは、子どもの頃からの夢を諦めなければならないことを悟って途方にくれている友人の姿である。現在、医師として働いている友人たちの中には、有機化学の知識を使っている人は一人もいない。有機化学の授業は単なる試練だったのである。

医師になるためには、競争の激しい階級制度をのぼっていく必要がある。医学部進学課程の授業で高い成績をおさめ、医科大学入学試験（ＭＣＡＴ）に合格し、医師や研究者の助手として夏休みを過ごし、名誉学士をとるために医科大学で競争をし、望みどおりの研修先に行くことを願ってレジデンシー[5]に応募をし、さらにその後、適切なインターンシップやフェローシップ[6]に進まなければならない。各段階で、生き残った人たちの頭脳はどんどん上がっていく。科によっては、医科大学卒業後6年、あるいは大学卒業後10年もの歳月を要する場合もある。また、科にはそれぞれ、同じ特色をもつ人が集まる傾向がある。麻酔専門医は温厚、整形外科医は無邪気、小児科医は子ども好き、といった具合である。収入は、専門的な訓練を受けた年数によっておおむね決まる。家庭医は平均年収20万ドル（２０００万円）だが、整形外科医ならば平均年収50万ドル（５０００万円）以上を稼ぐ。医科大学卒業生の教育費負債の平均は18万ドル（１８００万円）であり[vii]、医師の12％はなんと30万ドル（３０００万円）以上の訓練関連費用の負債を抱えている。

このような制度は、かかりつけ医や地方の医師の不足に拍車をかけている。現在、6500万人ものアメリカ人が、専門家が「かかりつけ医療砂漠」と呼ぶ地域に暮らしている。[viii] 米国医科大学協会（AAMC）の推計によると、医師不足の地域に適切な医療を提供するためには、2014年現在、9万6200名もの医師が追加で必要とされているが、そのうちの2万5000人はかかりつけ医である。[ix] 医師の不足を解決するために、多くの州は助成金やその他のインセンティブを提供している。12の州では、十分な医療活動を行うために必要な人数の半数のかかりつけ医すら確保できていないのである。あれほどの競争と教育と負債に耐えた後では、医療サービス不足の地域で働くために収入や地位の低い職に就こうと思う医師がほとんどいないのもうなずける。

また、現体制には、感情面での人材評価が欠けている。ほとんどの医科大学は、大学の成績、修了科目、そしてMCATの成績のみを基準とした機械的な選別に基づいて面接対象者を決定している。もちろん、人間的な資質に秀でた応募者を選ぶ努力をしている学校も中には存在する。

▼5：residency　科によって異なるが、3年～6年間の研修期間を指す。
▼6：fellowship　レジデンシーの後、さらに3年～10年間行われる専門医研修のこと。

それでもなお、科学を勉強し、医科大学に通い、MCATで優秀な成績をおさめた人たちはせいぜい年間2万1030名程度しかおらず、非常に限定的な集団であるといわざるを得ない。

『ロボットの脅威』著者のマーティン・フォードは、人工知能で武装された医療提供者の集団を新たに創設することを提案している。そうすれば、大学卒業生や大学院生は、数年間にも及ぶ高価な専門訓練から解放されつつも、準備を十分に整えて地方で従事することができるようになる。彼らは、肥満や糖尿病といった慢性症状の管理を助けつつ、特に複雑な問題が生じた際にはより経験豊かな医師に紹介状を書く、いわば「初期診療スペシャリスト」である。人工知能の進歩はめざましく、テクノロジーを駆使する一般人がほとんどのケースにおいて医師と同等の医療を提供できるようになる日もすぐそこまで来ている。ある研究によると、IBMの「ワトソン」は医療事例1000件の99%で人間の医師と同じ診察を行うことに成功し、同事例の30%では人間の医師が見落とした点を指摘できていた。[x] 人工知能ならば、最も経験豊かな医師をも凌ぐ量の事例を参照することができ、最新の学術誌や研究についていくこともたやすい。

　当然ながら、医師たちは、看護師や住民が監督無し状態で患者を診ることに反対するロビー活動を行っている。初期診療スペシャリストの新集団に対しては、さらにネガティブな反応が来ることが予想される。それでも、然るべき変革を行えば、より多くの人たちに医療を提供できるようになり、患者との時間を大切にできる頭脳明晰で感情豊かな大学卒業生たちのための新しい就職先が生まれ、ひいては医師たち自身も時間的な重圧から解放される。

こうした議論は、単一支払い者制度の実施方法という問題へと返ってくる。今あるコストを合理化するだけでは不十分である。医師への報酬も、根本から変えなければならない。

メディケアの国民皆保険化または単一支払い者制度の実施は、過剰請求や費用拡大といった大問題を解決するだろう。しかしながら、メディケア制度でさえも、報酬金額は個別の診療、処置、そして検査の量によって決定されるため、収入を増やすために医療行為を増やす動機は相変わらず残っている。最近では、「価値ベース」「品質ベース」報酬制度を目指す運動もある。提供者側への報酬を決定する際に、患者の回復度や再入院率等を考慮に入れる試みである。メリーランドを拠点とするスタートアップ会社「Aledade」は、かかりつけ医にコスト削減の動機を与え、成功をおさめている。ただし「成果への報酬」方式には、諸数値の計測が難しい、料金総額のほんの一部にしか影響がない、そして結果がまちまちであるといった欠点もある。

最善策は、クリーブランド診療所が採っている方式である。[xi] 同診療所では、医師たちの給料が固定されている。費用請求の心配から解放された医師たちは、患者の世話に集中することができる。クリーブランド診療所のCEO、デロス・コスグローヴ博士いわく、「人は報酬に応じて動くのだという点を、しっかり認識する必要があります。ある行為に報酬をつければ、医師たちは当然その行為をとります。患者の世話に重点を置けば、医師たちも患者の世話をするようになるわけです」。クリーブランド診療所は、国内でも常にトップクラスの病院として位置づけられている。医師の離職率は年間たった３・５％であり、かなり低い。

クリーブランド診療所は金銭的にも成功している。その理由の一つが、コスト管理の徹底である。すべての項目に逐一値段をつけていくので、例えば、縫合一式がどれくらいかかるのか、誰にでもわかるようになっている。また、余計な検査は禁止されている。さらに、購買決定に医師が参加している。全員に所有感覚や使命感が浸透しているため、診療所の金銭的な持続性への関心も高くなる。それに、医院が儲かれば従業員の昇給の可能性も上がる。

誠実な対話が必要とされている。私たちは、医師を目指す人たちにこう言うべきである。「お医者さんになることができれば、周りの人たちはきみを尊敬や羨望のまなざしで見るだろうし、毎日多くの人たちを癒すこともできるようになるはずさ。心地良い暮らしを送ることだってできる。でも、医療で儲けようとは思わないことだね。ただし、無理な数の患者を押し付けられたりペーパーワークで時間を無駄にしたりして、燃え尽き症候群へと突き進む心配は、もうしなくていい。人工知能で武装された感情豊かな人たちが、君を助けてくれる。反復的なケースは、彼らが代わりに担当してくれるからね。君は、特別な判断力や感情能力が必要とされるケースに専念することができるようになる。要するに、君はできるだけ人間らしく振る舞ってベストを尽くせばいいんだ。10分単位で患者を交代させるような、スピードの鬼になる必要はない。そういうことは、ワトソンに任せればいいじゃあないか」。

医師たちも、こうした職務変更を歓迎し、より感情豊かな優れた医師に喜んでなろうとするはずだと私は思う。動機構造さえ変えれば、すべてが変わる。

また、動機構造の変更は、患者を包括的にケアする機会を医師たちに与えもする。例えば、アラスカ先住民向けの医療提供者であるサウスセントラル基金は、健康問題と生活習慣問題を合わせて捉えている。[xii] そのため、健康診断を受ける際には、精神科にも予約が入る。実は、肥満やうつ病といった問題は関連していることがわかっており、地元住民の主な懸念事項――児童への性的虐待、育児放棄（ネグレクト）、家庭内暴力、様々な依存症――のすべてに、医療や薬と同じくらい心の健康や生活習慣が深く関わっている。体と心のケアを統合することによって、サウスセントラルでは、２０００年から２０１５年までにかけて入院数や緊急治療室利用者数を30％以上減らし、患者の97％から満足の評価を得ることに成功した。医療ケアと生活習慣のケアを統合すれば、国民の医療費を年間数百億ドル規模で節約できる可能性がある。アラスカ先住民でサウスセントラルＣＥＯのキャサリン・ゴットリーブは、マッカーサー「天才」助成金を授与されている。

サービスの量に応じた料金支払いの仕組みから解放されれば、医師や組織には様々な問題の解決のための新しい手段が徐々に開けてくる。まずは患者の回復を数値化し、再入院や医療ミスを減らすところから始める。ゆくゆくは、病院の成績が周囲の住民の健康度によって評価されるようになることも想像できる。初期診療スペシャリストたちも、生体測定機器（バイオメトリック・デバイス）を普及させ、患者と他の医師たちのやりとりを記録し、予防診療を奨励することができる。患者の側も、健康に関するデータの共有を率先して行い、革命的な新手法の開発に寄与することができる。ねらいは、個々の病院を健康と活力の拠点として位置づけ、問題の軽減や解決を院外にまで波及させることである。費用を適正化し、患者のケアを改善するようなテクノロジーは、医師の心強い味方となるだろう。

私たちの周りには、優秀な医師が本当にたくさんいる。彼らは、革新をしたり、ものごとを深く追究したり、人々を指導したり、社会の安心の基盤となったりするべきであって、組立てラインの作業員として称賛されているのはおかしい。また、医療の雇用への依存を解消すれば、経済成長やダイナミズムを大きく促進することができる。

新たな体制の下で患者のケアが改善していく中、既存制度の勝者たちは、以前のような金儲けができなくなる。彼らへは、次のようなメッセージを発信すればよいだろう。「いつもみんなの世話をしてくれて、本当にありがとう。今、国はあなたに、適応と進化を望んでいる。いずれこうなることを、あなたはすでに薄々わかっていたかもしれない。医療に専念できるようになった今、あなたには、人々の健康の回復により一層積極的に取り組んでほしい」。

第22章　人を育てる

自動化の時代の教育

自動化の時代の大学教育を思い描いてみると、本質的な問いが一つ浮かび上がってくる。そもそも、人は何を学ぶために大学へ行くのだろうか。元来、教育の理念は、道徳感覚の開発だった。1901年に、マウント・ホリヨーク大学学長のメアリー・ウーリーは、「教育の第一目標は、人格の形成です」[i]と明言している。同時期に、ハーバード大学心理学者兼哲学者のウィリアム・ジェームズも、英雄的な理想像を、勇気、忍耐、品格、そして闘争心をもって自らすすんで実践することで、人格や道徳心は培われると書いている。[ii]かつては、このような理想の陶冶《とうや》こそ、大学教育の目的だったのである。

いうまでもなく、ここ数十年にわたって、大学の目的は雇用のための人材育成であり続けてきた。では聞くが、雇用が失われたら、一体何が起こるのだろうか。医療の場合と同じように、私たちは、自動化の波を受けて、教育や人的資本の開発により多くの人たちを駆動していく必要がある。また、将来的にも生き残っていくはずの雇用分野を生かして、高校レベルでの技術・職業訓練や職業実習の重要性を声高に強調していく必要も生じる。教育から得られる金銭的な見返りが減り続け、雇用も減っていく中で、学校側は再投資や適応を迫られている。課題は大きい。

最新のテクノロジーを使えば、多人数を安価で教育することができると信じる人たちもいる。数年前、とある授賞式の夕食の席で、私はカーンアカデミーの創始者、サール・カーンと話をする機会があった。カーンアカデミーを知らない人は、ぜひ一度調べてみてほしい。そこでは、算数の基礎から名作文学や量子物理学まで、ありとあらゆる科目を扱った教育動画が、世界数百万人もの人たちに向けて配信されている。サールは、ヘッジファンドアナリストとして働いた後、「説明の何でも屋」に転身した。放課後にサールの動画を観て復習をしている人たちには、例えば、ビル・ゲイツの子どもたちも含まれる。そのため、ビルは、カーンアカデミーに寄付をする億万長者たちの一人でもある。カーンアカデミーの使命は、「世界を教育する」ことである。

その夕べ、サールは心躍るスピーチをした。以下の部分は、特に印象的だった。「中世にさかのぼってみよう。教養深い僧侶や学者にむけて、その辺を歩いている農民でも字の読み方を習得できるだろうかと尋ねたならば、彼らはあなたの質問を鼻で笑って、こう答えたはずだ。『字を読むだって？　農民にそんなことができるはずがないだろう』。彼らはきっと、農民のうち読み書きを習得できるのは、せいぜい2％〜3％くらいだと予想しただろう。現在、実際の結果は99％に近い。つまり、ほぼ誰でも字の読み方を学ぶことができるのである。ところが、今日、もし私があなたに、一体どれくらいの人たちに量子物理学を勉強するだけの頭脳があるだろうか、と尋ねたならば、あなたはきっと、せいぜい2％〜3％くらいだと答えるはずだ。それはしかし、中世の僧侶並みに凝り固まった考えだ。学びのツールさえ与えられれば、人間はどこまででも賢くなれる。今はまだ、その可能性のほんの一部しか実現されていない。これから先、数年間にわたって、人類は私たちの想像をはるかに超えるところまで躍進していくだろう」。

サールのスピーチに、聴衆は拍手喝采した。胸がすくような展望である。テクノロジーを手軽で安価な教材と合体させれば、より頭脳明晰な人類の新時代の到来を加速させることができる。新時代の人間たちは、革新を続け、新たな雇用やビジネスを次々と創出していくだろう。

別れの挨拶を交わした後、私はこう自問している自分に気がついた。「サールの言っていることは、本当に正しいのか」。

少なくとも、アメリカではとてもそうとはいえない。インターネットが広く普及したのは2002年のことだった。その後10年以上にわたって、アメリカの世帯の大半が住宅ブロードバンドによるインターネット環境を利用し続けてきた。現在では、全世帯の85％が住宅ブロードバンドまたはスマートフォンによる接続環境を有している。数年間にも及ぶ資料が示すように、カーンアカデミーのような教材への無制限アクセスは、全国の学習者たちに影響を与えてきた。しかし、残念ながらSATの点数はここ10年間で大幅に下がってきている。[iii]高校卒業率は少しずつ伸びているが、大学への進学準備率はほぼ右肩下がりである。オンライン講座の普及にも関わらず、私たちの知能はそれほど向上していないようである。

カーンアカデミーは、万人に愛されるサービスである。私も、子どもたちの準備ができ次第、すぐさま受講をさせようと思っている。帰宅した途端、子どもが私の方に走ってきて「パパ、今日は熱力学を学んだよ！」などと言ってくる場面を妄想したこともある。しかし、現実では、12歳の子どもに高速インターネットを与えたら、『戦争と平和』についての深い議論に没頭するよりも、友達とチャットをしたり、ゲームで遊んだり、お気に入りのYouTubeチャンネル[▼1]の最新動画を観たりする確率の方が無限大に高い。カーンアカデミーを最も有効に利用しているのは、海外に住む人たちや、ビル・ゲイツの子どもたちのようなすでに恵まれた環境にいる人たちである。

これまで、テクノロジーが10代の子どもたちの発達に与えてきた影響は明らかに悪い。心理学者のジーン・トウェンギの２０１７年著作『iGen』（未邦訳）によると、スマートフォンの使用は、１９９５年以降に生まれた人たちにおける鬱や不安を爆発的に増加させた一方、社交性や自立性を減少させてきた。[iv]『アトランティック』誌に掲載された抜粋には、「スマートフォンによる世代破壊」という、読んで字のごとくのタイトルがついたほどだ。ティーンエイジャーたちは、解析学の勉強ではなく、Snapchat[▼2]のストリークを続けるためにスマートフォンを使っているのである。

2011年には、大規模公開オンライン講座（MOOC）が一躍話題となった。教育界に革命が起きるだろうという声すらあがったほどである。その後、2013年にはUdacity社が人工知能等の科目でスタンフォード大学やマサチューセッツ工科大学の必修講座を公開した。世界中から数万人もの学生たちが受講をした。識者や専門家たちは、大学やその他の教育機関の地殻変動を予測した。しかし、実際につまずいたのはMOOCの方だった。平均的な講座における生徒の修了率はたった4％であり、多くの人たちは初めの1回か2回で挫折した。あるオンライン数学

▼1：原文では「Honest Trailers」となっている。英語圏で人気のYouTubeチャンネルで、パロディの映画予告編を作って配信している。2019年9月現在、登録者数は660万人を超える。訳者も『アナと雪の女王』のパロディ予告編を観たが、なるほど、たしかに面白かった。
▼2：スナップチャットとは、インスタグラムに似たソーシャルメディアアプリである。特徴として、共有した写真が一定時間後に自動的に削除される「エフェメラルSNS」である他、同じ相手と1日1回のスナップ送受信を3日連続で行うとポイントが貰える「ストリーク」という機能を持っている。

講座では、人間同士の大学補修授業よりも効果が低いことが判明し、規模が縮小されたこともあった。オンライン講座の質は上がり続けているが、それでもなお、大学への出願数は右肩上がりを続けている。

人間は（今もなお）人間同士で学ぶ

教育はコンテンツの提供としばしば混同されがちである。そのため、教科書やオンライン講座を参加型コンテンツに変えれば、それを使ってどこかで誰かが教育を受けることができると私たちは思い込んでしまう。しかしながら、誰もいない教室に子どもを一人で座らせて教科書を読ませるのが「教育」だという人はいないだろう。それは読書と呼ぶか、あるいは罰と呼ぶのが適当である。AltSchool社の創業者兼CEOのマックス・ヴェンティラはこう言っている。「人間と取り替えるために導入するなんて、教育におけるソフトウェアの使用法として最悪だ。[v] 狂ってるとしか思えない。子どもたちに必要なのは、友だちや大人たちとの人間関係だ。そこからやる気が湧いてくるし、学びも生まれるわけだからね」。AltSchoolは、全国の子どもたちのために教育を個別にカスタマイズする会社として2014年に創業された。マーク・ザッカーバーグやエマーソン・コレクティブ等の出資者から計1億7500万ドル（175億円）の資金を調達した。

現在6校を運営しており、サンフランシスコやニューヨークの小学生数百名を受け持っている。また、AltSchoolでは50人以上のエンジニアが働いており、毎日、教師からのリクエストに答えて独自のツールを開発している。校内では、生徒同士のささいなやりとりを記録再生するためにビデオカメラが設置されている。

「学びの大半は電子機器の外で起きるべきだと考えています」とマックスは説明する。グーグル社のパーソナライゼーション部門の元部長であり、3児の父でもあるマックスは、将来への備えをしっかり子どもに与えてくれるような学校を作りたいと考えている。「AltSchoolの教室では、子どもに画面を注視させるような活動はほとんどありませんが、子どもたち一人ひとりについて、学びに関わる重要事項を電子的に記録してあります。そこには、勉学だけでなく、勉強の外での学びも含まれます。子どもたちは、人格スキルの重要性に気づき、気概や忍耐、そして七転び八起きの精神が、史実やかけ算を覚えるのと同じくらい大切であるということを学ぶのです」。

AltSchoolでは、テクノロジーの得意分野――多数の人たちに関する膨大なデータの記録や合成――をソフトウェアに任せる一方、人間の学びの本質、つまり、人間は人間同士で学ぶのだという本質をしっかり守っている。洗練された組み合わせである。昨年、マックスと彼の妻ジェニーと一緒にサンフランシスコで夕食をとる機会があった。AltSchoolが1億7500万ドルもの資金調達に成功したのもうなずける。マックスはとにかく誠実で、子どもたちの教育の進歩という使命に燃えている。長丁場も歓迎という構えである。彼の母や姉妹が教職に就いているという点も大きなプラスになっている。

人格スキルへのこだわりは、AltSchool の最大の強みであるといえる。雇用がますます減っていく時代において、自律性や社交性は人生を成功させる上で鍵となっていくだろう。私たちは、高校生の過半数が大学進学をしないだろうということ、そして、高卒生の将来性は高等教育の有無とは切り離すべきだということを理解しなければならない。気概、忍耐、適応力、金融リテラシー、面接能力、人間関係、対話能力、コミュニケーション力、テクノロジー管理、対立への対処、健康的な食生活、身体的健康、耐久力、自律性、時間の管理、心理学や心の健康の基礎、芸術活動、音楽活動——これらの要素はすべて、生徒たちにとって有用である上に、学校を今よりも有意義な場にしてくれる。大学入試への準備に固執するあまり、私たちは高校のカリキュラムを学術科目にばかり集中させてしまっており、生きるうえで必要な能力（ライフスキル）がおろそかにされている。善良で明るく社会的意義のある人生を労働に依存せずに実現する力を市民に備えることこそ、教育の真の目的である。

教育は家庭から始まる

教師をサポートする一番の方法は、両親の絆の維持である。両親世帯で育つ子どもは、ほぼどの指標をとってみても、より優れた結果を出すものである。テクノロジーが助け舟となる場合もあるだろう。人工知能のライフコーチが、モーガン・フリーマンの声で、人間同士のぶつかり合いをうまく解きほぐしてくれるといった具合だ。政府も、希望者全員に結婚カウンセリングを無料で提供したり、料金の一部を負担したりするべきである。子どもがいて、婚姻関係を維持したいと考える人たちには、国がサポートをすればよい。良好な関係を保っているカップルですら、初めの子どもが生まれた頃のことを思い出すと寒気がするものである。健全な婚姻関係や恋愛関係は、次世代にとって大きなプラスになる。

また、両親が子どもと十分な時間を過ごせるようにもしたい。アメリカに育児休暇がないという現状は、野蛮、反家族的、性差別的、そして後進的であり、経済的にも筋が通っておらず、はっきり言って馬鹿である。様々な研究が示すとおり、手厚い育児休暇政策は、子どもの健康を高めるだけでなく、女性の雇用率も上げる。[vi] 雇用を完全に放棄しなくても自分には成功の道があるのだと感じることができるようになるからである。産後の母親[▼3]への休暇を政府が保障していない国は、世界１９６か国中アメリカを含めてたった4カ国しかなく、先進国の中ではアメリカのみである。[vii] 他の3カ国は、レソト王国、エスワティニ、そしてパプアニューギニアだが、世界の手本と呼ぶにはちょっと無理がある国々である。産後の両親が乳児と時間を過ごす必要性の認識という点では、アメリカは世界の下位２％に位置している。アメリカがいかに人間性よりも資本を愚かにも優先しているかをこれほど如実に表す例はない。これとは対照的に、デンマークでは合計52週間の有給休暇があり、母親に最低18時間の有給を設ける以外は、両親がこれを好きなように分配してよいことになっている。[viii]

今の風潮が続けば、この先シングルマザーはどんどん増えていくだろう。今でも、すでにアメリカには１１４０万人のシングルマザーが１７２０万人もの子どもを養育しており、[ix] そのうちの40％が貧困なのである。一人親世帯の82％はシングルマザーであり、そのうち40％が低賃金で働いているが、これは世界でも最悪の割合である。理想を言えば、私たちはシングルマザーたちを対象とした共同生活環境を整え、リソースを集め、食事の調理や子守の時間を割り当て、安心して子どもを育てられるようにするべきである。ミレニアル世代の間では「共同住宅」が人気を集めており、アメリカにはすでに１５０もの共同住宅コミュニティーが存在する。共同生活環境は、社会的な結束の強化につながることがわかっているが、[x] これは子どもや両親から年配者まで、老若男女にプラスになる。

また、学校教育を早い段階から始めるのも重要である。これによって、子どもたちは大きな恩恵をはっきりと受けることになる。恵まれない層の子どもたちは特にそうである。保育園（Pre-K）という選択肢の導入への動きは、ニューヨークやサンアントニオ等の都市ですでに始まっている。イギリスには、3歳児及び4歳児を対象とした普遍保育所サービスがあり、中国やインドも大がかりなサービス拡大を進めている。

小学校に入学したあとも、子どもたちにとって有益かつ有効な策はいくつか存在する。残念ながら、コンピューターやソフトウェアのような機材の導入は、劣悪な学校の改善にはほとんど役立たないことがわかっている。テクノロジーは、すでにある環境を補強するものであり、優れた教師をもつ優良な学校があって初めて力を発揮する。成績の悪い学校では、問題の解決手段にはならない。有効な手段ははっきりしている――教師の質の向上、校内文化の改善、チームワーク、そして生徒への個別対応の強化である。しかしながら、私たちはこうした概念を実践に移すのがあまり得意ではない。代わりに、課題に見合わないような大規模な解決策にばかり気をとられて

▼3：new mothers　新たな子どもの出産や育児に集中している母親のこと。日本の法律では「産前」「産後」「育児」で休暇期間が分かれているが、アメリカでは制度の整備が遅れており、こうした区別は曖昧にされている。そのため、ここでは「産後の母親」と訳したが、そこには育児や場合によっては産前の期間すら含まれる可能性があるという点に注意していただきたい。

しまっている。

私はかつて、Manhattan Prep社という教育会社を経営していた。個別指導教室として出発し、ついには毎年数万人もの生徒たちへサービスを提供する会社へと成長した。最新のテクノロジーも当然採用したが、私たちが業界トップに昇り詰めたのは、あくまで最優秀の教師を確保し、高い報酬を与え、教師自身に授業方法の決定権を託した結果である。人間は人間から学ぶ。数千人もの生徒たちに良質な授業を行いたければ、まずは1人の生徒に優れた授業をするところから始めなければならない。それができたら、今度は同じことを数千人の生徒に向けて行うだけである。

大学は万能薬ではない

すでに初等教育の時点で、私たちは大学進学という進路ばかりを強調してしまっており、職業訓練を見下す癖がついてしまっている。２０１３年には、職業訓練コースを受講しているアメリカの高校生はたった6％しかいなかった。[xi] これと比べ、イギリスは42％、ドイツは59％であり、オランダはなんと67％である。これから生き残っていく雇用部門の多くは、中程度の技術を要する非反復的なものであり、経済が変革してもなお、溶接作業、ガラスの取り付け、電気工事、機械工事、メンテナンス、ケーブル修理、技術工等々は存続する。ジョージタウンセンターの推計によると、大学学位を必要としない高給雇用は３０００万件ほど存在するが、その多くは専門的な訓練を必要としている。[xii] 数年前の夏のことだが、オフィスのエアコンが故障したとき、私たちは修理をなるべく早く済ませるために数千ドル（数十万円）をはたいた。アメリカから古いエアコンが消えてなくなる日は、当分の間やってこないだろう。

雇用関連の経済問題への万能薬として、大学教育は過剰に処方され、前面に押し出されすぎている。学士課程の新規大学生の最近の卒業率は、６年以内で59％である。[xiii] つまり、２００９年に大学に入学した学生たちのうち、２０１５年までに学士号を取得したのはたった59％なのである。この数値は、ここ数年間でほぼ横ばいを続けている。難関私立大学に行った人の観点からは、信じられないほど低い数字にも思えるだろう。難関大学の場合、同数値は88％だからである。全入制の大学の場合、卒業率は32％であり、営利大学の場合、６年以内の卒業率は23％である。２年生準学士課程の場合も似たようなもので、３年以内の卒業率は29・１％となっている。高校ではなく、大学こそ、アメリカの真のドロップアウト工場なのである。

中退の主な理由は、学問特有の厳格さへの準備不足、勉学・家族・雇用のそれぞれの要請への対応不能、そして学費である。[xiv] 学位を取得できなくても学費が返金されることはなく、まさに泣きっ面に蜂である。数百万人もの高校生たちが、大学やコミュニティー・カレッジに入学し、大きな負債を抱え込んだ後、卒業できずに終わる。私たちの学費負債は合計１兆４０００億ドル

（１４０兆円）という記録的な金額に達しており、若者たちの躍進を阻む大きな重石となっている。[xv]

また、ニューヨーク連邦準備銀行の推計によると、大卒者の不完全雇用率は、最近の卒業生の間では44％という高さであり、全体としても34％となっている。つまり、大卒者の３人に１人が、学位を必要としない職に就いているのである。私たちは、大学学位さえあれば安泰で、有益な機会が保障されるという考えを妄信してしまっている。実態は往々にしてその逆なのである。

大学の学費が高いのはなぜ？

ここで重要な問いが浮かび上がってくる。大学の学費は、なぜこれほどまでに高いのだろうか。大学の効果を測る方法はない。例えば、ＳＡＴのようなテストを卒業生に受けさせて、入学時と点数を比べたりしても意味がない。しかし、過去20年間で、大学学費はインフレーション率の数倍の速度で上がり続けてきた。[xvi] これは、医療を含む他のあらゆる分野よりも劇的な上昇である。今この瞬間にも、数千人の親たちが、「信じられないな。うちの２人の子どもたちを大学に送るために、約50万ドル（５０００万円）もかかるなんて」と内心つぶやいている。学位取得のためのコストが高騰を続ける一方で、大卒者の実賃金は下がっている。

学校によっては、私立大学の学費は年間5万ドル（500万円）にも及び、公立大学の費用も州民で1万ドル（100万円）、州外学生で2万5000ドル（250万円）ほどにまで上がっている。生活費はもちろん別途である。大学学費の平均金額は、過去25年間でなんと440%まで上昇している。[xvii] 生徒が大学に行くために政府奨学金という負債を背負わされるようになるのも当然である。

ことわっておくが、教授たちの給料は上がっていない。新しい建物や施設のせいでもない。元凶は、大学の官僚制度化と管理職[▼4]の重層化である。教育省と『ブルームバーグ』によると、1993年から2009年の間で、大学の管理職は60%増えたが[xviii]、これは終身雇用教授職の同期間における増加率の10倍である。カリフォルニアの大学制度の分析では、数年間で管理職が221%増えた一方、教授の正規雇用はたった5%しか増えていないことがわかった。また、ある報告書の洞察によると、「現在、アメリカの大学では、研究やサービスを含む教育業務よりも管理業務に携わる正規雇用者の方が多い」。

非営利団体を経営した経験から言うと、こうなる理由が私にはよくわかる。より多くの資源が

▼4：administrators　曖昧で広義な言葉である。「管理職」という訳語を選択したが、マネージャーとの混同に注意していただきたい。

アメリカ消費者物価指数の相対的変化（1978年～2017年）

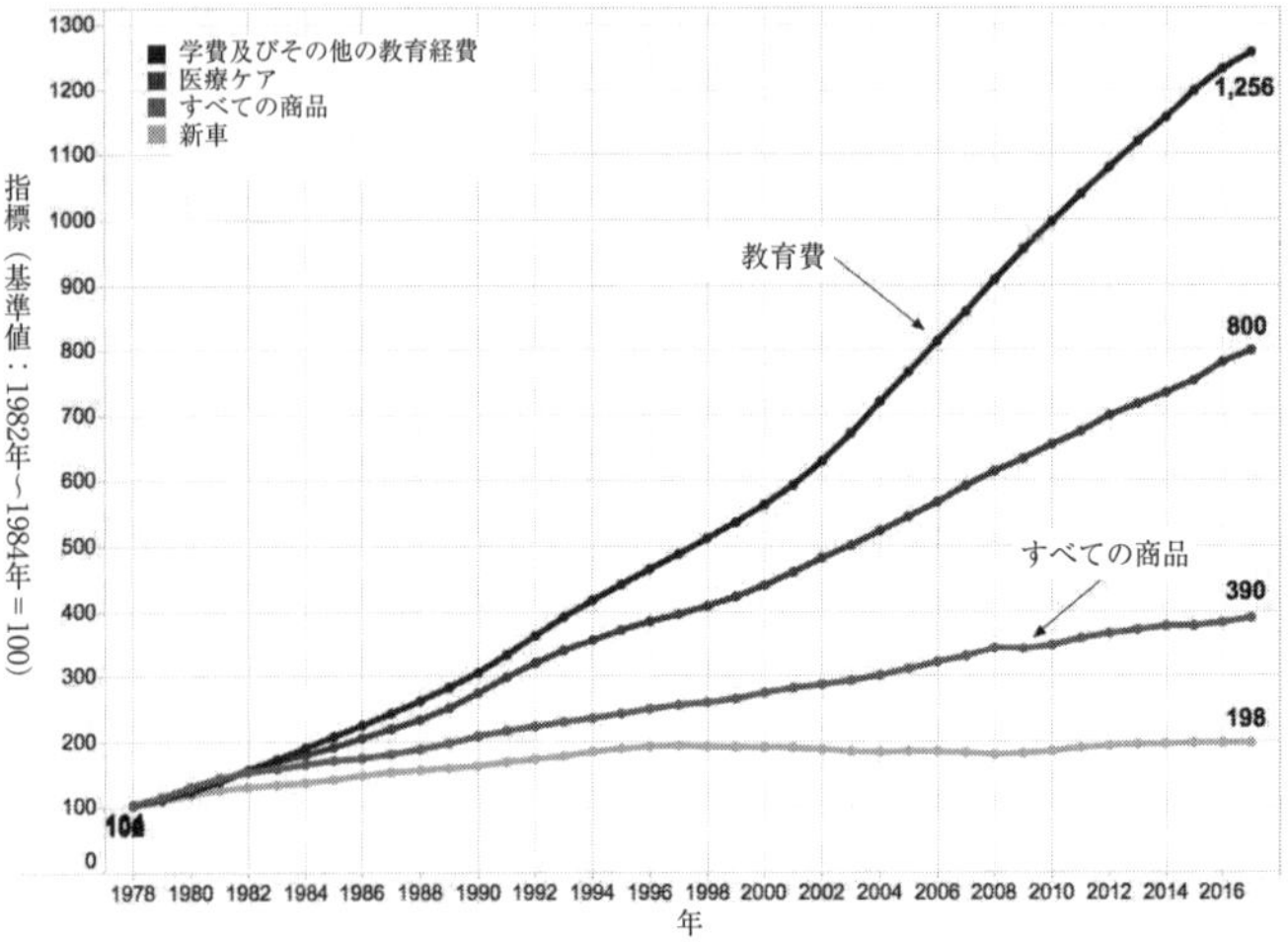

Source: U.S. Bureau of Labor Statistics, Consumer Price Index for All Urban Consumers, retrieved from FRED, Federal Reserve Bank of St. Louis.

出典：アメリカ労働統計局

入ってきたら、より多くの従業員を雇うのが筋である。すると、良識があって好感が持てる人物が集まる。そして、すばらしい仕事を一緒にする。こうして、時が経つにつれて、組織の成長と保身が自己目的化していってしまうのである。こうした文脈からも、自動化の時代において公共善を達成するためには、教育のコスト削減が何よりも重要となる。

　次は上層部に注目してみよう。大学は、金儲けのために多額のお金を注ぎ込んでいる。２０１５年に某法学部教授が指摘したように、イェール大学では、前年度、学生向けの授業料援助、フェローシップ、そして奨学金への出費——1億7000万ドル（170億円）——よりも、基金を運用するプライベート・エクイティ・マネージャーたちへの出費——4億8000万ドル（480億円）——の方が高かった。[xix] これをみて、マルコム・グラッドウェルは、イェールは240億ドル（2兆4000億円）のヘッジファンドに大学というおまけがついた事業であり、そろそろ時代遅れの事業部門を切り捨てる時期に来ているのではないかとジョークを飛ばしたほどだ。

イェール大学をはじめとする非営利大学は、免税措置を施されており、政府から数百万ドルもの研究費用を得ている。つまり、アメリカの納税者たちは、諸大学や諸基金への数十億ドル規模の収益を支払ったり援助したりしているのである。ある研究グループによると、コミュニティー・カレッジの学生一人当たりへの納税者からの年間援助額は2000ドル（20万円）から4000ドル（40万円）であり、普通の州立大学では1万ドル（100万円）である。[xx] ハーバード大学の場合は4万8000ドル（480万円）、イェール大学では6万9000ドル（690万円）、そしてプリンストン大学ではなんと10万5000ドル（1050万円）だった。お金を稼いでいればいるほど、免税措置の恩恵は大きくなる。

国民の血税の使い道としては、完全に倒錯している。教育への投資をする代わりに、裕福な大学をさらに肥やしているだけだからである。こうした状況を打破するためには、例えば、50億ドル（5000億円）以上の基金をもつ私立大学は、前年度の基金収益の全額を教育関連費、学生サポート費、そして大学の国内拡大費に直接あてない限り、免税資格を失うという法律を制定すればよい。こうすれば、ハーバード大学、イェール大学、スタンフォード大学、プリンストン大学、マサチューセッツ工科大学、ペンシルベニア大学、ノースウェスタン大学等々が、学生サポートや国内における拡大に毎年数十億ドルを直接費やすようになるだろう。例えば、最近、上海にハーバード大学センターがオープンしたが、同センターをオハイオやミシガンに建てることも可能になる。さらに、ダートマス大学や南カリフォルニア大学のような50億ドル（５０００億円）規模に近づいている大学に、この規模の下にとどまるための投資を促すこともできるようになる。他の対策としては、裕福な大学の基金に課税をし、収益金をコミュニティー・カレッジや公立大学の学生の援助にあてるのもよい。こうしたアプローチを支持する進歩団体は現に存在する。あるいは、基金の一部――６％から８％くらい――を毎年支出にあてるよう義務付けるのもよい。

最大の難題は、大学にコスト抑制の概念を導入し、管理職の肥大を防ぐことである。いまさら経費に上限を設けても手遅れなので、別の方策が必要だ。１９７５年の大学は、学生50人当たり１人の割合で、入学課職員やＩＴスペシャリスト等の管理職員を雇っていた。[xxi] ２００５年にいたると、この比は１３８％も成長し、学生21人当たり１人という割合になった。管理部門の効率の悪さや肥大を叫ぶメディアの声は、効果的な起爆剤になるかもしれない。しかし、本当に状況を改善していくためには、管理職員と学生の比率や、管理職員と教職員の比率について、政府がしっかりと規定値を設け、教育機関を誘導する必要があるだろう。現在、政府は、研究費、大学の免税資格、そして数千億ドル（数十兆円）規模の奨学金の提供という形で教育への援助を行っている。「大学教育さえ普及させれば、問題はすべて解決する」などと盲目的に叫ぶのではなく、支出の合理化を進める役割が政府にはある。大学は万能薬ではない。

また、『U.S. News and World Report』の大学ランキングも問題であり、修正を加えるだけでなく、場合によっては同レポートを無視した方が良いケースも出てくるだろう。現在、ランキング制度は、金融能力、学生対教職員比率、そして卒業生の寄贈金額等の尺度を含んでおり、裕福な学生をより多く入学させる動機を大学に与えてしまっている。イェール大学やプリンストン大学が上位1％の富裕層の子どもたちを下位60％からの子どもたちよりも多く受け入れている理由もこれではっきりする。より多様な学生を受け入れたり、運営を効率化させたりする大学は、ランキングを落とされてしまうのである。メリーランド大学元総長のブリット・キルヴァンはこう言う。「もし仮に、アメリカの高等教育を劣化させようとたくらむ海外勢力がいたならば、『U.S. News and World Report』のランキングを真っ先に導入したはずです。アメリカ経済はより多くの大卒者を必要としていますし、より多くの低所得層の学生に高等教育の恩恵を与える必要もあります。『U.S. News and World Report』には、この2つの目的に真っ向から対立するような尺度が含まれているからです」。たった1つの雑誌のランキングが、いくつもの数十億ドル規模の組織に公共の福祉に反するような行動や指針をとらせている。狂っているとしか言いようがない。

新しい学校

大学の費用が上がり続ける中、私たちは手頃な価格で人々に教育を提供する方法を模索してきた。一例として、プログラミングの訓練を施し、たった4ヶ月ほどで高収入な職に就けるようにしてくれるブートキャンプ（短期集中講座）への期待が高まっている。「Flatiron School」と「General Assembly」の2社は、最大95％という空前絶後の就職率で一世を風靡した。順調な滑り出しをみせ、やや過剰なまでに投資を呼び込んだ後、大手ブートキャンプがいくつか閉校し、今では業界全体が統合されてきている。全国90校から総計2万3000人の卒業生が輩出された[xxii]が、成功の秘訣は、ほぼ必ずと言っていいほど体験型のマンツーマン授業にあった。「オンラインのブートキャンプなんて、語義矛盾さ」と、ユニバーシティー・ベンチャーズ社の投資家ライアン・クレイグは言う。「そんなものを成功させる方法は、まだ誰も編み出せていないよ」。

大学教育におけるテクノロジーの採用で最も面白い例は、恐らく、ミネルヴァ・プロジェクトである。ミネルヴァ大学はスタートアップ大学であり、今年で5年目を迎える。同校では、学生たちが寮で共同生活を営みつつオンラインで授業を受ける。[xxiii] ミネルヴァのオンライン・インターフェイスの特徴は、学生の顔を常に表示し続ける点にある。これによって、学生たちは参加責任を感じる。この「対面時間」は、成績を決定する重要な尺度にすらなっている。期末試験はない。教授たちは、クラスを評価する際に、学生の一人ひとりが適切な「精神の習慣」[▼5]を実践できているかどうかを調べる。また、図書館、運動施設、スポーツチーム等々へ一切投資を行わないことで、ミネルヴァはお金の節約にも成功している。学生たちは、最長1年間、サンフランシスコ、ブエノスアイレス、ベルリン、ソウル、そしてイスタンブールの寮でそれぞれ生活をする。ミネルヴァの敷居は高く、最近の合格率はたった1・9%である。共に生活や旅をすることで、学生たちは交流を深め、人間関係を築いていく。学びに加え、資格、人脈、交流、そして人格形成といった、学生たちが渇望するような要素も、ミネルヴァはしっかり提供しているのである。費用は年額2万8000ドル（280万円）におさまっているが、これは同レベルの難関大学のおよそ半分の金額である。昨年、ミネルヴァの学生たちにサンフランシスコで会う機会があったが、なるほど、人並みはずれた自立性や思慮深さをもった人たちだという印象を受けた。

▼5：habits of mind　一見すると大それたものにも見えるかもしれないが、要するに日常的な思考法や感情のコントロール等のことである。「mind」という言葉の意味を正確に表す日常語が日本語には今のところない（「心」では感情が強調されすぎてしまう）ので、あえて「精神」と直訳した。

私見だが、新しい学校であるという点は、ミネルヴァの大きな魅力である。学生たちが一流大学に通うことを望んでいるのならば一流大学を作ればいいではないか、というスタンスを創立者兼CEOのベン・ネルソンはとっている。たしかに、合格率が記録的な低さにまで下がっている傍らで、有名校の定員人数が一定に保たれているのは、摩訶不思議である。規模を小さく保ちつつ敷居を高くしておくのは、学校側にとっては利益になるかもしれないが、社会の側からすると、大学を拡大してもらった方が助かる。ダートマス大学は、最近、定員数を最大25%引き上げる計画を発表した。これこそ、手本とすべき方針である。

理想の再認識

大学が実践できる最善策は、原点に立ち返り、大学の使命を再認識することである。あなたの大学は、何を大切にしているのか。あなたの大学の卒業生たちは、どのような信条を抱いて社会に飛び立っていくのか。大学は、価値観を育成し、体現するべきである。あなたの大学が相手にしているのは、顧客やレビュアーでもなければ、コミュニティーのメンバーですらない。あなたの相手は、学生なのである。学生を選別し、雇用へと誘導しつつ、将来に備えて自分の基金の充実を図り、あわよくば寄付を募ろうなどというその態度は、学生側からもお見通しである。

ハーバード大学は、元々、聖職者の養成を目的として建学された。それが今では、チェロを弾ける銀行家を最低1人輩出することを目指しているというありさまだ。少し前に、プリンストン大学で講演をする機会があったが、「国民に仕え、人類に奉仕する」という校訓を誰かが言ったとき、なんと学生たちからは笑い声があがった。もちろん、「プリンストンの富のために」や「市場に奉仕する」と誰かが言ったならば、別の理由でやはり笑い声があがっただろう。

著作『自己と魂』（未邦訳）において、バージニア大学教授のマーク・エドマンドソンは、西洋文化が歴史を通して守り続けてきた理想を3つ挙げている。

- 戦士　戦士の最高の徳は勇気である。歴史上の典型（アーキタイプ）には、アキレス、ヘクトール、そしてジャンヌダルクが含まれる。
- 聖人　聖人の最高の徳は人情である。歴史上の典型には、イエス・キリストやマザー・テレサが含まれる
- 思想家　思想家の最高の徳は思慮深さである。歴史上の典型には、プラトン、カント、ルソー、そしてアイン・ランド▼6が含まれる。

こうした理想も、現代ではほぼ完全に破棄されてしまっているとエドマンドソンは嘆く。代わ

りに登場したのが、彼が「中産階級の価値観をもつ世慣れした自己」と呼ぶ新しい理想である。順応して出世し、成功して自己反復すること。3つの偉大なる理想も、存続してはいるが、戦士の理想はスピンクラスやスパルタンレースに、聖人の理想は非営利団体や社会起業活動に、思想家の理想はタナハシ・コーツ[7]やブログコミュニティーにそれぞれ水増しされてしまっている。こうした理想を近代世界で貫こうなどとしようものなら、滑稽で非現実的で世間知らずだと言われてしまい、場合によっては人格を疑われることすらありえるだろう。大学生ならば誰でも身に覚えのあることではないだろうか。

人間としての資質は、市場の要請にかなう技術主義的なスキルと比べ、近年ますます軽視されてきている。勇気は財力に、人情はブランド力に、そして思慮深さはプログラミング能力に、それぞれ代表されるようになった。現代の学校は、もはや根源的な問いへの思索を深める場ではない。原点に立ち返りさえすれば、私たち全員の未来にまばゆい希望の光が差し込むはずである。

▼6：Ayn Rand（1905－1982）ロシア系アメリカ人の小説家、思想家、劇作家、映画脚本家である。邦訳に『肩をすくめるアトラス』脇坂あゆみ訳、アトランティス 等がある。

▼7：Ta-Nehisi Coates（1975－）アメリカの著作家。邦訳に『世界と僕のあいだに』（池田年穂訳、慶応義塾大学出版会）等がある。

むすびに　支配と従属の分かれ道

私たちが現在や未来に直面する課題の数々を、本書では一つのビジョンとして提示した。一読しただけで消化できるようなものではないことは、重々承知している。現代の諸課題は、それだけ巨大なものなのである。自動化による雇用破壊は、すでに猛烈な勢いで社会を弱体化させ始めている。諸機関やリーダーたちの機能不全が危惧される中、適切な解決策の多くは短期的な利益に反する行動を個々人に要求するため、私たちは麻痺状態に陥ってしまっている。水位が上昇し続けているのにもかかわらず、私たちはあくまで資本効率性や市場適応性へと個人や地域社会を駆り立て続けている。市場の論理は、もはや私たちの人生の隅々にまで浸透しきっている。こうして、市場がきしみをあげて前進し、より良い未来への機会や道を壊し続ける傍らで、普通のアメリカ人たちの苦しみは悪化の一途をたどる。

私の知り合いのテクノロジストたちのほとんどは、自動化の波の到来を、ほぼ満場一致で確信している。彼らは、その論理的な帰結をわかっている。具体的にどれくらいの期間がかかるのかは定かではないが、5年であれ、10年であれ、15年であれ、大した違いではない。心の中で、彼らはすでに終着点に到達しており、わが身を守るために準備を整えている。

私もまた、その一人である。だからこそ、私は魂を賭けて戦い続けているのである。私にも、終着点が見える。そこに到達するまでの道のりは、壊れきった個人や地域社会、そして貧困や機能不全の悪化によって引き裂かれた社会であふれている。人々は、互いを指さして責めるだろう。欠乏状態でけんかをするようけしかけられているからである。専門家たちが不毛な議論を続ける傍ら、普通の人たちが苦しむ。家庭も機能しなくなっていく。子どもたちも、さまざまな機関から偽りの希望を売りつけられながらも、より良い人生への期待を全く持てないまま成長していく。

自動化の時代は、多くの苦難をもたらすだろう。同時に、人間性の認識を深めるよう、私たちに圧力をかけてもくるだろう。

私は、6年間、全国18都市で、理想に燃える起業家軍団を育成してきた。卒業生たちの多くは、伊勢エビ料理店、リトルリーグにブランドスポンサーをつなげる事業、大豆パスタ事業、建設プロジェクトをより環境に優しくする事業等々、実に様々な会社を立ち上げてきた。気がつけば、2500件以上の雇用を創出していた。ちょっとした偉業だ。

お世辞にも十分な結果であるとはいえない。砂でできた防波堤で津波を阻止しようとするようなものである。

私は、人間と理想を組み合わせて、数百万ドル規模の組織をつくった。これまで、マンハッタン、シリコンバレー、そしてサンフランシスコの各地で暮らしつつ、プロビデンス、デトロイト、ニューオーリンズ、シンシナティ、ラスベガス、ボルチモア、クリーブランド、フィラデルフィア、ピッツバーグ、セントルイス、マイアミ、コロンバス、サンアントニオ、シャーロット、アトランタ、ナッシュビル、バーミンガム、デンバー、カンザス、そしてワシントンD.C.で仕事をしてきた。

社会のかじ取りを任されている人たちと、同じ部屋で一緒に時間を過ごしたこともあった。ひ弱な組織。強固な官僚制。まさかと思うようなことは、大概現実にも起きていた。

私の目に映る実情を、より多くの人たちに伝えたい。この本を書いた動機だ。私たちの中には、今よりもはるかに明るい方へと向かうための力が眠っている。

「アイデアが世界を変える」というはやり言葉がある。それは違う。世界を変えるのは、アイデアではなく、人間である。コミットメントや自己奉仕を行い、社会を引き裂く勢力に抵抗する人たちである。人類と市場、私たちはどちらに仕えるべきなのか。

私たちは、オピウム漬けの大衆にすぎないのだろうか。エリートたちが自己保身にあくせくする傍ら、社会全体に迫りくる暗雲を、指をくわえて待つしかないのだろうか。

世界を再建し、然るべき行動をとるための意志、自信、そして自立心は、まだ私たちの中に残されているだろうか。人情は残されているだろうか。資本は、私たちのことなど一切気に留めない。資本を価値の第一指標とする習慣から脱する責任は、私たちの方にある。人道資本主義は、本当に大切なものごとを再定義し、それを追求するチャンスを私たちに与えてくれる。

私には家族がいる。言葉と実践の違いは、重々承知している。現実逃避をするわけにはいかない。それだけではない。本の執筆と実際の闘争にも違いがある。おびえて逃げ出すのか、持ち場を守って戦うのか。本質的な違いはそこにある。欠乏の精神を、豊穣の精神に転換していかなければならない。社会崩壊の前であれ後であれ、革命は必ず起きる。なんとしてでも、前に起きる方を選ぶべきである。

もちろん、簡単にはいかない。私たちは皆、一人ひとり、心の中に機能不全を抱えている。暗闇や痛み。蔑みや恨み。強欲や恐怖心。うぬぼれや自意識過剰。理性ですら、時として実践の邪魔になる。

懐疑、冷笑、侮蔑、嫌悪、そして怒りを乗り越えて、私たちは残された可能性にかけて戦い続けなければならない。精神や心に理想を思い描いて戦っていこう。全身全霊をかけよう。他の人たちが助けを求めて手を伸ばしてきたら、その手をつかみ、こちら側まで引っ張り、一緒に先へ進もう。利己心と絶望と諦めのいばらをかき分けていこう。魂をかけて、お互いのために戦おう。頂上まで駆け上がった後、山の向こうに見える景色を他の人たちに伝えよう。

あなたには、何が見えるだろうか。その向こう側に、私たちが望む社会をつくろう。

最後に、妻のエヴェリンに感謝したい。私や、息子たちのために、いつも本当にありがとう。子どもたちは、きっと強く健康な大人に育っていくはずだよ。

さあ、立ち上がれ。時は来た。人間らしさを発揮せよ。より良い世界は、まだ実現可能だ。一緒に戦おう。

謝辞

読者としても、共同制作者としても、編集者のポール・ウィットラッチはずば抜けている。感謝する。エージェントのバード・リーベルに、すばらしい友人として、業界随一の腕の持ち主として、感謝する。いつでも頼れる存在がいるのは、本当に大きい。

長きにわたってベンチャー・フォー・アメリカの構築に携わってきてくれた多くの人たちに感謝する。本書で提示したアイデアが、ＶＦＡの使命から生まれたものだということが伝わるとうれしい。然るべき人間が集まって一緒に献身すれば、世界は変わる。きみたちのおかげで、私もまた、この真実を体現し、そこからたくさんのものを得ることができた。

起業家として言うが、私はものを借りるのが好きだ。新天地開拓の第一歩となってくれたマーティン・フォードと、解決策へと私を導いてくれたアンディ・スターンには、知的な借りができた。デビッド・フリードマンは、本書のタイトルのインスピレーションを与えてくれた。ローレン・ザラツニック、シェリル・ハウザー、エリック・バーン、マイルス・ラサター、アブハズ・

グプタ、バーニー・サッチャー、キャサリン・ベンドハイム、ダニエル・タルーロ、ミーカ・グレイディ、スコット・クラーゼ、エリック・カントール、ローレンス・ヤング、オーウェン・ジョンソン、チップ・ハザード、クリス・ボッジアーノ、マリアン・サルツマン、そしてギエルモ・シルバーマンを含む多くの人たちから、草稿の段階で実に鋭い洞察を得ることができた。

アルベルト・ウェンガー、ジョッシュ・コペルマン、ルトガー・ブレグマン、デイヴィッド・ブルックス、J・D・ヴァンス、ジーン・トウェンギ、リサ・ウェード、ヴィクトル・タン・チェン、ユヴァル・ノア・ハラリ、スティーブ・ケース、デビッド・オーター、クリスタル・ボール、ライアン・エイヴェント、アレック・ロス、マーク・ザッカーバーグ、サム・アルトマン、クリス・ヒューズ、デレク・トンプソン、スティーブ・グリックマン・、ジョン・レティエリ、ラナ・フォルーハー、ティム・オライリー、ディラン・マシューズ、アニー・ローリー、ロス・ベアード、ニック・ハノーアー、デビッド・ローズ、そしてスコット・サンテンズのおかげで、私は多くの論点について自分の考えを形作ることができた。

ジーク・バンダーホークは、最高の相棒であり友人だ。感謝する。本書は、きみの功績でもある。

张《じゃん》牧《む》晗《はん》、アンドリュー・フローリー、ケイティ・ブルーム、マット・シナーズ、そしてザック・グラウマンは、この物語の第一章から歩みを共にしてくれた。感謝する。

研究者のオヴィディア・スタノイは、本当にたくさんの資料を掘り下げ、データを可視化し、私の気まぐれに付き合ってくれた。感謝する。

エヴェリン、ありがとう。妻として、パートナーとして、きみはこの上なく素晴らしい人だ。UBIが解決策の鏡であるように、きみは母親の鏡だ。クリストファー、ダミアン、この本が、きみたちにとって意味を持つような形で、きみたちの国をより強くしてくれることを祈る。

University Center on Education and the Workforce, 2017.

[xiii] "Undergraduate Retention and Graduation Rates," Condition of Education 2017. National Center for Education Statistics, April 2017.

204

[xiv] Lou Carlozo, "Why College Students Stop Short of a Degree," Reuters, March 27, 2012.

[xv] Kerry Rivera, "The State of Student Loan Debt in 2017," Experian.com, August 23, 2017.

[xvi] Steve Odland, "College Costs out of Control," *Forbes*, March 24, 2012.

[xvii] Lynn O'Shaughnessy, "Higher Education Bubble Will Burst," *U.S. News and World Report*, May 3, 2011.

[xviii] John Hechinger, "The Troubling Dean-to-Professor Ratio," *Bloomberg Businessweek*, November 21, 2012.

[xix] Victor Fleischer, "Stop Universities from Hoarding Money," *New York Times*, August 19, 2015.

[xx] Jorge Klor de Alva and Mark Schneider, *Rich Schools, Poor Students: Tapping Large University Endowments to Improve Student Outcomes*, Nexus Research, April 2015.

[xxi] Benjamin Ginsberg, "Administrators Ate My Tuition," *Washington Monthly*, September–October 2011.

[xxii] Steve Lohr, "As Coding Boot Camps Close, the Field Faces a Reality Check," *New York Times*, August 24, 2017.

[xxiii] Claire Cain Miller, "Extreme Study Abroad: The World Is Their Campus," *New York Times*, October 30, 2015.

Times, November 7, 2016.
[viii] Emma Court, "America's Facing a Shortage of Primary-Care Doctors," MarketWatch, April 4, 2016.
[ix] "The Complexities of Physician Supply and Demand: Projections from 2014 to 2025," Association of American Medical Colleges, April 5, 2016.
[x] Dom Galeon, "IBM's Watson AI Recommends Same Treatment as Doctors in 99 percent of Cancer Cases," Futurism.com, October 28, 2016.
[xi] Megan McArdle, "Can the Cleveland Clinic Save American Health Care?" *Daily Beast*, February 26, 2013.
[xii] Joanne Silberner, "The Doctor Will Analyze You Now," *Politico*, August 9, 2017.

第22章　人を育てる

[i] David Brooks, "Becoming a Real Person," *New York Times*, September 8, 2014.
[ii] David Brooks, "Becoming a Real Person," *New York Times*, September 8, 2014.
[iii] Nick Anderson, "SAT Scores at Lowest Level in 10 Years, Fueling Worries about High Schools," *Washington Post*, September 3, 2015.
[iv] Jean M. Twenge, *iGen: Why Today's Super-Connected Kids Are Growing Up Less Rebellious, More Tolerant, Less Happy—and Completely Unprepared for Adulthood—and What That Means for the Rest of Us* (New York: Atria Books, 2017).
[v] John Battelle, "Max Ventilla of AltSchool: The Full Shift Dialogs Transcript," NewCo Shift, July 13, 2016.
[vi] Barbara Gault et al., "Paid Parental Leave in the United States: What the Data Tell Us about Access, Usage, and Economic and Health Benefits," U.S. Department of Labor Women's Bureau, Institute for Women's Policy Research, January 23, 2014.
[vii] Matt Phillips, "Countries without Paid Maternity Leave: Swaziland, Lesotho, Papua New Guinea, and the United States of America," *Quartz*, January 15, 2014.
[viii] Chris Weller, "These 10 Countries Have the Best Parental Leave Policies in the World," *Business Insider*, August 22, 2016.
[ix] "Table C2, Household Relationship and Living Arrangements of Children Under 18 Years, by Age and Sex: 2016," U.S. Census Bureau, 2017.
[x] Saskia De Melker, "Cohousing Communities Help Prevent Social Isolation," *PBS News Hour*, February 12, 2017.
[xi] Dana Goldstein, "Seeing Hope for Flagging Economy, West Virginia Revamps Vocational Track," *New York Times*, August 10, 2017.
[xii] Anthony P. Carnevale et al., "Good Jobs That Pay without a BA," Georgetown

Steve Ballmer set up a series of measurements and facts at www.USAFacts.org that is a treasure trove of social metrics and pulls from many public and private sources.

第20章　丈夫な国家と新しい市民権

i Jeff Jacoby, "Harry Truman's Obsolete Integrity," *New York Times*, March 2, 2007.

ii Scott Wilson, "In Demand: Washington's Highest (and Lowest) Speaking Fees," ABC News, July 14, 2014.

iii Ben Protess, "Slowing the Revolving Door between Public and Private Jobs," *New York Times*, November 11, 2013.

iv Alex Morrell, "The OxyContin Clan: The $14 Billion Newcomer to Forbes 2015 List of Richest U.S. Families," *Forbes*, July 1, 2015.

v Kate Cox, "How Corporations Got the Same Rights as People (but Don't Ever Go to Jail)," *Consumerist.com*, September 12, 2014.

vi Samuel Gibbs, "Elon Musk: Regulate AI to Combat 'Existential Threat' before It's Too Late," *The Guardian*, July 17, 2017.

vii Tristan Harris, "How Technology Is Hijacking Your Mind—from a Magician and Google Design Ethicist," *Thrive Global*, May 18, 2016.

viii Drake Baer, "Why Data God Jeffrey Hammerbacher Left Facebook to Found Cloudera," *Fast Company*, April 18, 2013.

第21章　雇用なき時代の医療

i Dan Mangan, "Medical Bills Are the Biggest Cause of US Bankruptcies: Study," CNBC.com, June 24, 2013.

ii Courtney Baird, "Top Healthcare Stories for 2016: Pay-for-Performance," Committee for Economic Development, March 8, 2016.

iii Steven Brill, "Bitter Pill: Why Medical Bills Are Killing Us: How Outrageous Pricing and Egregious Profits Are Destroying Our Health Care," *Time*, March 4, 2013.

iv Joshua Holland, "Medicare-for-All Isn't the Solution for Universal Health Care," *The Nation*, August 2, 2017.

v Meghan O'Rourke, "Doctors Tell All—and It's Bad," *The Atlantic*, November 2014.

vi "Survey: Many Doctors Looking to Leave Profession amid Burnout, Low Morale," Advisory Board, September 26, 2016.

vii Aaron E. Carroll, "A Doctor Shortage? Let's Take a Closer Look," *New York* the Direct Distribution of Resource Rent," Alaska Permanent Fund Dividend Program, January 2011.

ix Roberto A. Ferdman, "The Remarkable Thing That Happens to Poor Kids When You Give Their Parents a Little Money," *Washington Post*, October 8, 2015.

x Annie Lowrey, "The Future of Not Working," *New York Times*, February 26, 2017.

xi Claire Provost, "Charity Begins on Your Phone: East Africans Buoyed by Novel Way of Giving," *The Guardian*, December 31, 2013.

xii Ashifa Kassam, "Ontario Plans to Launch Universal Basic Income Trial Run This Summer," *The Guardian*, April 24, 2017.

xiii Jeff Ihaza, "Here's What Happened When Iran Introduced a Basic Income," *Outline*, May 31, 2017.

第18章　新たな通貨としての時間

i George Orwell, *Down and Out in Paris and London* (New York: Mariner Books, 1972), p. 129.

ii Rachel M. Cohen, "The True Cost of Teach for America's Impact on Urban Schools," *American Prospect*, January 5, 2015.

iii "Growth in DoD's Budget from 2000 to 2014," Congressional Budget Office, November 2014.

iv "Performance and Accountability Report," Peace Corps, November 15, 2015.

v Susan Currell, *The March of Spare Time: The Problem and Promise of Leisure in the Great Depression* (Philadelphia: University of Pennsylvania Press, 2005), pp. 51–53.

vi Time Banks Brattleboro Time Trade, Time Banks, accessed on September 8, 2017.

vii "Real Women's Stories: 'We Make Ends Meet without Money,'" AllYou.com.

viii Edgar Cahn and Jonathan Rowe, *Time Dollars: The New Currency That Enables Americans to Turn Their Hidden Resource—Time—into Personal Security and Community Renewal* (Emmaus, PA: Rodale Press, 1992).

第19章　人道資本主義

i The Federal Reserve of St. Louis, Discover Economic History, National Income, 1929–32. Letter from the Acting Secretary of Commerce Transmitting in Response to Senate Resolution No. 220 (72D CONG.) *A Report on National Income, 1929–32* (Washington, DC: Government Printing Office, 1934).

[vii] "Answers to Stephen Hawking's AMA Are Here," *Wired*, July 2015.
[viii] Chris Weller, "President Obama Hints at Supporting Unconditional Free Money Because of a Looming Robot Takeover," *Business Insider*, June 24, 2016.
[ix] Scott Dadich, "Barack Obama, Neural Nets, Self-Driving Cars, and the Future of the World," *Wired*, November 2016.
[x] Charlie Rose, interview with Bill Gates and Warren Buffett, Columbia University, January 2017.
[xi] Charlie Rose, interview with Bill Gates and Warren Buffett, Columbia University, January 2017.
[xii] Chris Weller, "Elon Musk Doubles Down on Universal Basic Income: 'It's Going to Be Necessary,'" *Business Insider*, February 13, 2017.
[xiii] Mark Zuckerberg, commencement speech, Harvard University, May 2017.
[xiv] Michalis Nikiforos, Marshall Steinbaum, and Gennaro Zezza, "Modeling the Macroeconomic Effects of a Universal Basic Income," Roosevelt Institute, August 29, 2017.
[xv] "Fortune 500 Companies Hold a Record $2.6 Trillion Offshore," Institute on Taxation and Economic Policy, March 2017.
[xvi] https://www.facebook.com/basicincomequotes/videos/1365257523593155.

第17章　現実世界のユニバーサル・ベーシック・インカム

[i] Lila MacLellan, "That Time When Dick Cheney and Donald Rumsfeld Ran a Universal Basic Income Experiment for Nixon," Quartz, March 13, 2017.
[ii] Mike Albert and Kevin C. Brown, "Guaranteed Income's Moment in the Sun," *Remapping Debate*, April 24, 2013.
[iii] Gary Christophersen, *Final Report of the Seattle-Denver Income Maintenance Experiment* (Washington, DC.: U.S. Dept. of Health and Human Services, 1983).
[iv] Rutger Bregman, *Utopia for Realists: The Case for a Universal Basic Income, Open Borders, and a 15-hour Workweek* (Boston: Little, Brown and Company, 2016), p. 37.
[v] Brian Merchant, "The Only State Where Everyone Gets Free Money," Motherboard Vice, September 4, 2015.
[vi] Rachel Waldholz, "Alaska's Annual Dividend Adds Up for Residents," Marketplace, March 16, 2016.
[vii] Wankyo Chung, Hyungserk Ha, and Beomsoo Kim, "Money Transfer and Birth Weight: Evidence from the Alaska Permanent Fund Dividend," *Economic Inquiry* 54 (2013).
[viii] Scott Goldsmith, "The Alaska Permanent Fund Dividend: A Case Study in

第14章　テレビゲームと（男性の）人生の意味

i　Ana Swanson, "Study Finds Young Men Are Playing Video Games Instead of Getting Jobs," *Chicago Tribune*, September 23, 2016.

ii　Peter Suderman, "Young Men Are Playing Video Games Instead of Getting Jobs. That's OK.（For Now.）," *Reason*, July 2017.

iii　Kim Parker and Renee Stepler, "As U.S. Marriage Rate Hovers at 50 Percent, Education Gap in Marital Status Widens," Pew Research Center, September 14, 2017.

iv　Nicholas Eberstadt, *Men without Work: America's Invisible Crisis*（West Conshohocken, PA: Templeton Press, 2016）, p. 93.

第15章　アメリカのコンディション＝社会分裂

i　Robert D. Putnam, "The Strange Disappearance of Civic America," *American Prospect*, winter 1995.

ii　Bryan Burrough, "The Bombings of America That We Forgot," *Time*, September 20, 2016.

iii　"A Minority of Americans Own Guns, but Just How Many Is Unclear," Pew Research Center, June 4, 2013.

iv　Peter Turchin, *Ages of Discord: A Structural-Demographic Analysis of American History*（Chaplin, CT: Beresta Books, 2016）, pp. 200–202.

v　Alec Ross, *The Industries of the Future*（New York: Simon and Schuster, 2015）, p. 38.

vi　Sharon Bernstein, "More Californians Dreaming of a Country without Trump: Poll," Reuters, January 23, 2017.

第16章　自由配当

i　Derek Thompson, "A World without Work," *The Atlantic*, July–August 2015.

ii　Simon Birnbaum and Karl Widerquist, "History of Basic Income," Basic Income Earth Network, 1986.

iii　Martin Luther King Jr., "Final Words of Advice," Address made to the Tenth Anniversary Convention of the SCLC, Atlanta, on August 16, 1967.

iv　Richard Nixon, "324—Address to the Nation on Domestic Programs," American President Project, August 8, 1969.

v　"Brief History of Basic Income Ideas," Basic Income Earth Network, 1986.

vi　Scott Santens, "On the Record: Bernie Sanders on Basic Income," *Medium*, January 29, 2016.

York: Workman, 2015), p. 32.

xii Quoctrung Bui and Claire Cain Miller, "The Typical American Lives Only 18 Miles from Mom," *New York Times*, December 23, 2015.

第13章　亡霊階級――解職の実情

i Jessica Boddy, "The Forces Driving Middle-Aged White People's 'Deaths of Despair,'" National Public Radio, March 23, 2017.

ii Kimiko de Freytas-Tamura, "Amid Opioid Overdoses, Ohio Coroner's Office Runs Out of Room for Bodies," *New York Times*, February 2, 2017.

iii Josh Katz, "Drug Deaths in America Are Rising Faster Than Ever," *New York Times*, June 5, 2017. Also see Center for Behavioral Health Statistics and Quality, "2015 National Survey on Drug Use and Health: Detailed Tables," Substance Abuse and Mental Health Services Administration, Rockville, MD, 2016.

iv Laura Newman, "As Substance Abuse Rises, Hospitals Drug Test Mothers, Newborns," *Clinical Laboratory News*, March 1, 2016.

v Mike Mariani, "How the American Opiate Epidemic Was Started by One Pharmaceutical Company," *The Week*, March 4, 2015.

vi Sonia Moghe, Opioid History: From 'Wonder Drug' to Abuse Epidemic," CNN, October 14, 2016.

vii "The Heroin Business Is Booming in America," Bloomberg Businessweek, May 11, 2017.

viii Social Security Agency, "Selected Data from Social Security's Disability Program," Graphs of disabled worker data (number 2), Social Security Agency, August 2017.

ix "Annual Statistical Report on the Social Security Disability Insurance Program, 2015," U.S. Social Security Administration.

x Steve Kroft, "Disability, USA," CBS News, October 10, 2013.

xi Chana Joffe-Walt, "Unfit for Work: The Startling Rise of Disability in America," National Public Radio, http://apps.npr.org/unfit-for-work, retrieved November 8, 2017.

xii David H. Autor and Mark G. Duggan, "The Growth in the Social Security Disability Rolls: A Fiscal Crisis Unfolding," *Journal of Economic Perspectives*, Summer 2006.

xiii Steve Kroft, "Disability, USA," CBS News, October 10, 2013.

xiv Nicholas Eberstadt, *Men without Work: America's Invisible Crisis* (West Conshohocken, PA: Templeton Press, 2016), p. 118.

Economic Innovation Group, February 2017.

[viii] Richard Florida, "A Closer Look at the Geography of Venture Capital in the U.S." CityLab, February 23, 2016.

[ix] Raj Chetty and Nathaniel Hendren, "The Impacts of Neighborhoods on Intergenerational Mobility: Childhood Exposure Effects and County-Level Estimates," Equality of Opportunity, May 2015.

[x] David Brooks, "What's the Matter with Republicans?" *New York Times*, July 4, 2017.

第12章　男性、女性、そして子どもたち

[i] David Autor, David Dorn, and Gordon Hanson, "When Work Disappears: Manufacturing Decline and the Falling Marriage-Market Value of Men," National Bureau of Economic Research, February 2017.

[ii] Jared Bernstein, "Real Earnings, Real Anger," Washington Post, March 9, 2016. A Pew research study showed that many men are foregoing or delaying marriage…: Kim Parker and Renee Stepler, "As U.S. Marriage Rate Hovers at 50 percent, Education Gap in Marital Status Widens," Pew Research Center, September 14, 2017. Also see Wendy Wang and Kim Parker, "Record Share of Americans Have Never Married," Pew Research Center, September 24, 2014.

[iii] Anthony Cilluffo, "Share of Married Americans Is Falling, but They Still Pay Most of the Nation's Income Taxes," Pew Research Center, April 12, 2017.

[iv] Derek Thompson, "The Missing Men," *The Atlantic*, June 27, 2016.

[v] Ana Swanson, "Study Finds Young Men Are Playing Video Games Instead of Getting Jobs," *Chicago Tribune*, September 23, 2016.

[vi] Alex Williams, "The New Math on Campus," *New York Times*, February 5, 2010.

[vii] "2016 Current Population Survey Annual Social and Economic Supplement," U.S. Census Bureau.

[viii] William J. Doherty, Brian J. Willoughby, and Jason L. Wilde, "Is the Gender Gap in College Enrollment Influenced by Nonmarital Birth Rates and Father Absence?" *Family Relations*, September 24, 2015.

[ix] J. D. Vance, *Hillbilly Elegy: A Memoir of a Family and Culture in Crisis* (New York: Harper Collins, 2016), pp. 245–246.

[x] National Center of Health Statistics, Centers for Disease Control and Prevention, "Attention Deficit Hyperactivity Disorder (ADHD)," https://www.cdc.gov/nchs/fastats/adhd.htm.

[xi] Jon Birger, *Date-onomics: How Dating Became a Lopsided Numbers Game* (New

entrepre.pdf.

ii Carly Okyle, "The Year in Startup Funding (Infographic)," *Entrepreneur*, January 3, 2015.

iii Jordan Weissman, "Entrepreneurship: The Ultimate White Privilege?" *The Atlantic*, August 16, 2013.

iv Kim Lachance Shandrow, "How Being Dyslexic and 'Lousy in School' Made Shark Tank Star Barbara Corcoran a Better Entrepreneur," *Entrepreneur*, September 19, 2014.

v Patricia Cohen, "Steady Jobs, with Pay and Hours That Are Anything But," *New York Times,* May 31, 2017.

vi Alexandre Mas and Amanda Pallais, "Valuing Alternative Work Arrangements," National Bureau of Economic Research, September 2016.

vii Sendhil Mullainathan and Eldar Shafir, *Scarcity: Why Having Too Little Means So Much* (New York: Times Books, 2013), pp. 49–56. Also see Amy Novotney, "The Psychology of Scarcity," *Monitor on Psychology* 45, no. 2 (February 2014).

第11章　地理が運命を決める

Many of the facts about Youngstown's rise and fall are from Sean Posey, "America's Fastest Shrinking City: The Story of Youngstown, Ohio," Hampton Institute, June 18, 2013.

The history of Youngstown is from Sherry Lee Linkon and John Russo, *Steeltown U.S.A.: Work and Memory in Youngstown*, Culture America (Lawrence: University Press of Kansas, 2002), pp. 47–53.

i Derek Thompson, "A World without Work," *The Atlantic*, July–August 2015.

ii PBS News Hour, "How Rust Belt City Youngstown Plans to Overcome Decades Of Decline," https://www.youtube.com/watch?v=IKuGNt1w0tA.

iii Chris Arnade, "White Flight Followed Factory Jobs out of Gary, Indiana. Black People Didn't Have a Choice," *The Guardian*, March 28, 2017.

iv Howard Gillette, Jr., *Camden after the Fall: Decline and Renewal in a Post-Industrial City* (Philadelphia: University of Pennsylvania Press, 2006), pp. 12–13.

v Matt Taibbi, "Apocalypse, New Jersey: A Dispatch from America's Most Desperate Town," *Rolling Stone*, December 11, 2013.

vi Tyler Cowen, *Average Is Over: Powering America beyond the Age of the Great Stagnation* (New York: Penguin Books, 2013), pp. 172–173.

vii "Dynamism in Retreat: Consequences for Regions, Markets and Workers," files/2016_GSS—CC%26SEAS-UG.pdf, retrieved May 15, 2017.

Johns Hopkins University Student Affairs, "Post Graduate Survey Class of 2013 Highlights," https://studentaffairs.jhu.edu/careers/wp-content/uploads/sites/7/2016/03/JHU-PGS-2013-Copy.pdf, retrieved May 15, 2017.

University of Chicago College Admissions, "Class of 2016 Outcomes Report," http://collegeadmissions.uchicago.edu/sites/default/files/uploads/pdfs/uchicago-class-of-2016-outcomes.pdf, retrieved May 15, 2017.

Georgetown Cawley Career Education Center, "Class of 2016 Class Summary," https://georgetown.app.box.com/s/nzzjv0ogpr7uwplifb4w20j5a43jvp3a, retrieved May 15, 2017.

Duke University Student Affairs, "Class of 2011 Statistics," https://studentaffairs.duke.edu/career/statistics-reports/career-center-senior-survey/class-2011-statistics, retrieved May 15, 2017.

[i] Isabel Kwai, "The Most Popular Office on Campus," *The Atlantic*, October 9, 2016.
[ii] American College Health Association, "National College Health Assessment, Spring 2014, Reference Group Executive Summary."
[iii] Lisa Wade, *American Hookup: The New Culture of Sex on Campus* (New York: W. W. Norton Company, 2017), p. 15.
[iv] Ruth Simon and Caelainn Barr, "Endangered Species: Young U.S. Entrepreneurs. New Data Underscore Financial Challenges and Low Tolerance for Risk among Young Americans," *Wall Street Journal*, January 2, 2015.
[v] J. D. Vance, *Hillbilly Elegy: A Memoir of a Family and Culture in Crisis* (New York: Harper Collins, 2016), pp. 56–57.
[vi] David Freedman, "The War on Stupid People," *The Atlantic*, July–August 2016.
[vii] Yuval Harari, *Homo Deus: A Brief History of Tomorrow* (New York: HarperCollins, 2017), p. 100.

第10章　欠乏の精神と豊穣の精神

[i] David G. Blanchflower and Andrew J. Oswald, "What Makes an Entrepreneur?" 1998, retrieved from http://www.andrewoswald.com/docs/

Yale Office of Career Strategy, "First Destination Report: Class of 2016," http://ocs.yale.ed/sites/default/files/files/OCS, retrieved May 15, 2017.

Princeton Career Services, "Annual Report 2014–2015," https://careerservices.princeton.edu/sites/career/files/Career_Services, retrieved May 15, 2017.

University of Pennsylvania Career Services, "Class of 2016 Career Plans Survey Report," http://www.vpul.upenn.edu/careerservices/files/CAS_CPSurvey2016.pdf, retrieved May 15, 2017.

Massachusetts Institute of Technology, "Students after Graduation," http://web.mit.edu/facts/alum.html, retrieved May 15, 2017.

Office of the Provost, MIT Institutional Research, "2016 MIT Senior Survey," http://web.mit.edu/ir/surveys/senior2016.html, retrieved May 15, 2017.

Stanford BEAM, "Class of 2015 Destinations Report," https://beam.stanford.edu/sites/default/files/stanford-_destinations_final_web_view.pdf, retrieved May 15, 2017.

Brown University Center for Careers, "CareerLAB by the Numbers, 2015–2016 Academic Year," https://www.brown.edu/campus-life/support/careerlab/sites/brown.edu.campus-life.support.careerlab/files/uploads/15166_CLAB_BytheNumbersFlyer_FNL_0.pdf, retrieved May 15, 2017.

Dartmouth Office of Institutional Research, "2016 Senior Survey," https://www.dartmouth.edu/~oir/2016seniordartmouth.html, retrieved May 15, 2017.

Dartmouth Office of Institutional Research, "2016 Cap and Gown Survey—Final Results," https://www.dartmouth.edu/~oir/2016_cap_and_gown_survey_results_infographic_final.pdf, retrieved May 23, 2017.

Cornell Career Services, "Class of 2016 Postgraduate Report," http://www.career.cornell.edu/resources/surveys/upload/2016_PostGrad-Report_New.pdf, retrieved May 15, 2017.

Columbia University Center for Career Education, "2016 Graduating Student Survey Results," https://www.careereducation.columbia.edu/sites/default/

Productive," CNBC, January 26, 2015.

[v] Derek Thompson, "A World without Word," *The Atlantic*, July–August 2015.

第8章　よくある反論

[i] Andrew Ross Sorkin, "Partisan Divide over Economic Outlook Worries Ben Bernanke," *New York Times*, April 24, 2017.

[ii] Shift: The Commission on Work, Workers, and Technology, "Report of Findings," May 16, 2017.

[iii] Nicholas Eberstadt, *Men without Work: America's Invisible Crisis* (West Conshohocken, PA: Templeeton Press, 2016), p. 95.

[iv] Alana Semuels, "Who Will Care for America's Seniors?" *The Atlantic*, April 27, 2015.

[v] Alana Semuels, "Who Will Care for America's Seniors?" *The Atlantic*, April 27, 2015.

[vi] Ronald D'Amico and Peter Z. Schochet, "The Evaluation of the Trade Adjustment Assistance Program: A Synthesis of Major Findings," Mathematica Policy Research, December 2012.

[vii] Victor Tan Chen, *Cut Loose: Jobless and Hopeless in an Unfair Economy* (Berkeley: University of California Press, 2015), pp. 63–71.

[viii] Victor Tan Chen, *Cut Loose: Jobless and Hopeless in an Unfair Economy* (Berkeley: University of California Press, 2015), pp. 63–71.

[ix] Nicholas Eberstadt, *Men without Work: America's Invisible Crisis* (West Conshohocken, PA: Templeeton Press, 2016), p. 39.

[x] "The Labor Market for Recent College Graduates," Federal Reserve Bank of New York, October 4, 2017.

[xi] "Unemployment Rate—U6 (2000–2017)," PortalSeven.com, September 2017.

第9章　カプセルの中の日常

The data presented in Tables 9.1 and 9.2 was retrieved from those universities' Career Services Offices or their reports on the students' destinations after graduation. The sources of information used are noted below:

Harvard Crimson Report: Harvard Crimson Report, "The Graduating Class of 2016 by the numbers," http://www.features.thecrimson.com/2016/senior-survey/post -harvard/, retrieved May 15, 2017.

[ii] Annie Sneed, "Moore's Law Keeps Going, Defying Expectations," *Scientific American*, May 19, 2015.
[iii] Russ Juskalian, "Practical Quantum Computers: Advances at Google, Intel, and Several Research Groups Indicate That Computers with Previously Unimaginable Power Are Finally within Reach," *MIT Technical Review*, 2017.
[iv] Bernard Marr, "Big Data: 20 Mind-Boggling Facts Everyone Must Read," *Forbes*, September 30, 2015.
[v] Clear Barrett, "Wealth Management Industry in Disruption," *Financial Times*, May 6, 2016.
[vi] Nanette Byrnes, "As Goldman Embraces Automation, Even the Masters of the Universe Are Threatedned," *MIT Technology Review*, February 7, 2017.
[vii] Deirdre Fernandes, "State Street Corp. Eyes 7,000 Layoffs by 2020," *Boston Globe*, March 29, 2016.
[viii] Nathaniel Popper, "The Robots Are Coming for Wall Street," *New York Times*, February 28, 2016.
[ix] Hugh Son, "We've Hit Peak Human and an Algorithm Wants Your Job. Now What?" *Bloomberg Markets*, June 8, 2016.
[x] "Number of Employees in the Insurance Industry in the United States from 1960 to 2015 (in millions)." Statista, 2016.
[xi] Sylvain Johansson and Ulrike Vogelgesang, "Automating the Insurance Industry," *McKinsey Quarterly*, January 2016.
[xii] Bureau of Labor Statistics, "Bookkeeping, Accounting, and Auditing Clerks," *U.S. Occupational Outlook Handbook*, 2016–2017 edition (Washington, DC: Bureau of Labor Statistics, U.S. Department of Labor, 2017).
[xiii] Deloitte Insight, "Developing Legal Talent: Stepping into the Future Law Firm," Deloitte, February 2016.
[xiv] Jane Wakefield, "Intelligent Machines: AI Art Is Taking on the Experts," BBC News, September 18, 2015.

第7章　人間性と仕事

[i] Yuval Harari, *Homo Deus: A Brief History of Tomorrow* (New York: HarperCollins, 2017), p. 315.
[ii] Henry Blodget, "CEO of Apple Partner Foxconn: 'Managing One Million Animals Gives Me a Headache,'" *Business Insider*, January 19, 2012.
[iii] Employee Engagement Insights and Advice for Global Business Leaders: State of the Global Workplace, Gallup Research, October 8, 2013.
[iv] Bob Sullivan, "Memo to Work Martyrs: Long Hours Make you Less

第5章　工場労働者とトラックの運転手

[i] Federica Cocco, "Most US Manufacturing Jobs Lost to Technology, Not Trade," *Financial Times*, December 2, 2016.
[ii] Natalie Schilling, "The Coming Rise of Women in Manufacturing," *Forbes*, September 20, 2013.
[iii] Derek Thompson, "The Missing Men," *The Atlantic*, June 27, 2016.
[iv] "Where Did All the Displaced Manufacturing Workers Go?" Manufacturers Alliance for Productivity and Innovation, May 21, 2013.
[v] Alana Semuels, "America Is Still Making Things," *The Atlantic*, January 6, 2017.
[vi] Alana Semuels, "America Is Still Making Things," *The Atlantic*, January 6, 2017.
[vii] Ben Schiller, "Is This the Golden Age of Entrepreneurialism? The Statistics Say No," *Fast Company*, June 1, 2017.
[viii] Chad Halcon, "Disability Rolls Surge in State: One in 10 Workers in Michigan Collecting Checks," *Crain's Detroit Business*, June 26, 2015.
[ix] Sean Kilcarr, "Demographics Are Changing Truck Driver Management," *FleetOwner*, September 20, 2017.
[x] *Autonomous Cars: Self-Driving the New Auto Industry Paradigm*, Morgan Stanley Blue Paper, November 6, 2013.
[xi] Olivia Solon, "Self-Driving Trucks: What's the Future for America's 3.5 Million Truckers?" *The Guardian*, June 17, 2016.
[xii] W. Karl Sieber et al., "Obesity and Other Risk Factors: The National Survey of U.S. Long-Haul Truck Driver Health and Injury," *American Journal of Industrial Medicine*, January 4, 2014.
[xiii] Michael Grass, "What Will Happen to Truck Stop Towns When Driverless Truck Technology Expands?" *Free Republic*, May 18, 2015.
[xiv] David McGrath, "Truckers Like My Friend Claude Are Extinct—and the Reason Is Sad," *Chicago SunTimes*, September 1, 2017.
[xv] Owner Operator Independent Drivers Association, https://www.ooida.com/MediaCenter/truck-facts.asp.
[xvi] Linda Longton, "Fit for Duty: Vets Find New Life in Trucking," *Overdrive*, August 9, 2012.

第6章　ホワイトカラー雇用も消える

[i] Joe Fassler, "Can the Computers at Narrative Science Replace Paid Writers?" *The Atlantic*, April 12, 2012.

[iv] Jed Kolko, "How Suburbn Are Big American Cities?" Fivethirtyeight.com, May 21, 2015.

[v] U.S. Census Bureau at http://www.cenus.gov/data/tables/time-series/demo/income-poverty/historical-income-households.html.

[vi] Jill Confield, "Bankrate Survey: Just 4 in 10 Americans Have Savings They'd Rely on in an Emergency," Bankrate, January 12, 2017.

[vii] U.S. Bureau of Census, Homeownership Rate for the United States, retrieved from FRED, Federal Reserve Bank of St. Louis, November 6, 2017.

[viii] U.S. Census Bureau at http://www.cenus.gov/data/tables/time-series/demo/income-poverty/historical-income-households.html.

[ix] Danielle Kurtzleben, "While Trump Touts Stock Market, Many Americans Are Left Out of the Conversation." National Public Radio, March 1, 2017.

第4章　私たちの生業《なりわい》

[i] McKinsey Global Institute, *A Future That Works: Automation, Employment, and Productivity*. January 2017.

[ii] Rob LoCascio, "We Need a New Deal to Address the Economic Risks of Automation," *TechCrunch*, March 31, 2017.

[iii] Sharon O'Malley, "Shopping Malls: Can They Survive in the 21st Century?" *Sage Business Research*, August 29, 2016.

[iv] Tyler Durden, "'The Retail Bubble Has Now Burst': A Record 8,640 Stores Are Closing In 2017," *Zero Hedge*, April 22, 2017.

[v] Hayley Peterson, "A giant wave of store closures wreaking havoc on shopping malls," *Business Insider*, January 9, 2017.

[vi] Hayley Peterson, "Dying Shopping Malls Are Wreaking Havoc on Suburban America," *Business Insider*, March 5, 2017.

[vii] Louis Hyman, "The Myth of Main Street," *New York Times*, April 8, 2017.

[viii] "Crafting the Future of Work: The Big Impact of Microbusinesses." 2017 Seller census report. Etsy.com, 2017.

[ix] Tae Kim, "McDonald's Hits All-Time High as Wall Street Cheers Replacement of Cashiers with Kiosks," CNBC, June 20, 2017.

[x] Tim Worstall, "McDonald's Ex-CEO Is Right When He Says A $15 Minimum Wage Would Lead to Automation," *Forbes*, May 26, 2016.

[xi] Kat Lonsdorf, "Hungry? Call Your Neighborhood Delivery Robot," National Public Radio, March 23, 2017.

Business (New York: Crown Busness, 2016), p. 14.

[ii] Quoctrung Bui, "50 Years of Shrinking Union Membership, in One Map," *Planet Money*, National Public Radio, February 23, 2015.

[iii] Dan Kopf, "Almost All the US Jobs Created since 2005 Are Temporary," QZ.com,, December 5, 2016.

[iv] Drew Desilver, "For Most Workers, Real Wages Have Barely Budged for Decades," Pew Research Center, October 9, 2014.

[v] Tim O'Reilly, *WTF: What's the Future and Why It's Up to Us* (New York: Harper Business, 2017), p. xxi.

[vi] Lawrence Mishel and Jessica Schneider, "CEO Pay Remains High Relative to the Pay of Typical Workers and High-Wage Earners," Economic Policy Institute, July 20, 2017.

[vii] Rana Foroohar, *Makers and Takers* (New York: Crown Business, 2016), p. 9.

[viii] Sarah P. Scott, "Activities of Multinational Enterprises in 2013," Bureau of Economic Analysis report, August 2015.

[ix] Tim O'Reilly, *WTF: What's the Future and Why It's Up to Us* (New York: Harper Business, 2017), p. 246.

[x] Rana Foroohar, *Makers and Takers* (New York: Crown Business, 2016), p. 9. Citing Emmanuel Saez, "Striking It Richer: The Evolution of Top Incomes in the United States," June 30, 2016.

[xi] Rutger Bregman, *Utopia for Realists: The Case for a Universal Basic Income, Open Borders, and a 15-Hour Workweek* (Boston: Little, Brown and Company, 2016), p. 67.

[xii] Alec Ross, *The Industries of the Future* (New York: Simon and Schuster, 2015), p. 40.

第3章　アメリカにおける「普通の人」とは

[i] Camille L. Ryan and Kurt Bauman, "Educational Attainment in the United States: 2015," U.S. Census Bureau, Department of Commerce, Economics and Statistics Administration, March 2016.

[ii] Bureau of the Census for the Bureau of Labor Statistics, Current Population Survey, 2017 Annual Social and Economic Supplement, U.S. Census Bureau, 2017.

[iii] Federal Reserve Bank of St. Louis website at https://fred.stlouisfed.org. Also see Bureau of the Census for the Bureau of Labor Statistics, Current Population Survey, 2017 Annual Social and Economic Supplement, U.S. Census Bureau, 2017.

原　注

はじめに　大いなる解職

[i] Emmie Martin, "70 Percent of Americans Consider Themselves Middle Class—but Only 50 Percent Are," CNBC.com, June 30, 2017.

[ii] "Artificial Intelligence, Automation, and the Economy," Executive Office of the President, December 2016.

[iii] Barbara Kollmeyer, "Somewhere along the Way the U.S. Became a Nation of Truck Drivers," *Marketwatch*, February 9, 2015.

[iv] Federica Cocco, "Most US Manufacturing Jobs Lost to Technology, Not Trade," *Financial Times*, December 2, 2016.

[v] Bureau of Labor Statistics at https://data.bls.gov.

[vi] Bureau of Labor Statistics at https://data.bls.gov.

[vii] National Center of Health Statistics, Centers for Disease Control and Prevention. https://www.cdc.gov/nchs/fastats/unmarried-childbearing.htm.

[viii] Drug Overdose Deaths in the United States, 1999–2015, Centers for Disease Control and Prevention. For suicides, see Alexander Abad-Santos, "3,026 More People Die from Suicide in America Each Year Than in Car Crashes," *The Atlantic*, May 2, 2013.

[ix] George Will, "Our Mushrooming Welfare State," *The National Review*, January 21, 2015.

[x] Brendan Greeeley, "Mapping the Growth of Disability Claims in America," *Bloomberg Businessweek*, December 16, 2016.

[xi] Email exchange with senior Obama official Thomas Kalil. Research and Development does not appear as a budget category on the Department of Labor website https://www.dol.gov/general/budget.

第1章　私の遍歴

[i] Ben Schiller, "Is This the Golden Age of Entrepreneurialism? The Statistics Say No," *Fast Company*, June 1, 2017.

[ii] Patrick Gillespie, "Rise of the Machines: Fear Robots, Not China or Mexico," CNNMoney, January 30, 2017

第2章　ここまでの道のり

[i] Rana Foroohar, *Makers and Takers: The Rise of Finance and the Fall of American*

訳者あとがき

翻訳者あとがきのよくあるパターンに、作品の要点のまとめや解説がある。しかし、ヤンの文章はドライブ感があってテンポもよく、それ自体として十分読める。私がそれを改めて要約する必要はない。また、もう一つのパターンとして、著者についてあれこれ人物放談をするあとがきもある。ヤンは、民主党の大統領候補であり、アジア系アメリカ人であり、2児の父であり、シリコンバレーに多くの友人をもつビジネスマンであり、いわゆる「話題性」に尽きない人物である。しかし、本書で提示されている現状分析や解決策は、ヤンの人物像と切り離し、アイデアとして客観的に検討されるべきである。ここでは、アンドリュー・ヤンという人間についてのゴシップに紙数を費やすべきではない。

代わりに、あくまでヤンのアイデアに話を絞ろう。ヤンの大統領選挙の公式ウェブサイトには、150以上もの政策案が発表されている。当然、本書には登場しないものもそこにはたくさん含まれている。以下では、その中でも特に面白いものをいくつか紹介していきたい。

デモクラシー・ドル（民主主義ドル）

「政治とカネ」問題は、ロビー活動の名の下に賄賂が半ば合法化されてしまっているアメリカでは特に深刻である。例えば、グリーン・ニューディールのような有効な環境政策を議会で可決させようとしても、化石燃料会社の「ロビー金」で買われてしまっている政治家たちによってブロックされてしまう。他にも、軍縮政策は軍事ロビーに、医療改革案は医療・製薬ロビーに、農業転換は農業ロビーに、金融規制は金融ロビーに、それぞれ阻まれてしまう。大企業が主導するこうしたロビー団体は、既得権益を守るために、人々の意思に真っ向から対立する場合でもひたすら保守的に振る舞う。

こうした政治環境では、政治家は仕事がしたくてもできない。票を集めるために人々の前で演説をした後、その足でオフィスに戻り、選挙費用を調達するためにロビイストに電話をかける。そうしなければ、メディアへの露出や選挙相手との応酬についていくことができず、負けてしまうからである。トーマス・ファーガソンの『黄金ルール』（未邦訳）は、選挙戦の結果が政治献金の量だけでかなりのところまで正確に予測できてしまうという現状を、観察やデータに基づいて詳細に分析している。

こうした傾向は、近年少しだけ変わりつつある。アメリカではバーニー・サンダース、日本では山本太郎が、大企業やロビー団体ではなく普通の人々から直接寄付を募って堂々たる選挙戦を繰り広げている。しかし、本来ならば、民主主義における政治家は、全員がサンダースや山本のように選挙をできるようになるべきではないか。

アンドリュー・ヤンの「デモクラシー・ドル」は、カネと人々の一体化を最も直接的な形で実現しようという政策案である。政府は、政治献金としてしか使用できないドルを、毎年、国民一人当たり100ドル（1万円）ほど発行して配る。QRコードや番号が割りふられたクーポン券でもよい。国民はこれを使って、自分が支持する政治家や政党に寄付を行う。日本でも、有権者が1億人いたと仮定した場合、一人当たり年間1万円の「民主円」を配れば、毎年1兆円もの政治資金が生まれることになる。政治家たちがこれを放っておくはずはない。

従来、ロビイストに批判的な政治家たちは、政治献金や合法的賄賂に対する規制強化を呼びかけてきた。サンダースもまたそのような政治家の一人である。しかし、このような呼びかけは正当ではあるものの、戦略的に弱い。議会で規制法案を可決させようとしても、カネで買われた政治家たちが必ずそれをブロックするからである。何より、民主主義を規制によって守ろうという姿勢自体が、どこか消極的ではないか。

ヤンのアプローチは、規制ではなく「洗浄」である。ヤンの推計では、デモクラシー・ドルの総量は、ロビー団体からの献金の総量の約8倍となる。汚いカネを政治システムから洗い流すためには、民主的なお金を大量に流し込めばよい。そうすれば、政治家は大企業ではなく人々の声に真剣に耳を傾けるようになるだろう。楽観的すぎる、という声もあるかもしれないが、少なくとも規制強化よりは現実的な道である。何より、悪人を罰するのではなく善人に力を与えるべきだという前向きな発想がとても良い。

1ペニー硬貨の廃止

ヤンには「おもしろ政策」がいくつかあるが、その代表格がこの「1ペニー硬貨の廃止」である。一昔前には『ザ・ホワイトハウス』(シーズン3・エピソード5)でも面白おかしく取り上げられた政策だ。サム・シーボーンがジョッシュ・ライマンに1ペニー硬貨廃止の必要性を熱っぽく語るシーンは、思わず笑いを誘ってしまう。同時に、サムの言葉は妙に説得力があり、実はけっこうまともなアイデアなのではないかという気もしてくる。ヤンも、あるいはこのエピソードから着想を得たのかもしれない。

1ペニー硬貨の製造には、硬貨一枚当たり1・6セントの費用がかかり、数百トンもの銅や亜鉛が消費される。ヤンの見積もりでは、その費用は年間7000万ドル(70億円)にも及ぶ。しかし、実際に製造された硬貨の60％以上は流通せずに終わる。99セントの商品を1ドル札で買って、わざわざ1ペニーのお釣りをもらう人はほとんどいない。店員側がやや強引にお釣りを渡しても、チップグラスや募金箱に放り込まれるのが関の山である。それを後で数えるためだけに、全国の事業は年間5000万時間もの時間を無駄にしているとヤンは推計する。1ペニーは製造と流通の両段階で膨大な無駄を生んでいるのである。

日本で言えば、1円玉の廃止に相当する政策案だが、1円単位でお釣りを渡さないと気がすまないような社会的風潮が続くうちは残念ながら実現しないだろう。とはいえ、「ルールへの盲従からルールからの合理的逸脱へ」という精神の転換の象徴としては、なかなか良い政策案である。1円単位のお釣りを渡したりもらったりしなくても平気な社会は、1円単位ですべて完璧に数え上げようとする社会よりも（色々な意味で）懐が深く、健康的で暮らしやすい場所だろう。さらには、コンビニや飲食店のレジを1円単位で正確に締める義務やストレスから事業や労働者を解放したり、1円玉を製造するためのアルミニウムを他の用途にあてたりすれば、お釣りが来るというものである。

ホワイトハウスの専属セラピスト

ヤンのインタビューや演説で頻繁に笑いをとる政策案の一つが、ホワイトハウスの専属セラピストである。トランプ大統領はちょっと頭がおかしいと多くのアメリカ国民が感じているからだろう。しかし、笑いがやむのを待った後、ヤンは真剣な目つきでこの政策の重要性を熱弁する。すると、5分後には、説明に納得した聴衆から誠実な拍手があがる。

セラピストをホワイトハウスに専属させるというアイデアを笑う人は、心のどこかで、精神的なトラブルを抱える人は政治家にふさわしくないと信じてしまっているのかもしれない。しかし、人間は誰でも何らかの精神問題を抱えている。仕事や家族のトラブルや親族の死去等々の不幸だけでなく、もっと漠然とした理由でも、人間は精神を病む。そこからの回復にセラピストの力を借りるのは、治療法として至極《しごく》もっともな選択である。ホワイトハウスで働く人たちも例外ではない。むしろ、ホワイトハウスのような過酷な労働環境にこそ、積極的にセラピーを普及させるべきだと言える。

また、この政策案は、国防政策としても効果がある。考えてみてほしい。アメリカの大統領には、他国への軍事介入や原子爆弾の投下を命令する権限がある。日々の激務に精神を病んだ人物に、果たして最善の判断ができるだろうか。問題はトランプ大統領だけではない。クアラルンプール戦争犯罪委員会は、イラク戦争の最高責任者としてジョージ・W・ブッシュ元大統領を戦争犯罪人に認定した。また、オバマ元大統領は、彼以前のすべての大統領の爆弾投下数の合計よりも多くの爆弾を他国に投下した。例えば、任期最後の年である2016年だけでも、オバマ政権は2万6000発以上もの爆弾を投下している。大統領の精神状態がこうした行為へとつながっているかどうかは定かではないが、他国を侵略したり爆弾を投下したりする際に、こうした攻撃を受ける側に立って事態を見る感情的余裕は恐らくなかったのだろう。専属セラピストを雇うことによって、大統領の心に余裕が生まれ、爆弾ではなく対話で国際問題を解決するような、より平和主義的な文化がホワイトハウスに根付けば理想的である。

さらに、ホワイトハウスにセラピストを置くことによって、精神病への偏見を国民から払拭することも期待できる。「精神を病んでいる人はまともではない」という考え方はまだまだ根強く、鬱や不安に苦しんでいても誰にも相談できずにいる人たちが世界にはたくさんいる。「ホワイトハウスで働くエリートたちも精神病と闘っている」ということが公に認められるようになれば、精神病は「人格否定」ではなく「治療されるべき病」として正しく扱われるだろう。それは、日本の国会議事堂や霞が関においても同じである。

納税を楽しくしよう

納税には、独特の不快さがある。所得税、県民税、市民税、消費税、そして企業経営者の人は法人税。さらに各種保険料を上乗せすると、元の収入の3割以上が消えてなくなることもザラである。正規社員は天引きされるお金の量に肩を落とし、自営業の人たちは確定申告に行く足取りが重くなる。

そもそも、私たちが納税をするのは、社会に貢献したいという積極的な動機からではなく、納税を怠ると罰せられるかもしれないという消極的な動機からではないか。私たちが税金を納めても、国はお礼の一つも言わず、私たちの税金が具体的にどう社会を良くしているのかをプレゼンテーションする努力も行わない。企業や慈善団体では考えられないような「顧客対応」が、政府では当然のごとくまかりとおっている。

納税者に気持ちよく税金をおさめてもらうために工夫をしよう、というのがヤンのアイデアである。手始めに、納税期限日を「歳入の日」と呼び、国民の休日とする。歳入の日には、有名人や一般市民をホワイトハウスに呼び、大統領が自ら感謝の気持ちを表す。全国各地で行事やキャンペーンを行い、税収のおかげで国が潤ったことをみんなで祝う。また、オンライン納税システムを簡略化し、納税が済んだ際には感謝のメッセージが完了ページに表示されるようにする。さらには、政府主導の公共事業のメニューを作成し、国民はその中から自分の好きなものを選択し、納税金額の1％をその事業へ納めることができるようにする。小学校の校舎の修繕、老人介護施設の充実、科学の発展、新しい文学賞の設立等々、色々なアイデアがありえるだろう。こうすれば、納税者は自分の納めた税金が具体的に何の役に立っているのかを実感できるようになる。締めくくりに、昨年の税金が社会をどう良くしたのかをまとめた動画を発表し、来年に予定されている新しい事業の一覧も掲載する。

アメリカのみならず、日本でも、多くの人たちが政府諸機関への信頼を失っている。しかし、民主主義が機能するためには、こうした信頼関係が必要不可欠である。税金は、国民と政府のつながりの中でも最も具体的なものである。そのため、税金の使い道をわかりやすく説明し、納税額の一部の使い道を国民に直接決定してもらい、国民に楽しく納税をしてもらうのは、政府への信頼向上を実現する上で最も有効な政策の一つであると言えるかもしれない。

環境問題を解決する

本書には、地球温暖化問題への言及がほぼ全くない。しかし、2019年に入ってから、ヤンは大統領候補者たちの中で一番豊かな環境対策計画を提示している。その全文はヤンのウェブサイトにブログ記事として載っている。あまりにも分量があるため、ここではそのすべてを取り上げることはできない。代わりに、主な政策提言をまとめておきたい。

国際通貨基金（ＩＭＦ）の発表によると、アメリカでは、国民一人当たり年間約２０００ドル（20万円）のお金が、化石燃料部門への助成金として費やされている。その総額は６５００億ドル（65兆円）にものぼる。ＩＭＦは「助成金」を「すべての供給コスト及び環境その他のコストを足し合わせた価格と、実際の消費者燃料価格との差」と定義している。「環境その他のコスト」には、例えば、化石燃料を燃やして排出される二酸化炭素やその他の汚染物質を原因とする病気の治療費等もそこには含まれる。こうしたコストは国の予算に直接表示されることはほとんどないが、公費や個人の出費で賄われているという点では直接の助成金とからくりは同じである。むしろ、お金の無駄遣いに加えて私たちの健康へ被害が出ているという点では、直接の助成金よりも一層タチが悪いとさえ言える。

化石燃料への助成金は、戦後の経済復興のニーズを満たすためには合理的であったかもしれない。しかし、石油や石炭、天然ガスを燃やすことで生じる健康への被害や環境の汚染被害を考慮に入れると、こうした燃料形態は現代のニーズに全くふさわしくない。代わりに、太陽光発電や風力発電、そしてウランではなくトリウムを燃料とする次世代の原子力発電を主軸としたエネルギー政策をヤンは提示している。それは、NASAの科学者であり気候変動問題の世界的な第一人者であるジェイムズ・ハンセンらも長年支持してきた戦略である。また、ヤンはイーロン・マスクからも支持を受けており、電気自動車の早期導入に積極的である。例えば、ホワイトハウスの全車両を電気自動車とするという象徴的な一手に加え、アメリカ全国各地に電気車両用の充電ステーションをすぐさま建設することを提言している。

ヤンはさらに、化石燃料企業の経営者やロビイスト、そして労働者にも目を向けている。経営者に向けては、「環境リスク開示法」を可決させ、事業のもつ環境リスクを投資家に向けて開示するよう義務付ける。こうすれば、投資家はより正確な情報に基づいて投資ができるようになるので、環境への負荷が大きい事業からの資本撤退（ダイベストメント）が期待できる。「資本撤退運動」は350.orgをはじめとする環境団体が長年推進してきた環境金融運動だが、ヤンのこの政策案はこうした運動を結実させる上でとても有効である。

ロビイストに向けては、ヤン政権で働いた人たちについては退職後一定期間ロビー活動を禁止し、逆に該当業界で重役として働いたことのある人たちは政権に迎え入れないこととする。さらに、先述の「デモクラシー・ドル」法案を可決させれば、化石燃料ロビー団体の政治への影響力を弱め、再生可能エネルギーへの舵切りをより効果的に進めることができるようになる。

労働者のレベルでは、化石燃料会社に勤める人たちはこの先数年間で職を失う危険性がある。

「自由配当」（ベーシックインカム）によって失業のダメージを緩和することに加え、ヤンはこうした失業者の代表をホワイトハウスに立てて、大規模な転職や再就職をスムーズに進めるために積極的な政策を打ち出していくとしている。具体的には、アメリカにおけるエネルギー内需を拡大し、ソーラーパネルの設置や次世代原子力発電所の建設等の新事業をさらに成長させ、簡単には自動化されないような安定した雇用を生み出す。そして、失業者たちが新しい雇用へスムーズに移ることができるように、職業訓練や引越しの費用を賄うなど政府から積極的にサポートを行っていく。そのための資金は、化石燃料へ供給源で課税をする「炭素費・配当システム」によって賄う。

農業や食糧についても、ヤンの政策はデティールに富んでいて素晴らしい。ＩＰＣＣは、２０１９年に土地使用に関する特別レポート『気候変動と土地』を発表した。そこには、もし世界の人々が１００％菜食主義者となった場合、世界中の化石燃料をすべて原子力燃料に置き換えたのと同等の環境効果が期待できるという推計が載っている。Science 誌に掲載された別の論文では、たんぱく質の生産において、牛肉は豆腐の20倍〜30倍もの温室効果ガスを生むという結果も出ている。畜産物の生産と消費が環境に与える負荷は、それだけ大きいのである。とはいえ、肉食はアメリカの食文化の中心でもある。ハンバーガーやホットドッグ、フライドチキンやステーキは、環境や健康に悪いとわかっていても、多くの国民にとってすぐにやめるのが難しい嗜好品である。

煙草やお酒と同じように、文化的な意味を持った消費行動は時間をかけて少しずつ変えていくしかない。

そこで、ヤンは緩やかなグリーン農業政策を提案している。手始めに、環境への負荷が少ない農業を進めている農場に向けて、15年間で750億ドル（7兆5000億円）の助成金を追加出資する。また、農務省と協力して、畜産業から植物農業への大きな転換をしようという農家を手厚くサポートする。また、州政府とも連携をとりつつ、各地で持続可能な農産物を推薦し、大規模な単一穀物農業や畜産業のような汚染被害を生む農業からの脱却を進める。さらには、土地の使い方を見直しつつ、垂直農法のような次世代農業テクノロジーへも20億ドルの投資を行う。

エネルギー政策や財政・経済・内政政策、そして食糧政策にとどまらず、都市計画やジオエンジニアリング（気候工学・地球工学）、そして再生可能エネルギー技術の輸出等々、ヤンの環境計画は広くて深い。「気候変動問題は、私たちが直面する最大の課題です。緊急事態においては、すべての選択肢をくまなく検討する必要があります」とヤンは言う。1万語超という、一般読者向けの政策概要文書としてはまれに見る分量にもこの信念はよく反映されている。また、ベーシックインカムが環境問題の解決のために担う役割も見逃せない。「日々の生活に追われている人に、環境問題への関心を高めてほしいと言っても無駄です。『家計を賄うだけで精一杯なんだ。悪いけど、ペンギンたちにはもうしばらく我慢してもらうしかないな』と返されてしまうわけです。自由配当を可決させて、人々を経済的な呪縛から解放すれば、みんな将来を長い目で見ることができるようになり、環境にとってもより合理的な判断ができるようになるのです」とヤンは指摘する。日本でも、ベーシックインカムのおかげで人々の生活に余裕が生まれ、『パリ協定』やＩＰＣＣのレポートをはじめとする文書を読んだり、立ち止まって自分の生活や政治をゆっくりと再考することができるようになれば、個人・地域・国家の各レベルで地球温暖化対策への動きが強まり、環境問題を解決するために十分な政治決定が国会でもなされるだろう。

本書を基軸としたヤンの選挙戦のおかげで、アメリカの人々のベーシックインカムへの世論には大きな変化が生まれている。２０１９年9月以降に行われた世論調査では、回答者の過半数が「月々１０００ドルのベーシックインカムに賛成する」と答えたものがいくつも出てきている。２０１６年にスイスの国民投票ではたった23％しか賛成票が投じられなかったことを考慮に入れると、わずか数年で驚くべき進歩である。また、ベーシックインカムに限らず、あくまでアイデアの質で勝負するヤンの政治スタイルは、日本の政治家や有権者たちも大いに参考にすべきだろう。派閥闘争、「常識」や「慣習」の盲信、そして感情論を超えて、問題解決のための方法を合理的かつ柔軟に模索していくために、私たちは成熟する必要がある。本書が日本の政治をさらに盛り上げていくための一助となることを願いつつ、筆を置きたい。

2019年10月　早川健治

【ワ行】

【アルファベット】

【ヤ行】

【ラ行】

【マ行】

【ハ行】

【ナ行】

【タ行】

【サ行】

【カ行】

索 引

【ア行】

著者・訳者紹介

アンドリュー・ヤン（Andrew Yang）
1975年生まれ。台湾からの移民二世。弁護士、テクノロジー系・教育系会社のCEO、共同創設者、その他の重役を歴任した後、2018年初頭に2020年アメリカ大統領選挙への出馬を表明。自身が創設した非営利団体「ベンチャー・フォー・アメリカ（VFA）」は、アメリカ全国各地の新興都市に根ざすスタートアップ会社に最優秀の大卒者を送り込み、雇用成長に加え次世代の起業家育成にも大きく貢献した。

早川健治
翻訳家。和訳作品では、エレン・ブラウン著『負債の網—お金の闘争史・そしてお金の呪縛から自由になるために』（那須里山舎）、ロビン・コリングウッド著『哲学の方法について』、同『精神の鏡、知識の地図』、フロスティ・シガーヨンスソン著『通貨改革—アイスランドのためのより優れた通貨制度』。英訳作品では、多和田葉子著『Opium for Ovid』（変身のためのオピウム）。

普通の人々の戦い
——AIが奪う労働・人道資本主義・ユニバーサルベーシックインカムの未来へ

2020年3月15日　初版第1刷発行
著者　アンドリュー・ヤン
訳者　早川健治
装丁　albireo Inc.
発行者　白崎一裕
発行所　株式会社那須里山舎
〒324-0235 栃木県大田原市堀之内625-24
電話 0287-47-7620 FAX 0287-54-4824 http://www.nasu-satoyamasya.com/
印刷・製本　株式会社シナノパブリッシングプレス

ISBN 978-4-909515-03-2 C0030 定価はカバーに表示してあります。